河北省县域经济发展与公示语汉英翻译标准化

战略关系研究

HEBEISHENG XIANYU JINGJI FAZHAN YU

GONGSHIYU HANYING FANYI BIAOZHUNHUA

ZHANLV GUANXI YANJIU

◎ 朱志勇 著

NORTHEAST NORMAL UNIVERSITY PRESS
WWW.NENUP.COM

东北师范大学出版社

图书在版编目（CIP）数据

河北省县域经济发展与公示语汉英翻译标准化战略关系
研究 / 朱志勇著． -- 长春：东北师范大学出版社，2017.9
ISBN 978-7-5681-3844-4

Ⅰ.①河… Ⅱ.①朱… Ⅲ.①宣传工作－社会习惯语－英
语－翻译－标准化－研究－河北 Ⅳ.①H315.9

中国版本图书馆 CIP 数据核字（2017）第 250968 号

□ 策划编辑：王春彦

□ 责任编辑：卢永康　　　　□ 封面设计：优盛文化

□ 责任校对：房晓伟　　　　□ 责任印制：张允豪

东北师范大学出版社出版发行

长春市净月经济开发区金宝街 118 号（邮政编码：130117）

销售热线：0431-84568036

传真：0431-84568036

网址：http://www.nenup.com

电子函件：sdcbs@mail.jl.cn

河北优盛文化传播有限公司装帧排版

北京一鑫印务有限责任公司

2018 年 1 月第 1 版　　2018 年 1 月第 1 次印刷

幅画尺寸：170mm×240mm　印张：17.5　字数：276 千

定价：61.00 元

前　言

河北省地处京津冀经济圈，经济正处在飞速发展阶段，伴随着京津冀一体化协同发展，对外开放进一步扩大，国际交流不断加强，县域经济的开发成为一个迫在眉睫的问题。河北省委、省政府站在全球经济一体化的高度指出，发展环境的水平直接决定对外开放的水平，发展环境的优劣决定发展的快慢，解决发展环境问题是河北省的当务之急。在这种思想指导下，省委、省政府决心将软环境当作硬任务来抓，早在 2004 年就明确提出"要从依靠优惠政策为主向依靠发展环境为主转变"。省委、省政府专门制定出台了《关于进一步优化发展环境的若干规定》，省委、省政府还成立了以省委副书记、省纪委书记为组长的全省优化发展环境工作协调小组。2009 年，河北省政府工作报告第四条中，再一次明确提出：坚定不移地深化改革扩大开放，努力提高对外开放水平。河北省的经济发展对环境建设提出了新的要求，公示语的使用是环境建设的重要组成部分，英文公示语的使用状况直接反映河北省对外开放的水平和国际化程度，直接影响在河北的外籍人员的衣、食、住、行、游、娱、购等方面。目前，河北省各城市公示语英文翻译状况却不尽如人意。这不仅影响了城市的对外形象，而且阻碍了城市发展水平的提高，使英文公示语不能很好地在优化投资环境中发挥其应有的作用。因此，对公共场所公示语汉英翻译问题进行深入、科学的研究，对加快城市建设步伐、发展县域经济、优化投资环境、促进经济发展具有重大的现实意义和深远的历史意义。本书基于河北省 2013 年社科基金项目，对河北省公共场所及县域间公示语汉英翻译状况进行了调查，以调查收集到的公示语为样本，对河北省公共场所公示语英文翻译的规范性进行研究。从语言文化的视角，对公示语英文翻译状况进行分析，说明公示语翻译标准化对现今河北县域经济发展的战略关系，并在此基础上提出改进河北省县域公共场所公示语翻译状况的建议。

目 录

第一部分　　公示语翻译研究概述

第一章　公示语概论 / 002

　　第一节　公示语的界定与分类 / 002

　　第二节　公示语的功能与受众 / 009

　　第三节　公示语的文体风格 / 013

　　第四节 公示语的展现形式 / 015

　　第五节　外文公示语论述 / 019

第二章　公示语翻译研究述评 / 027

　　第一节　公示语翻译研究的现状 / 027

　　第二节　河北省公示语翻译研究现状 / 033

第三章　公示语翻译的问题探析 / 047

　　第一节　公示语翻译问题总论 / 047

　　第二节　公示语翻译的硬性问题 / 051

　　第三节　公示语翻译的软性问题 / 054

　　第四节　公示语翻译的隐性问题 / 062

第四章　公示语翻译的理论依托 / 067

　　第一节　公示语翻译的理论基础 / 067

　　第二节　公示语翻译的指导原则 / 086

　　第三节　公示语翻译的基本策略 / 098

　　第四节　公示语翻译的一般方法 / 111

　　第五节 公示语翻译的规范管理 / 137

第二部分　河北县域经济发展与公示语汉英翻译标准化战略关系

第五章　河北县域经济发展现状与公示语翻译状况分析 / 159

　　第一节　"两型社会"背景下河北县域经济转型升级 / 160

　　第二节　京津冀协同发展对河北县域经济的促进 / 164

　　第三节　河北县域经济特色化发展——以河北坝上为例 / 178

　　第四节　河北县域经济飞速发展与公示语汉英翻译滞后 / 183

第六章　河北县域公示语翻译错误探析 / 191

　　第一节　河北省公示语翻译中存在的问题 / 191

　　第二节　公示语翻译错误的特点分析 / 198

第七章　经济发展与公示语汉英翻译标准化的战略关系 / 206

　　第一节　基于生态翻译学的公示语翻译与县域经济的可持续发展 / 207

　　第二节　基于顺应论的河北旅游景区公示语翻译的生态构建 / 211

第八章　外国人对公示语翻译错误的心理感受评估 / 216

　　第一节　双语公示语体现出对来华人员的关心和为其提供便利 / 216

　　第二节　公示语翻译与外国人动机、需求、心理感受的关系 / 217

　　第三节　外国人对公示语翻译错误的心理感受评估 / 221

第九章　针对河北县域经济发展现状下汉英公示语翻译问题的对策 / 252

　　第一节　公示语过度翻译的问题 / 252

　　第二节　公示语翻译是精准公共信息传播 / 261

后　记 / 271

参考文献 / 272

第一部分　公示语翻译研究概述

第一章 公示语概论

第一节 公示语的界定与分类

一、公示语的界定

公示语现象由来已久，我国公示语研究中存在一个明显问题，就是对公示语的术语不统一、定义不明确，该现象的正式称谓也是近几年才被广为认可和接受。由于种类繁多、应用范围广泛，公示语普遍存在用语难以统一的混乱现状，势必影响这一领域学术研究的深入开展，同时给外国友人造成一定的交际和沟通障碍，很有必要对其重新进行科学的界定。

（一）公示语的概念

公示语是一种较为独特的应用文体，是社会用语的重要组成部分。在"百度百科"上有如下解释：公示语是给公众在公共场合看的文字语言，是人们生活中最常见的实用语言，是一种公开面对公众的、以达到某种交际目的的特殊文体。《朗文当代高级词典》认为公示语是指"在公共场合的写有字或印有标识的一张纸或一片金属，用来为人们提供信息、警告他们不要做某事等"。

"公示语"一词首次出现在 2002 年《北京第二外国语学院学报》第 6 期发表的署名"北竹、承爱民"的《谈英语公示用语的语言特点与汉英翻译》一文中。此前，为数有限的相关研究多使用"标志语""标识语""揭示语""公共标识""标示语"和"标记语"等。南京理工大学教授赵小沛发表在《南京理工大学学报》2003 年第 5 期的《公示语翻译中的语用失误探析》一文中正式使用了"公示语"概念。

公示语是以清晰、简洁的术语、指示、说明和警告句发布的重要信息载体。公示语一词与标志语、标识语、标示语、标牌语、标语、揭示语、牌示语、告示语、标记语、警示语、社会用语、公共场所用语、公共场所标示语、公共牌示语等其他同义词共生共用，采取的是按行业分而治之的办法，直到目前这种现象仍然存在。比如，标志语与标志结合，广泛应用于交通、旅游、运输等公共领域；标示语在 IT 行业已经被广泛接纳，几乎成为这个行业的语言分支；标识语属于市场营销、广告促销中的推广语，经常和企业标识使用；标语则是人们比较熟悉的公益性、政治性、宣传性的文字语言。

除公示语能够涵盖以上术语的内涵和外延，目前尚难以选择其他语汇广而括之。因此，"公示语"是一个外延极大且边缘模糊的用语集合，成为一个新的常用流行词汇，现在已经基本取代其他同义词，越来越多的学者趋向于使用"公示语"一词。"公示语"一词的推出有助于学者们统一认识，形成共识，集中才智，深入探讨。

需要指出的是，"公示语"这一概念包含了图形标志、图形辅助文字和约定俗成的公共信息用语。

笔者近期在中国学术期刊网上进行检索，发现采用"公示语"作为关键词查询到的文献记录最多（占 71.7%），据此基本可以认定，公示语是一个日益被广泛接受和采用的术语。然而，翻译界和外语界普及应用这个新的通用流行词仍不够，不少人对它还是不太熟悉。

（二）公示语的定义

一直以来，公示语的定义基本处于一种较游移的状态。中外学术界的学者中对公示语定义比较具有代表性的有戴宗显和吕和发（2005）、杨全红（2005）、Barry Gray（2006）、贺学耕（2006）、丁衡祁（2006）、罗选民和黎土旺（2006）、龙江华（2007）、林庆扬（2007）以及皮德敏（2010）。笔者认为，戴宗显和吕和发、杨全红、Barry Gray、丁衡祁、罗选民和黎土旺几位学者所给出的公示语定义较为全面：

定义 1：公示语是公开面对公众，告示、提示、指示、显示、警示、标示与其生活、生产、生命、生态、农业休戚相关的文字及图形信息。凡公示给公众、旅游者、海外游客、驻华外籍人士、在外旅游经商的中国公民等，涉及吃、住、行、游、娱、购行为与需求的基本公示文字信息内容都在公示语研究范畴之内。（戴宗显和吕和发）

定义 2：英文中有"public signs"一语，汉语译名较为混乱，有公示语、标记语、标示语、揭示语、警示语等。它是一种常见于公共场所的特殊文体，或用寥寥文字，或用简明易解的图示，抑或文字与图示兼用，表示对受众的某个要求或引起人们的某种注意。（杨全红）

定义 3：Signs are anything from a simplest way finding or information "marker" to the technically sophisticated communication of a message.Signing affects everybody——travelers，shoppers，visitors，drivers，etc.，whether in the course of business or pleasure.Bad signing is at best irritating and at worst can be life threatening and dangerous.

【译文】signs 为最简单的道路指引或信息"标记"，包括技术复杂的信息交流。不论出差还是游玩，公示语影响着每个人——旅行者、购物者、来访者、驾驶员等。不规范的公示语可能会使读者感到不适，甚至使其遭遇生命威胁。（国际图形标志委员会主席 Barry Gray）

定义 4：公示语是一种给特定人群观看，以达到某种特定交际目的的特殊文体。其应用范围非常广泛，几乎涉及日常生活各个方面，如街头的路牌、广告牌、路标、商店招牌、警示语、宣传语、旅游简介等。（丁衡祁）

定义 5：公示语是指在公共场所展示的文字，包括路标、广告、商品说明书、旅游指南、社会宣传、告示等。（罗选民和黎土旺）

综合来看，戴宗显和吕和发的定义是其他几个定义的综合，得到了绝大多数专家学者、研究者以及编辑们的认可，完全可以成为公示语的权威定义。

（三）公示语的译名

公示语的英文译名有不少表达用语，常见的有 notice、signage、sign、public sign 等。综合来看，我国目前许多核心期刊、相关著作、网络均趋向于使用 public sign。

可是，使用 public sign 此词条在维基百科中进行在线搜索，没有任何结果，只能查到 sign（display device）这一条目，其解释如下：Sign is a publicly displayed or posted notice，board，or other device bearing letters，symbols and/or designs to convey a designation，name，direction，information，instruction，warning，advertisement，or other message.Signage usually refers to signs collectively，as in a sign system.

【译文】sign 指公开展示、张贴的告示、展板，或带有文字、符号、图形的设施，用来传递指令、名称、方向、信息、说明、警告、广告或其他信息。signage 通常是 signs 的总称。

由此可知，sign 是一种公用设施，不仅包含文字，还有图形、符号等内容，所以"公示语"与 sign 的内涵和外延有了绝妙的重合。笔者认为将公示语翻译为 sign 才妥帖，理应成为对应统一的英语译文。

二、公示语的分类

迄今为止，人们尚未对公示语的分类达成统一共识。这是由于人们接触到多种公示语，它们以不同的形式呈现。因此，公示语可以从不同的方面进行分类。

（一）公示语的分类

（1）根据表现形式，我们可以把公示语划分为文字公示语和图形公示语。

（2）根据地理区域，在广义上，我们可以把公示语划分为国内国际通用的公示语，具有很强中国特色而只用在中国的公示语；在狭义上，我们可以分为针对城市的公示语和针对旅游景点的公示语。

（3）根据构件材料，我们可以把公示语划分为电子公示语和非电子公示语。

（4）根据企业收益，我们可以把公示语划分为商业公示语和非商业公示语。

（5）根据社会用途，我们可以把公示语划分为旅游、交通、安全、政治、通知等方面的公示语。在《公共场所英语标识语错译解析与规范》（2010）一书中，公示语被划分为通用公示语以及道路交通、旅游景点、邮政银行、工商外贸、文教卫生、公益广告等方面的公示语。

（6）根据性质和作用，我们可以把公示语划分为政治性公示语、商业性公示语、公益性公示语和个人性公示语。

（7）根据所属行业，我们可以把公示语划分为广告公示语、交通公示语、旅游公示语、环保公示语、计划生育公示语、林业公示语、卫生公示语、消防公示语、公交系统公示语、教育公示语等。

（8）根据信息状态，我们可以把公示语划分为静态公示语和动态公示语。静态公示语出现于旅游景点、公共设施、道路名称、涉外机构以及某些头衔和职位等方面，强调指称功能和服务，例如，"International Departure"（国际出发）、"Drinking Water"（饮用水）、"Shopping Mall"（购物商城）等。动态公示语广泛应用于交通和公共设施等领域，强调激励、引导和呼唤功能，例如，"Turn Right"（右转）、"No Photographing"（严禁拍照）、"No Tipping"（谢绝小费）等。

我们还可以按照使用场所把公示语细分为运输场所公示语（如机场、火车站、汽车站、码头、地铁、公路、桥梁等场所）、旅游场所公示语（介绍旅游景点的名称和设施、提供警示性和提示性信息等功能）、商业及服务场所公示语（主要包括企业名称、基础设施、警示或提示信息、经营服务信息、商品名称、服务人员名称、部门名称等）、文化场所公示语（包括剧院、电影院、书店、图书馆、艺术馆、博物馆、体育场馆、大学校园等）、医疗卫生场所公示语（主要是医院和公共厕所）和其他涉外场所公示语（如某些涉外办事机构，公寓楼的大厅、电梯、走廊，建筑物的外墙等）。

（二）公示语的类别

在《公示语的汉英翻译》（2004）中，吕和发依据应用功能将公示语分为四个类别，这个分类法常常被大家引用：

（1）指示性公示语：体现的是周到的信息服务，没有任何限制、强制意义。例如，"INFORMATION"（问询服务）、"Car Rental"（租车服务）、"Travel Service"（旅游服务）、"Take Away"（外卖服务）等。

（2）提示性公示语：没有任何措施意义，仅起提示作用，用途广泛。例如，"STERILIZED"（已消毒）、"Wet Paint"（油漆未干）、"Sold Out"（售完）、"CCTV in Operation"（闭路电视监控区）等。

（3）限制性公示语：对相关公众的行为提出限制、约束要求，语言应用直截了当，但不会使人感到强硬、粗暴、无理。例如，"Give Way"（让路）、"Ticket Only"（凭票入场）、"Handicapped Only"（残疾人通道）、"Stand in Line"（排队等候）等。

（4）强制性公示语：要求相关公众必须采取或不得采取某种行动，语言应用直白、强硬、没有商量余地。例如，"No Smoking"（严禁吸烟）、"No Minors Allowed"（儿童严禁入内）、"Don't Walk"（禁止通行）、"No Overtaking On Bridge"（桥上严禁超车）等。

在《汉英公示语词典》（2004）中，吕和发、单丽平将通用公示语与行、食、宿、游、娱、购等相关的专项公示语，依照海外旅游者需求和行为特点，按 11 个类别顺序排列：

（1）通用公示语：公示语、商业推广语、标语、地名、天气预报。

（2）旅行：海关、移民、检疫、航空旅行、公路交通、出租车、铁路旅行、公共交通旅行、汽车维修、水上旅行。

（3）饮食：饭店、餐馆、中餐菜谱、西餐菜谱、中外名酒、酒吧与鸡尾酒、酒业用语、非酒精饮料、甜品及其他食品。

（4）住宿：旅宿设施、管理与服务人员、服务与配套设施。

（5）游览：旅游目的地和类型、中国主要旅游景点、中国历史年表、医疗卫生机构、教育机构、军队。

（6）娱乐：体育运动、节庆假日、娱乐文化、电视。

（7）购物：商场、商品、金融服务。

（8）讯息：邮电通信、新闻机构、报刊出版、各类图书馆。

（9）职称、职位：专业技术职称、职位、学位及荣誉头衔、军衔、警衔。

（10）组织机构：中华人民共和国，全国人民代表大会，国务院，中国人民解放军，全国人民政治协商会议，司法、审判机构，群众团体和宗教团体，科研机构、团体，各类中心、学会，仪式。

（11）行业、行当：生产、流通、建筑、装修、服务、技师、顾问、承包、经纪、代理、广告、促销。

在《公示语汉英翻译》（2007）中，王颖、吕和发根据在华工作、旅游的外籍人士和普通市民的社会行为和心理需求，将公示语分为了 24 个类别：导向标志、"请""不"、警示性公示语、公共提示、行为举止、行为步骤、规则要求、告示通知、作息时间、景点解说、地图示意、价格收费、票券票卡、中餐菜单、商店名称、商业推广、天气预报、标语口号、名片翻译、会展横幅、环境保护、荣誉证明、纪念标志。

在《公示语翻译》（2011）中，吕和发、蒋璐等把公示语进一步分为 21 个类别：法规类公示语、环境保护公示语、景点牌示、停车场公示语、时间公示语、工装上的公示语、警示性公示语、步骤公示语、危机管理中的公示语、规则要求、纪念标志、交通工具上的公示语、招牌、商场公示语、住宿、禁止类公示语、饮食、残疾人设施、娱乐业公示语、新事、电子牌公示语。

在《汉英公共标示语翻译探究与示范》（2011）中，王晓明、周之南将公示语大致按其本质属性，分为以下五种：

（1）名称类公示语：在公共场所的特定位置对人或物的名称所做的标注。例如，"Chang'an Avenue"（长安街）、"Beijing Railway Station"（北京火车站）、"International Office"（国际合作处）、"HIT Science Park"（哈尔滨工业大学科学园）等。

（2）引导类公示语：主要用于带领、指引公众完成某行为或某件事，经常出现在商品的外包装、公用物品和交通标识上。例如，"Automatic Tap"（伸手出水）、"Evacuation Chart"（安全疏散指示图）、"The Train Is Bound For…"（列车驶向）、"Press This Button In Emergency"（发生紧急情况时，按此电钮报警）等。

（3）警示类公示语：在公共场所以提醒或要求为目的，可再细分为指示性公示语、提示性公示语、限制性公示语和强制性公示语。例如，"Please Wait"（请稍候）、"Wheelchairs Available"（提供轮椅）、"Handle With Care"（小心轻放）、"Please Turn Off Cellphone"（请关闭通信工具）、"Please Respect Ethnic Customs"（请尊重少数民族风俗）、"Baby Change"（婴儿换巾处）、"Swipe Your Card Here"（在此刷卡）、"Keep away For Safety"（注意安全，请勿靠近）、"Female Only"（男士止步）、"No Fireworks Allowed"（禁止燃放烟花爆竹）等。

（4）广告类公示语：主要利用公共场所的标识进行商业或服务业的促销类活动。例如，"New Arrivals"（新品上架）、"Free For Members"（会员免费）、"Thank You For Shopping With Us"（欢迎选购）等。

（5）公益类公示语：在公共场所的标识上进行公益宣传的标语、口号、招贴类公示语。例如，"Thank You For Your Cooperation"（谢谢合作）、"Watch Your Hand"（小心夹手）、"Wishing the Conference a Success"（祝大会圆满成功）、"Action now, Save what's left!"（立即行动，保护自然！）等。

在《常用标志英文译法手册》（2012）中，杨永林采取了"功能视角，需求驱动；类别开放，动态添加；词表内容，随时更新"的分类方法，将双语公共标志初步确立为 11 个大类。

在《公示语翻译教程》（2013）中，吕和发、蒋璐等人将公示语依据其在实际应用中的示意功能划分为八类。

第二节　公示语的功能与受众

一、公示语的功能

公示语用于各种各样的地方，在日常生活中发挥着广泛的作用。虽然它们涵盖范围广泛，却享有相同的社会功能，这是其最大的功能。公示语在规范人员社会行为，调整人际关系，提高生产效率，威慑犯罪，激情励志，优化生存质量，构建和谐社会方面意义重大。

（一）应用（示意）功能

公示语应用于日常生活的方方面面，因此也直接影响人们生活的方方面面。公示语满足的是旅游者、社会公众的社会、行为和心理需求，提供的是一种信息服务，因此，在实际应用中具有以下八种应用（示意）功能：

（1）指示性功能：语言应用不一定要求公众去采取何种行动，其功能在于指示服务内容，用途广泛。

（2）提示性功能：没有任何特指意义，仅起提示作用。

（3）限制性功能：对相关公众的行为提出限制、约束要求，语言应用直截了当，但不会使人感到强硬、粗暴、无理。

（4）强制性功能：要求相关公众必须采取或不得采取某种行动，语言应用直白、强制，没有商量余地。

（5）解说性功能：以受众易于接受的形式对人义、自然景观予以解说，增强受众的体验感受，语言简明通俗、体裁约定俗成。

（6）教育性功能：提供使公众了解、认识、普及某些事物的信息，客观并带有呼唤性特点。

（7）管理性功能：提供城市和景点高效运行所需信息，标签型和短语篇均可见。

（8）推广性功能：提供思想文化理念和商品推广信息，以呼唤型为主，文字处理新颖夺目。

在各位学者对公示语功能分类的基础之上，结合公示语在实际应用中的主要作用，公示语的功能又可分为显示性、警示性、营销性、激励性和颂扬性五种：

（1）显示性功能：显示性公示语提供周到的信息服务，指示或提示服务内容。例如，"Car Rental"（租车服务）、"Wet Paint"（油漆未干）、"Full Booked"（客满）、"Sold Out"（售完）、"Restricted Height 4.2m"（限高 4.2 米）等。

（2）警示性功能：警示性公示语对相关公众的行为提出限制或强制要求，常用命令、禁止、提醒或劝阻的语气叙述。例如，"Stand in Line"（排队等候）、"Keep clear off the Edges."（勿靠两侧）、"Handicapped Only"（残疾人通道）、"No Overtaking On Bridge"（桥上严禁超车）等。

（3）营销性功能：营销性公示语促进消费，实现企业经济效益，以广告为主体，包括大量出现在商业经营场所的促销公示信息。例如，"Daily Special"（今日特价）、"Daily Service"（当日可取）、"Free Delivery"（免费送货）、"Crest : creating smiles every day!"（佳洁士：牙齿健康，笑容绽放！）等。

（4）激励性功能：激励性公示语为了特定的目标和任务，号召或鼓励公众为此付出行动。例如，"First-class services to all guests."（创一流服务，迎四海嘉宾）、"Working together, we can make a world of difference."（共同努力，世界更精彩）等。

（5）颂扬性功能：颂扬性公示语为实现宣传、教育的目的，而对特定的事件或人物给予祝愿和歌颂。例如，"Customers Foremost and Credit First"（客户至上，信誉第一）、"New Beijing, Great Olympics"（新北京，新奥运）、"One World, One Dream"（同一个世界，同一个梦想）等。

（二）特定（具体）功能

城市公示语的设置与使用因地制宜、因人制宜、因时制宜、因情况制宜，特定场所除依功能需求设置通用公示语外，还会依据经营、管理、服务、人际沟通等需求设置特定（具体）功能公示语。街道、商场内外设置的公示语依据消费者类别、消费需求、消费行为分为引发兴趣、提供信息、加深理解、促进行动、巩固形象等七个社会和商务（营销）功能：

（1）引发兴趣功能：这类公示语以吸引消费者的"眼球"，激发消费兴趣，或筛选特定消费群体为目的，所以更多地设置于商家门面、橱窗、外围等处。例如，"Last Chance to Buy"（最后机会）、"Anniversary Sale"（开业纪念特卖）等。

（2）提供信息功能：这类公示语以提供服务和消费信息为主，指示、导向消费者消费的类别和区域。例如，"Duty Free"（免税店）、"Camping Equipment"（露营装备）等。

（3）加深理解功能：这类公示语使消费者对商业经营机构的经营有更多的理解和好感，为消费者采取消费行动做好铺垫。例如，"YOUR SAFETY IS OUR PRIORITY"（您的安全我们的天职）等。

（4）促进行动功能：这类公示语将消费者消费行为推向高潮，实现消费。例如，"20% Off"（八折优惠）、"DEAL DIRECT WITH MANUFACTORY AT SPECIAL PRICES"（厂家特价直销）等。

（5）巩固形象功能：一个城市、城市中的商业经营机构不仅要促进消费者即时消费，还要通过公示语的使用来树立和巩固企业良好形象，提高消费者满意度，培养消费者的"忠城"，提升城市和企业的"美誉度""知名度"。例如，"We Care! We Want Your Comments!"（我们关注！欢迎批评！）、"Thank you for visiting Excel London"（谢谢您到访伦敦伊克塞尔车站）等。

（6）服务社会功能：一个城市中的商业机构既要创造良好的经济效益，同时也要承担起社会责任，为社会公益事业效力。例如，"Working Together, We can Make a World of Difference."（共同努力，世界更精彩。）、"A MILLENNIUM PROJECT Supported by Funds from the National Lottery"（千年纪念工程国彩资金赞助）等。

（7）防范犯罪功能：除在装有设施的地方明确标明"CCTV"（电子监控设施）外，还有一些公示语直接应用于防范犯罪，维护治安。例如，"Crime Prevention Advice Thieves Beware"（犯罪防范忠告：当心窃贼）、"CAMERA 156 SEE ANY THING SUSPICIOUS CALL IN CONFIDENCE 08003281413"（电子监控器156发现可疑事沉着拨打08003281413）等。

二、公示语的受众

公共场所公示语的受众自然是指所有真正愿意了解、也有能力了解公共场所公示语的公众，大体可以细分为以下三大类（王晓明、周之南，2011）。

（一）汉语目标人群

中国公共场所公示语中的第一语言是汉语。如果某个公共场所公示语中的双语分为上下两行，那么汉语往往出现在外语的上方；如果某个公共场所公示语的文字仅占一行，那么汉语往往出现在外语的左侧。

汉语公示语的目标人群是以汉语为母语或第一语言的普通中国公民。其中，最为直接的受众是与公示语内容直接相关的人群。如到政府机构办事的人，到商业服务部门购物的人，到企事业单位办事的人，乘坐公共交通的人，到体育休闲场馆锻炼休闲的人，到医疗卫生机构看病咨询的人，到文化娱乐场所享乐的人以及各种社会团体组织、公共管理机构、大中小学、科研院所、宗教会所、旅游景点、宾馆饭店、旅游服务机构、街道小区等公共场所的访客。这些受众获得实时信息的最直接方法就是阅读置于公共场所的汉语标识。

一般来讲，公共场所的公示语如果只用汉语，宣传单位必定会精心雕琢文字，使之朗朗上口，易读易记，过目不忘。

（二）外语目标人群

随着中国国际化程度越来越高，公共场所外语标识几乎成了一个城市或者地区国际化程度的标志。越来越多的外语标识在翻译和使用方面给标识制作者（即特定公共场所的宣传单位和责任人）带来了巨大的挑战和困难。

中国公共场所外语标识中的外文公示语，是给来华访问、旅游、购物、工作、求学的外国人士阅读的。能否看得懂中国公共场所外语标识，对外国人士非常重要。这不仅取决于他们的相关外语水平，更与这些公示语的翻译水平或外文表达水平密切相关。

（三）双语目标人群

这一类人群对公共场所的双语标识抱有浓厚的兴趣，他们到处寻找并阅读双语公示语，对双语标识上的中外两种文字拍下照片存档留念；或者进行学习、研究和评论，写成论文及专著，对此设立专题进行研究。这类人中既有懂汉语的外国人，也有懂外语的中国人。他们对中外两种文字都有相当高水平的把握，较有能力对两种文字的内容进行比较和评判。

（1）他们当中的一部分人——绝大多数是学生——把公共场所双语标识当作教材，以此学习生动、简洁的汉语或外语。

（2）另有一部分人——绝大多数是语言学家、翻译专家或者翻译工作者——专门寻找翻译错误，并对这些错误进行分类研究，指出错误形成的原因，并提出改进方法。他们的贡献将有助于提高中国公示语的翻译质量，使双语公示语能够真正达到公示和交流信息的目的。

（3）还有一小部分人——一般精通一门语言并粗通另一门语言——起初是为了学习而阅读双语公示语，后来发现很多公示语的翻译问题，尤其是一些翻译错误，就当讲笑话一样传播这些问题和错误。这对中国的国际形象造成不良影响。

第三节　公示语的文体风格

无论汉语，还是英语，公示语作为一种应用于社会公共场所的特殊语言现象，在全世界各民族的社会、文化、经济发展进程中都发挥着促进生产、提高效益、协调生活的重要作用。

公示语具有独特的语言风格和特点，很多学者分别从公示语的语言形式、涉及范围、交际目的和语言风格等不同角度对其进行过研究。在此基础上，对比汉英公示语的各自特点，笔者认为，就文本体裁看，公示语多为"信息型"和"诱导型"文本，汉英公示语共有的、普遍的、鲜明的文体风格主要集中在以下几个方面。

一、公众性

这是公示语首要的特点。公示语为社会公众所理解，使用于社会公众大量出现的场合。无论是使用人数、涉及范围还是其庞杂的分类，都突出地显示了公示语的社会公众性。

二、功利性

作为社会用语的组成部分，所有公示语都是有所为而发，具有一目了然的目的性。来自个人、群体或社会组织、政府机构的公示语，突出体现了发出者各自的要求与愿望，例如，个人的寻物启事、企业的商业广告、政府的行政通告等。此外，产生于不同社会背景下的公示语服务于当时的社会历史需要，如"构建和谐社会"等。

三、能产性

公示语由于其为公众熟悉，传播迅速、使用频率高的特点而具有极大的能产性，出现了一些固定格式的公示语。例如，表示禁止意义的公示语，在汉语和英语中都有各自相对固定的格式。汉语中常见的格式是"严禁……""禁止……""请勿……""不准……"等，而英语中较为固定的格式是"No + X7–ing/X7"和"Donot + X7"等。

四、简明性

简洁明了是公示语最为突出的特点。语言使用环境和高效率的社会环境要求公示语以最精练的语言传递最大的信息量，信息焦点突出，目的鲜明。这从汉英公示语的词汇和句法结构就可以看出来，公示语一般都采用通用词语、词的基本义和短语短句，比起一般的语言，它是一种简省的语言形式。

公示语通常受空间所限，同时，人们在公共场所往往比较匆忙，对各种公示语都是一扫而过，在这极短的时间内要获得最直接而准确的信息。因而，其最大的特点就是简洁精确。公示语简洁明了决定译者在翻译时必须把握这一重要特征，尽可能地使译文简洁直观。通常使用短语或词组形式，避免使用比较生僻的词汇或是复杂的句子结构。

五、直接性

公示语直接明确地把信息告知公众，让公众很快获得所要传递的意思并采取相应的行动。因此，公示语应尽力避免使用华丽的辞藻或深奥的术语，特别避免使用生僻的单词。例如，"Hands Off"（严禁手扶）、"No Smoking"（禁止吸烟）、"Walk"（行人通行）等。

六、规约性

公示语在日常生活中充当十分重要的角色，尤其在大中城市，随着城市国际化的程度越来越高，英语公示语的作用显得越来越突出。英语公示语要力求大众化并能被广泛接受和理解，特别要遵循固定用法或惯例。例如，"No Standing"（禁止停靠）、"Non-smoking Car"（禁烟车）、"Life

Boat"（救生艇）、"No U Turn"（禁止掉头）。

七、创新性

公示语具有鲜明的功利性，要想吸引、感染公众，实现良好的实施效果，必然要别出心裁，富于创造性。很多幽默新颖的公示语让人记忆深刻，同时还实现了理想的实施效果，例如，肯尼亚天然动物园的《游人须知》规定：凡向鳄鱼池内掷物者须自己负责拾回；美国一家客房告示：请勿在床上吸烟，否则落地的灰烬可能就是你自己。

第四节 公示语的展现形式

公示语的展现形式包括字体选择、大小写处理、竖式编排、色彩使用等，这些手段选用得当势必强化信息内涵，提高公众关注度和信息传播精准度（吕和发、蒋璐等人，2013）。

一、公示语的字体

（一）英文字体的分类

英文字体是拉丁字母的形式，通常按照字形来分类，各式字体的造型特点各不相同。

1. 衬线字体

衬线字体是字符笔画起止处有额外装饰、笔画粗细会根据笔画走向有所不同的字体。常用的衬线字体有 Times New Roman、Georgia 等，其仍然是目前报纸杂志正文常用字体。中文里所使用的宋体就是衬线字体。

2. 无衬线字体

无衬线字体是指没有衬线的字体。常用的无衬线字体有 Arial、Verdana、Tahoma 等。中文里所使用的黑体就是无衬线字体。

3. 等宽字体

等宽字体是每个字符宽都一样的字体，多用于数据报表和编程。Courier 是最常用的等宽字体，但等宽字体也可以是衬线字体或者无衬线字体。

4.手写体

手写体（Script）即手写风格字体。手写体流畅优美，富有笔画间连接的视觉流动感和灵活性。

5.雕像字体

雕像字体（Glyphic）以石刻为基础，字符的笔触对比不明显，常作为全大写字母使用。

6.黑体

黑体（Black Letter）因笔画比较粗，导致页面黑度高而得名，也被称为哥特体（Gothic）和旧英格兰体（Old England）。

7.装饰字体

装饰字体（Decorative）或精美复杂或极其抽象，根据历史风貌特点和视觉文化风尚演变而来。很多装饰字体没有小写，标点符号也不完整。

（二）英文字体的选用原则和标准

英文字体多以活字设计者、雕刻者、活字铸造者或伟人的名字命名，种类极为丰富，有成千上万种，选用时要遵循一定的原则和标准。

1.字体的选用原则

字体选用的主要目的是更有效地传播信息，所以字体的选择和运用要"以人为本"，应遵循"传递信息功能第一、美感形式第二"的原则。字体的选用应以实用为原则，美感和艺术性要服务于实用功能，不能过分突出艺术和个性。

2.字体的选用标准

（1）易读性：指字体从宏观、整体上对读者的吸引力，即字体的总体阅读感受。

（2）识别性：指在正常阅读条件下，字体从微观上，即字母、单词、语句等局部元素能否被识别辨认。

（3）一致性：指字体要与周围环境相协调、与内容相匹配。同时，如果信息内容相同，则字体要统一。

（4）美观性：指字体的视觉形态富有美感，让阅读者感到愉悦、舒畅。

（三）公示语字体的应用

公示语信息传递的效率不仅取决于公示语文字表面的概念性意义，更取决于公示语文字视觉上的表现形式。公示语字体选用得当，可以有效实现公示语指示、提示、限制、强制、警示、解释、教育等功能。

二、公示语的竖排

长期以来，英语以横向排列的方式书写、印刷，大多数英语公示语都以横向排列的方式呈现，但也出现了一些以竖向排列方式呈现的英语公示语。公示语是以标牌为载体向人们传达信息，公示语文字排列涉及两个因素，即构成信息的单词和承载信息的载体。

（一）空间或载体限制

单词过长，无法横向排列，或者由于空间或载体的限制，一些公示语只能以竖向排列方式呈现。这是绝大多数英语公示语竖向排列的主要原因。

（二）环境与受众行为

现代都市是公示语或广告的海洋。信息接收者畅游其中，竖排标识在视域缝隙中脱颖而出、极为醒目，标新立异、吸引眼球的效果比其他复杂手段还要显著。

（三）导向指示

竖向排列字母，加上箭头的作用，使标牌具有鲜明的方向性及指向性。当然，还可采取字母横躺竖式排列、横竖交叉排列等灵活变化形式。

三、公示语的大小写

每个公示语书写都涉及大小写问题。大小写不仅是形式，它还可以使公示语或正式或随意，或严肃或有亲和力，或有距离感或有亲近感。公示语文字大小写不同展现出不同的信息氛围，带给人们不同的感受。

（一）字母全部大写

英语公示语文本相当一部分以所有字母都大写的形式呈现，这样使标识正式、严肃、有距离感，从而起到指示或警告的作用。此种形式包括两个单词的简短标识，也有多个单词或句子的复杂标识，多为警示性、提示性、介绍性信息。

（二）大小写结合

1.以大写形式写出核心内容，以小写形式标出附属解释

这是解说性公示语和规约性等语篇最常用的书写形式，即典型地将标题大写，具体介绍小写。

2. 小写标出核心内容，大写提供附属信息

这种公示语多见于海报，这是一种艺术化的处理策略，其闲逸特点跃然眼前。

（三）首字母大写

1. 实词、虚词首字母均大写

实词、虚词首字母均大写。既可以是短语，也可以是句子；既有信息性公示语，也有禁止性公示语。

2. 实词首字母大写、虚词小写

实词首字母大写、虚词小写。这种公示语多为提示性、介绍性信息，其容易辨识，重点突出，错落有致。

（四）某个单词大写

某个单词大写，关键信息突出，效果显著，常见于警示性、指示性、呼唤性公示语。

（五）全部小写

全部小写，亲切亲和，没有距离感，便于识别。这种公示语包括指示性及指令性信息，大多为宣传、呼唤性信息。

四、公示语的色彩

颜色不同，在不同国家和民族中所代表的意义也不同。为了便于人们交流，世界各国和国际标准化组织、世界旅游组织都对色彩在公共信息传播中的意义进行了明确和规范。

公示语中常用的颜色主要有以下六种：

红色：对人视觉刺激最为强烈的颜色，它能对人们的心理产生刺激、兴奋神经系统，其有增加肾上腺素分泌和增进血液循环的功能。它常用来作为危险、禁止、限制、促销等公示语文字和背景用色。

黄色：明视度较高，可以有效地刺激神经。在公示语标示用色中，黄色是警告危险色，常用来警告危险或提醒注意。

蓝色：能降低脉搏，调整体内平衡。在公示语标示用色中，多用蓝色的文字或底色来表示信息性的信息。

绿色：平静的颜色，有镇静作用，在公示语中表示指示性信息。

黑色、白色：这两种颜色构成色彩的反差，效果明显，便于信息接收

者阅读。

第五节　外文公示语论述

一、以英语为主体的外语普及

近年来，不少学者一直在研究中国走向世界的外语战略，进而提出了"国家外语能力""国家语言能力"等概念。衡量国家语言能力的标准，就是国家在处理海外事务时，能否及时得到合适的语言援助，国家在经济社会的发展中能否获取足够的语言红利。一个国家外语应用能力水平的高低，不但是评价国民综合素质的必备参数，而且是反映经济发展水平的重要指标。

在处理双边和多边国际关系中，在国际经贸活动中，在处理人类共同面临的问题中，在反恐、维和、救灾的国际合作中，在睦边戍边中，在为来华外国人员的服务与管理中，都需要外语。在努力将"本土型"国家转变为"国际型"国家的现代中国，在努力争取国际话语权的时代，外语已成为国家语言能力十分重要的组成部分。

2010年11月26日，中国教育部、国家语委发布了《2009年中国语言生活状况报告》。该报告在"语言文字工作"部分指出：2008年12月至2009年3月，国家语委、教育部语用司对北京、天津、上海、重庆、黑龙江、山东、甘肃、浙江、广东等地组织开展了社会语言生活中外文使用情况实地调查，经数据库统计显示：

（1）目前，我国外文使用十分普遍，平均使用率达到31%，外文已进入国民社会生活各个领域。

（2）影响社会外文使用的因素多而复杂，主要受社会经济发展水平、社会开放程度、政府对外文使用的管理力度、社会对外语使用的态度、城市发展的特色契机以及母语感情等诸多因素的影响。

（3）外语使用中，英语的使用占全部外语语种的82.77%，成为仅次于汉语的强势语言。

（4）社会外文使用形式以中外文掺杂使用为主。

（5）国家有关部门和很多地区都制定过外文方面的管理规定，然而，由于缺乏协调，这些规定互不衔接，甚至相互冲突，国家层面的宏观外语使用政策尚不明晰。

（6）全社会外语水平整体不高。

2014年5月29日，中国教育部、国家语委发布了《2013年中国语言生活状况报告》：

（1）语言文字标准建设取得新成就："PM2.5——细颗粒物"等第一批十组外语词中文译名发布使用；国家标准《公共服务领域英文译写规范第1部分：通则》发布，内容涵盖公共服务领域英文译写的规则、示例等；《海底地名命名》《识字教学用通用键盘汉字字形输入系统评测规则》等国家标准、语言文字规范发布实施；中文拉丁转写的国际标准《文献工作——中文罗马字母拼写法》修订稿经国际标准化组织成员国投票支持，取得阶段性成果。

（2）语言与国家安全得到更多关注：语言与国家政治、经济、军事、文化、科技、信息等核心领域的联系日益密切，彰显出前所未有的战略意义和安全价值。周边语言、跨境语言问题进一步引起各方关注。外语能力与国家安全成为重要话题。"语言与国家安全"研究取得进展。

改革开放以来，尤其是进入21世纪后，我国与世界的交流日益广泛而深入。越来越多的国人走出国门的同时，世界各国来华人士也与日俱增，他们或访问，或经商，或求学，或旅游，再或开展各个领域的交流活动。交流需要媒介和工具，这个媒介和工具就是语言。为了实现交流，既有来华的外国人努力学习汉语，更有大量的中国人学习和使用外语。这种语言生活状况深刻地影响着我国的语言生活，人们的外语能力受到了广泛的关注，以英语为主体的外语正处在逐步普及之中。这表现在两个方面：一是国民的语言能力、语言态度发生了变化，很多中国人成了既会母语又会外语的"双（多）语人"；二是我国社会的外语使用不断增多，范围也越来越广。

与此同时，英语成为中国的第一外语，接受过正规教育的中国人绝大多数都或多或少学过英语，英语甚至成为升学、获得学位、升职、出国等必须逾越的一道坎。为了方便外国人在中国生活、旅行、工作等，中国各地特别是大中城市在交通、旅游、体育、文化、商业、卫生等领域的公共场所提供了英文标志，不少岗位、窗口提供了英语服务。目前，国内公共场所的双语标识也主要呈现为汉英双语公示语。

近年来，中国社会各界对英语的使用和学习高度关注，科学、理性地对待作为全球性交流媒介的英语，这是树立自尊自信又开放包容、融入世界潮流又坚守民族特色的大国形象的必然要求。这需要在英语的使用管理、教育教学以及不同行业人员英语能力要求等各个方面加强政策研究，兼顾自尊自信和开放包容，既要全面提高国民的英语水平，以利于学习世界先进科技和先进思想，树立良好的国际形象，又要保持民族特色，不至于削弱本国语言文字的学习与使用。

二、英文公示语的基本特征

（一）基于自建英语原生公示语语料库分析

赵秋荣、马会娟在《基于语料库的公示语翻译研究》（2009）中，通过采集国外公示语语料，自建英语原生公示语语料库，使用 UCREL CLAWS7 进行词性标注，从词汇、语法和语篇等视角，统计分析了已加工的英语公示语文本的基本语言特征。

1. 词　汇

运用 AntCmmt 进行统计，结果显示，英语语料库中出现频率前十位的实词分别是 No、Danger、Please 和 Cannon 等。

出现频率在前十位的词

Rank	Freq.	Word
1	96	No
2	93	Danger
3	79	the
4	76	to
5	67	Please
6	65	in
7	59	of
8	55	be
9	52	Cannon

Rank	Freq.	Word
10	52	this

这表明，英文公示语的主要作用为禁止、命令、提示、警告、指引等。此外，还有一个非常值得重视的呼唤作用，旨在唤起受众的共鸣，让受众行动起来。

英语原创文本中动词使用频率为 19.88%，名词 20.65%、形容词 6.58%、副词 7.72%，而英语原生公示语中动词为 18.59%，名词 42.18%、形容词 4.60%、副词 3.08%（见下图）。此统计部分证实了英语中名词活跃，而汉语长于动词的观点；公示语原生文本中名词使用频率远远高于其他词性，是英语原创文本的两倍，而且用词简单、通俗易懂。这证明公示语主要作用为提供信息，忌使用复杂晦涩、艰深难懂的词语。

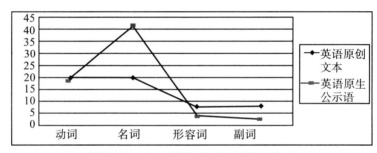

英语原创文本和英语原生公示语词性使用

2. 句　法

通过对公示语原生语料库统计，发现其平均句长为 4.61 词。而英语原创文学为 6.79 词，英语原创非文学为 9.32 词，英语原创文本（文学与非文学）为 7.78 词。可见，英语原生公示语句子最短。因此，汉语公示语在英译过程中要注意句长，合理安排句子，以最短的句子传达最多的信息。

统计发现，原创文本中，共出现 178 个被动语态，占 11%，出现 5 个从句，占 0.003%。英语原创文本中多用简短有力的句型，在充分传达公示语信息时考虑到了有限的空间。

（二）中英文公示语的对比研究结果

近年来，英汉对比的学者们归纳总结了英汉语言的 12 个区别，分别是：

英语多形合，汉语多意合；英语多被动，汉语多主动；英语多变化，汉语多重复；英语多省略，汉语多补充；英语名词／介词多，汉语动词多；英语多代词，汉语多名词；英语多引申，汉语多推理；英语偏重抽象，汉语侧重具体；英语前重心，汉语后重心；英语主谓齐全，汉语多无主句；英语多从句，汉语多分句；英语多长句，汉语多短句。

　　作为一种特殊的实用文体，英文公示语有别于其他文体，具有相对明显的特征：它们广泛使用名词、动词、动名词、独词、短语、缩略语、文字与标志组合、现在时态、祈使句和规范性、标准性语汇，语汇简洁，措辞精确，部分公示语具有鲜明的本土特征。

　　1. 用词特点

　　（1）大量使用名词和以名词为中心词的名词词组，向公众直接、准确无误地显示特定信息。例如，"Arts and Crafts"（工艺品）、"Food & Beverage"（餐饮部）、"Toll Gate"（收费站）等。

　　（2）经常使用动词、动名词，将公众的注意力集中在公示语发出者所要求采取的行动上，以促进行动、提出要求、作出规定、发出警告。例如，"Slow Down"（减速行驶）、"Don't Feed the Animals"（请勿投食）、"No Parking"（严禁停车）、"Please protect public facilities."（请爱护公共设施）等。

　　（3）动词短语、名词短语大量应用于公示语，其结构简单、组合多样且能够表达多种信息。例如，"Bell Service"（行李房）、"Drive-in Cinema"（汽车影院）等。

　　（4）恰当地使用缩略语，可以达到事半功倍的效果。例如，"PARKING/P"（停车场）、"INFORMATION/I"（旅游咨询）等。

　　（5）词汇选择考虑到广大公众和旅游者的文化水平，严格避免使用生僻词语、古语、俚语、术语。例如，"No Littering"（请勿乱扔废弃物）、"Private Parking"（专用车位）、"Children's Crossing"（儿童过街道）等。

　　（6）充分利用大写字母，显得分外严肃正规，较易吸引公众。例如，"OCCUPIED"（有人）、"LOST & FOUND"（失物招领）、"FASTEN YOUR SEAT BELT"（系好安全带）等。

　　2. 句法特点

　　（1）公示语的主要功能是为公众提供实时的信息，是对处于特定区域范围内的公众行为的指示、提示、限制和强制，为此，英文公示语中的时态限于现在时态。例如，"Stop for Ticket"（停车领卡）、"Give Way to Buses"（公交优先）、"Don't Drive When Tired"（严禁疲劳驾驶）等。

（2）为了简化句子结构、突出重点信息，英文公示语大量应用无主句、祈使句。例如，"Save Water"（节约用水）、"Keep Off the Grass"（勿踏草坪）、"Mind Your Steps"（注意乘梯安全）等。

（3）公示语应该在尽量短的时间内，吸引公众注意并传递特定信息，因此，公示语的语言必须简洁，措辞必须精确。只要不影响公示语准确体现特定的功能和意义，冠词、代词、助动词等就可以省略，只使用名词、动词、形容词等实词，并保留起关键作用的核心词汇，如"and, with"（和）、"no, not"（不）、"don't"（勿）、"please"（请）等。例如，"Car Wash"（洗车场）、"Open Now"（现在营业）、"Admission Free"（免票入场）等。

3. 修辞特点

英文公示语也采用修辞工具使表达的形式和声调变得顺畅。使用修辞格的公示语要比普通公示语更为生动，也更容易实现动人效果和雄辩力，读者会对它们产生深刻印象并容易记住它们。拟人、隐喻、对偶、排比、双关、感叹和韵律等修辞格在英文公示语中很常见。例如，"Beware of fire ants.They Bite Bad."此英文使用了拟人，可译为："当心火蚁。咬人很痛！""Please do not touch the crystal.You Break You Pay.I Break I Cry."此英文运用了排比和尾韵，显得俏皮、风趣，可译为，"请不要碰水晶制品。你打坏你赔，我打坏我哭。"

4. 图形特点

带颜色的图片对人们的视觉有着最直接和强烈的刺激，是吸引人们注意力、提供信息和在读者脑海中留下深刻印象的最有效方式。因此，除了必要的语言，在多数公共场所，英文公示语常配以颜色、几何形状、图形等视觉元素混合使用，效果相得益彰，可加强公示语的信息生动性、清晰度和可读性，特别是对那些有阅读困难的人，例如：

国际标准图形标志中颜色及几何形状的含义

颜　色	含　义	几何形状	含　义
红色	禁止、否定、限制	圆形	指令
黄色	警告	带有斜杠的圆形	禁止
蓝色	指令	等边三角形	警告
绿色	提示	斜置三角形	警告
黑、白色	提供一般信息	正方形	提示

5. 本土特点

公示语不可避免地带有第一语言国家特有的文化和社会特征。为数不多的英语公示语在英、美、澳等以英语为母语的国家就具有明显的本土意义，例如：

中文公示语	英国用法	美国用法	澳大利亚用法
药房	Chemisfs Shop	Drugstore	Pharmacy
电梯	Lift	Elevator	Elevator
汽油	Petrol	Gasoline	Petrol
二楼	First Floor	Second Floor	First Floor
电话亭	Phone Box	Phone Booth	Phone Booth
垃圾房	Rubbish Bin	Garbage Can	Rubbish Bin
管理学院	Faculty of Management	School of Management	Faculty of Management
邮资已付	Post Free	Post Paid	Post Free

又如"Rose Bowl"（玫瑰碗），熟悉和了解当地文化的人，一看就知道这是指在美国加州帕萨迪纳的玫瑰碗体育场举行的年度性大学生美式橄榄球比赛；"4 SALE"（=For Sale，出售），在澳大利亚很多城市可以看到，"4"其实就是代替与其发音相同的英文单词"for"，这具有鲜明的地域特点。

此类具有鲜明本土特征的词汇，在使用上有着明显的地域局限，同时也为制作双语标识的单位和人员造成了很大的困扰。笔者认为，如果采用英式英语，那么从头到尾都要采用英式英语的表达，切不可夹杂美式或澳式英语的表达，使译文不易理解。

第二章 公示语翻译研究述评

公示语是一种给特定人群观看、以达到某种特定交际目的的特殊文体。其应用范围非常广泛，涉及日常生活的各个方面，如街头的路牌、广告牌、路标、商店招牌、警示语、宣传语、旅游简介等。作为一种交际工具，它用寥寥文字、简明易解的图标或文字与图标相结合等方式把必要的、有用的信息传达给大众，是人们生活中不可或缺的帮手。

随着中国与世界的接轨，越来越多的国家希望了解中国，很多外国朋友来到了中国。在这种跨文化交际的过程中，作为国际通用语言，英语成为各国人们沟通的最便捷的工具。因此，汉语公示语的英译日显必要，其目的非常明确，即在必要的场合能够指示、提示、警示、帮助在华外国朋友，使其更方便地学习、工作和生活。

第一节 公示语翻译研究的现状

公示语翻译是国家对外宣传翻译中不可忽视的一个组成部分，是一个国家对外交流水平和人文环境建设的具体体现。为了方便外国人士，越来越多的城市公共场所公示语提供了相应的英文翻译，公示语翻译已经成为我国对外开放窗口中的一个重要组成部分。

建设国际化都市、国际旅游目的地需要良好的国际语言环境，翻译和使用得体的公示语的重要性在于为远方来客提供吃、住、行、游、购、娱等方面的悉心关照。如果没有配备公示语或者公示语使用不当甚至错误，则会给外国人士的出行和生活造成不必要的麻烦、误会甚至危险，从长远来看，更会影响我国未来的政治、经济、社会和文化发展。

一、公示语翻译研究的发展历程

在中国，公开面对公众的，起到指示、提示、宣传和警示等作用的语言文字及其辅助图形、符号等，虽然早已被人们广泛使用，但是针对公示语的翻译研究相对起步较晚。公示语翻译是应用翻译研究的一个新领域，长期以来，国内翻译界对此展开的研究还很不够，而且缺乏体系性与规范性。我国公示语翻译研究与规范建设是一个从无到有、由浅入深、由表及里、由服务大型国际活动的急需到服务世界城市和国际旅游目的地长远发展的过程。

根据"CNKI 学术趋势"，公示语翻译研究的"学术关注度"大致可以分为以下四个阶段。

（1）起始（萌芽）阶段：2000 年以前，关注度基本为零。在我国学术界，对公示语翻译研究的起点究竟应从何时算起，既没有一个鲜明的标志，也没有形成一个明确的共识。

相关文献检索结果显示，国内学者对公示语及其汉英互译的研究可追溯到 20 世纪 80 年代末至 90 年代初，只不过当时并没有使用"公示语"这一术语名称。1989 年发表的《企业名称的翻译问题》中，以实例探讨了企业名称的英译问题，是国内公示语翻译研究方面的首探。同年，已故地图学家曾世英先生的文章《关于我国地名拼音的商榷》论述了在地图上如何拼写地名通名的问题，也是较早涉及公示语汉译英问题的论文之一。

1990 年，段连城的论文《呼吁：请译界同仁都来关心对外宣传》指出了一些景点、宾馆指示牌和旅客须知上的翻译错误。1994 年，向阳的《谈我国街道名称的英译》中提出对我国街道名称英译时要注意两点：一是英译名是给不会汉语的外国人看的，二是译名要规范。1998 年，语言学家何自然先生在其主编的《社会语用论文集》中首次从语用学的角度关注公示语的英译及语用失误问题；倪传斌和刘治发表了《标记语的英译原则及实例分析》，提出标记语由汉语译为英语的过程中应遵循"简洁、明了、语气得当、规范化和适度诙谐"五原则。

以后又有几篇有关公示语翻译研究的文章散见于国内一些期刊，但此类研究始终没有形成系统的研究，也没有引起足够的重视。

（2）低速发展阶段：2000 年—2004 年，关注度低而平稳。

直到进入 21 世纪后，中国与世界各国的交流日益增多，全国各地出现了越来越多的汉英双语公示语，公示语翻译逐渐成为中国翻译界专家、学者和整个社会广泛关注的热点。如果说 20 世纪公示语翻译研究过分注重错误分析，那么，新世纪公示语翻译研究在此基础上向前推进了一大步，有了新的突破，即开始寻求理论支撑。

2002 年，北京第二外国语学院成立了"公示语翻译研究中心"，并对"汉英公示语翻译研究"课题进行立项资助；北竹和单爱民发表《谈英语公示用语的语言特点与汉英翻译》，首次于论文中正式启用了"公示用语"这一名称。2003 年，该课题组开通了"汉英公示语研究在线网站"；与此同时，其他网站也开辟专栏讨论公示语翻译问题，越来越多的研究者开始关注公示语翻译。

（3）快速发展阶段：2005 年—2007 年，关注度直线上升。

我国公示语翻译有规模、有组织、比较正式的研究应该从 2005 年北京首届全国公示语翻译研讨会的召开算起。

随着第一届（2005 年）、第二届（2007 年）全国公示语翻译研讨会分别在北京第二外国语学院和上海同济大学召开，国内公示语翻译研究引起中国翻译界学者的普遍关注，不少学者开始探讨公示语的特点与翻译。公示语翻译研究随后迅速发展，参与面逐步扩大，呈现出多彩纷呈的局面。

（4）高速发展阶段：2008 年之后，关注度进一步提高。

2008 年以来，随着"北京奥运会""北京世界翻译大会"和"上海世博会"的成功举办以及我国在科学技术、经济发展、对外贸易、文化交流、体育项目、旅游开发等方面的发展，有关公示语的研究进入了一个前所未有的时期。关于公示语翻译研究的文献层出不穷地发表在各种学术专业期刊上，公示语翻译研究成为国内翻译研究的大热门，其研究成果总量大大超过了新闻翻译、旅游翻译、法律翻译等门类。公示语翻译研究以中国文化传统诠释全球化内涵和语言文化语境特点，这是一个伟大的创举，表明其已经走上了规范、有序的良性发展轨道。2014 年 9 月，第三届全国公示语翻译研讨会在北京第二外国语学院隆重召开，我国公示语翻译研究进入了一个新的高度和发展阶段。

（二）公示语翻译研究的成果归类

1. 公示语及其翻译研究的主要内容

从现有文献来看，我国对公示语翻译研究主要集中在以下七个内容：

（1）公示语翻译实列举隅，尤其是对某些特定城市或地区公示语翻译现状的调查分析，如《公示语翻译问题实列举隅》（万正方，2005）、《北海公园公示语及景点提示语翻译十问题浅谈》（金龙，2005）等。

（2）公示语翻译错误归类及其原因分析和改进建议，如《公示语翻译中的语用失误探析》（赵小沛，2003）、《城市标识用语英译失误及其实例剖析》（王银泉、陈新仁，2004）等。

（3）公示语概念、文本界定及其功能、范围的论述，如《公示语的功能特点与汉英翻译研究》（吕和发，2005）、《公示语汉英翻译研究——以2012年奥运会主办城市伦敦为例》（戴宗显、吕和发，2005）、《澳门公示牌示语言及其翻译研究》（张美芳，2006）。

（4）公示语翻译方法、技巧和策略的探讨，如《也谈汉英公示语的翻译》（杨全红，2005）、《汉英公示语翻译的现状及其交际翻译策略》（贺学耕，2006）。

（5）公示语语言文化特征、风格的归纳，如《谈英语公示用语的语言特点与汉英翻译》（北竹、单爱民，2002）、《公示语的汉英翻译》（吕和发，2004）等。

（6）公示语翻译理论导向的描述，如《公示语及其翻译》（仇全菊，2005）、《论告示的语用等效翻译》（刘建刚、闫建华，2005）。

（7）公示语翻译原则、规范、标准的讨论，如《标记语的英译原则及实例分析》（倪传斌、刘治，1998）、《论标示语的翻译》（卞正东，2005）等。

2. 公示语及其翻译研究的主要表现

总体来看，我国公示语及其翻译的研究成果主要具有以下六个表现。

（1）研究层次不断深入、研究视角趋向多元。

从最早的收集误译实例、开展语义层面上的选词和语法分析、归类并提出修改建议，发展到从公示语的语言特点、功能特点和文化内涵以及中西方文化差异的角度来探讨翻译上的错误，再发展到从语用学、社会符号学等角度来讨论公示语的翻译。随着研究的深入，尤其近十多年来，该项研究不断出现新的突破，从对公示语的定义、语言风格、功能特点等基本概念的多视角阐释，从相对单一的翻译理论角度探讨公示语的英译问题发展到依托多维度、多视角的翻译理论论述公示语翻译应遵循的原则以及具体的方法策略，最明显的特点就是研究者们借鉴的翻译理论达四十余种之多。

（2）研究成果极其丰硕、多样化并及时总结。

据不完全统计，国内各种学术期刊上公开发表的与公示语翻译有关的论文达 500 多篇。研究者越来越多，不仅有青年才俊，也有知名学府的专家学者。近年来，公示语翻译的范围、功能等又有了新的补充和发展，正尝试与生态学、法律、美学等其他学科交叉渗透起来开展研究。2006 年以来，采用实证研究方法对取得的数据进行定量分析成为公示语翻译的一个新趋势，不少研究人员都侧重对某一城市进行公示语翻译状况调查的分析和总结，并就发现的问题提出对策。

除论文外，公示语研究成果还以专著、词典的形式出现，这些论著多数比较务实，直奔翻译方法的主题。

（3）研究规模从个人研究向集体研究发展。

在个人研究的同时，集体研究活动和项目不断启动。2002 年，北京第二外国语学院成立了"汉英公示语研究中心"，标志着我国公示语翻译集体研究的开端。他们著书立说，开展全国性的实证研究，组织动员本校不同院系学生加入到公示语翻译现状调查工作中来。中国翻译协会更是起到了重要的引领作用，组织举办了一系列有关公示语英译研究的重大集体活动。其中，具有里程碑意义的是于 2005 年在北京成功举办的首届全国公示语翻译研讨会，与会的翻译界领军人物和专家学者呼吁重视和完善公示语的翻译工作，为深入、持续进行该项研究的必要性和重要性提供了理论依据并赋予了现实意义。2007 年，在上海举办了第二届公示语翻译研讨会，此届研讨会内容涉及公示语翻译研究的多个方面，为优化公示语语言环境做出了重要贡献。2014 年，在北京举办了第三届公示语翻译研讨会，与会者从多层次、多视角分析了公示语在树立良好文化形象、国家形象中的独特价值，探讨了该领域翻译面临的问题与挑战。可喜的是，全国各地翻译协会和高校的外语院系积极牵头当地的公示语翻译研究。在全国范围内，不同级别的研究课题得以立项并由研究团队负责实施，为当地的公示语英译规范起到了不可多得的作用。

（4）研究视域从国内主要城市向其他城市铺开，从大陆向港澳及国外延伸。

首先，实例取证从国内主要城市向其他城市铺开。中国译协在首届全国公示语翻译研讨会上推出了"完善城市公示语翻译"的公益活动，首批选定北京、上海、广州等国内几个主要城市作为试点。如今，研究取例已经普及诸如河北秦皇岛、安徽芜湖、青海西宁、四川泸州、湖南衡阳、云南玉溪等中小城市，其覆盖率之广之快在学术界实属少见。其次，从在大陆研究向港澳地区和出国实地考察研究发展。2004 年、2005 年暑期，北京第二外国语学院公示语翻译研究课题组成员曾两次赴欧洲 11 国的 17 个城市进行专项实地考察，拍摄三千余幅公示语资料图片和长达十小时的录像资料，取得大量的第一手资料。张美芳曾承担由澳门大学资助的研究项目"澳门公共牌示语言研究"，针对澳门多语公共牌示语中的汉英翻译进行研究并发表相关论文，为公示语翻译研究开拓了更广阔的视域。

（5）研究的社会关注度不断提高。

公示语翻译研究不仅是语言文字及翻译工作者的专门任务，它还是一个社会事务，全国的电视、广播、新闻报刊以及主要门户网站等现代传媒以及社会各界纷纷采取措施强力支持公示语的翻译研究。《中国翻译》于2005 年开辟了"公示语翻译"栏目，刊载的有关公示语英译研究的文章皆经典上乘之作，这对促进公示语翻译研究起到了不可替代的作用。 2005 年7 月，中国日报网站会同对外经济贸易大学等单位共同举办了"全国公共场所双语标识规范大行动"活动；同年 9 月，中国翻译协会下发《关于开展"完善城市公示语翻译"活动的通知》，要求各地翻译协会积极参与并大力支持该项活动。不少地方政府、人大、文明办等部门越来越关注公示语翻译问题，电视、广播、新闻报刊以及主要门户网站等现代传媒积极参与有关活动。

（6）相关地方性规范标准时有出台。

一些省、市的质量技术监督局开始陆续编制或发布公示语翻译的地方标准，例如，2006 年成都市《公共场所双语标志英文译法第 1 部分：道路交通和旅游景点》、北京市《公共场所双语标识英文译法及实施指南》；2007 年《青岛市公共标识英文译法》；2008 年山东省《公共场所双语标识英文译法》、成都市《公共场所双语标志英文译法第 2 部分：商业零售业》《公共场所双语标志英文译法第 3 部分：运动健身》《公共场所双语标志英文译法第 4 部分：医疗卫生》,《佛山市公共场所中文名称英译参考标准》; 2009年上海市《公共场所英文译写规范》、广东省《公共标志英文译法规范》、广西壮族自治区《公共场所汉英双语标识英文译法指南》、江苏省《公共场所英文译写规范》; 2010年《深圳市公共场所双语标志英文翻译规则及实施指南》; 2011年陕西省《公共场所公示语英文译写规范》等。

公示语研究的专题分类呈现地方化,一方面说明全国都在扩大对外开放,都在使用公示语,另一方面说明公示语翻译问题是全国性问题,规范制定与实施影响并不平衡。对比欧美发达国家和地区公示语高频度、高密度、高感性使用情况来看,公示语翻译的各专题分类研究都有必要,同时依据社会常态生产和生活发展要求进行体系化、批量化引进和转换。

第二节 河北省公示语翻译研究现状

一、中小城市外语语言环境现状

随着中国融入全球化经济以及与世界交往的不断增多,城市外语语言环境建设问题越来越受到人们的关注。我国很多中小城市历史悠久、名胜众多,旅游资源丰富,随着对外交流的不断增强,开始吸引越来越多的外籍人员投资、工作或旅游。

然而,国内许多中小城市外语普及较晚,正面临着经济、文化发展的重要时期。由于外语语言环境的匮乏,导致中小城市在国际旅游、贸易、合作上存在竞争力不足、参与面窄等诸多问题。这些中小城市外语语言环境的现状不甚理想,主要体现在:

(1)公共场所双语标识语的缺省。我国大部分中小城市的街道、商场、超市、饭店、旅馆、医院、邮局、机关单位、学校、汽车站、火车站等公共场所双语标识只占很小的比例。中小城市外语公示语的使用范围不够广泛,远远不能满足外籍人士的生活需要。

(2)双语公共标识语的使用欠规范。在我国中小城市,从官方到民间,对其外语公示语规范化的重视程度并不高,英语标识语翻译存在的主要错误包括拼音问题、语法问题、中式英语、错译和语义模糊、不了解文化内涵而导致的误译等。

（3）缺乏必要的城市双语咨询和服务系统，管理部门和服务单位都缺乏双语信息导航系统和查询电话，缺乏城市英语咨询和救助系统。交警、银行职员、火车站工作人员、医生、饭店与旅馆接待人员等窗口行业从业人员大都无法用外语交流，少数人可以使用简单外语，只有涉外的一些机关人员能流利用外语交流。

（4）外语在各种媒体中的普及力度不足。电台、电视台、地方报纸均没有专门的外语节目或栏目；目前在中小城市高校附近的报刊亭很难买到诸如 China Daily、21Century 等国内英文报纸；政府、机关、高校甚至高校内专门的国际教育部门的网站都没有英文版。所有这些不仅影响到外籍人士的工作、生活和学习的质量，还制约了城市对外交流和国际化水平的提升。

（5）地方高校外语语言环境状况有待提高。随着全国外语教学改革的进行，中小城市高校开始注重在课堂教学中培养学生用外语交际的能力，课外也大都设有英语俱乐部、外语协会等组织，英语角、英语演讲比赛、英语竞赛等活动也不少。但在实践中，外语角、外语协会等活动或组织由于缺乏学校资金的支持，一般都没有专门外语教师负责管理和定期指导，自发性很大，学生参与的范围也不广。而英语演讲比赛、辩论赛等活动一般都由任课教师推荐任课班级一两个口语好的学生参加，一般学生并不关心。此外，地方高校校园里很少有外语系列讲座，没有专门的外语校园广播，学生接触到外教的机会也很少。

二、河北省公示语翻译研究基本情况

河北省地处京津冀经济圈，经济正处在飞速发展阶段，对外开放进一步扩大，国际交流不断加强。河北省委、省政府站在全球经济一体化的高度指出，发展环境的水平直接决定对外开放的水平，发展环境的优劣决定发展的快慢，解决发展环境问题是河北省的当务之急。在这种思想指导下，省委、省政府决心将软环境当作硬任务来抓。早在 2004 年就明确提出"要从依靠优惠政策为主向依靠发展环境为主转变"。为此，省委、省政府专门制定出台了《关于进一步优化发展环境的若干规定》；省委、省政府成立了以省委副书记、省纪委书记为组长的全省优化发展环境工作协调小组。

2009 年，河北省政府工作报告第四条中，再一次明确提出：坚定不移地深化改革扩大开放，努力提高对外开放水平。河北省的经济发展对环境建设提出了新的要求，公示语的使用是环境建设的重要组成部分，英文公示语的使用状况直接反映河北省对外开放的水平和国际化程度，直接影响在河北的外籍人员的衣、食、住、行、游、娱、购等方面。目前，河北省各城市公示语英文翻译状况却不尽如人意。这不仅影响了城市的对外形象，而且阻碍了城市发展水平的提高，使英文公示语不能很好地在优化投资环境中发挥其应有的作用。因此，对公共场所公示语汉英翻译问题进行深入、科学的研究，对加快城市建设步伐、优化投资环境、促进经济发展具有重大的现实意义和深远的历史意义。

（一）河北省公共场所公示语翻译现状调查与分析

1. 研究样本

课题组根据世界旅游组织对旅游者基本需求的分类，确定调查对象为食、宿、行、游、娱、购等与生活密切相关的，包括宾馆、饭店、火车站、汽车站、街道、旅游景点、商店、银行、医院、邮局等场所的各类公示语。根据国内目前对于公示语的应用功能及定义的研究，以及各个场所的具体情况，确定了不同类别公共场所公示语的分类。按照使用范围分为道路交通、旅游、商业服务、医疗卫生及其他共五类，并将其确定为主要研究对象，见表 2-1。

表2-1　公共场所公示语分类

样　本 分　类	道路交通	旅　游	商业服务	医疗卫生	其　它
调　查 地　点	城市街道		商场、饭店、宾馆	医院	前四类以外的公共场所
	高速公路	旅游景点	文化娱乐场所		
	火车站、汽车站	旅行社	银行、邮局		
研　究 内　容	道路及生活区名称	景点名称	商业名称、场馆名称	功能设施信息	标语口语单位名称
	行政区划	经营类信息	经营服务信息	诊室、科室的名称	

续　表

样本分类	道路交通	旅　游	商业服务	医疗卫生	其　它
研究内容	交通设施				
	警示提示信息	商品名称：部门名称	经营服务信息		
	基础设施信息	功能设施信息景点票证	服务人员名称	警示提示信息	标语口语单位名称
	交通票证	基础设施信息	菜单：商业推广语	基础设施信息	
	警示提示信息	规则要求	警示提示信息		
	功能设施信息	行为举止提示	功能设施信息		
			基础设施信息		

　　课题组对上述场所进行了为期一年的公示语抽样调查，调查方式分为定点抽样和随机抽样。本次调查在河北省各城市公共场所共收集英汉对照公示语样本2 976条，其中，以文字形式记录的样本2 480条，以图片形式收集的样本496条。样本收集范围覆盖了石家庄、保定、张家口、承德、秦皇岛、唐山、邯郸、邢台、沧州、廊坊等主要城市，其中，石家庄市的样本792条，占所收集样本的26.61%；其他城市的样本2 184条，占所收集样本的73.39%。

　　按照表2-1对公示语进行的分类，课题组将收集到的样本划分为道路交通、旅游、商业服务与文化娱乐、医疗卫生、其他共5大类，各类公示语样本数量和所占比例见表2-2。

表2-2 各类公示语样本数量和所占比例统计

样本分类	道路交通	旅 游	商业服务与文化娱乐	医疗卫生	其 他	合 计
样本数（条）	681	524	1 138	431	202	2 976
所占比例（%）	22.88%	17.61%	38.24%	14.48%	6.79%	100%

2.外籍人员对公示语样本评定分级情况

课题组将所收集到的公示语样本按照上述类别分组，请课题组中的外籍研究人员及9位英语为母语的外籍人员通过网络访谈、电子邮件和面谈的方式，分别对公示语样本进行评定，评定分为四个分级：A.I can understand it.It's good use of English.B.I can understand it in spite of the in appropriate use of English with it.C.I can't work out the meaning of it at all.D.I misunderstand it.这10位外籍人员的职业分别是教师、工程师、留学生。外籍人员在对公示语样本进行评定时，先从A、B、C三个选项中做出选择，然后请外籍人员解释被评定为A、B等级的样本所表达的含义，研究人员将其与中文公示语原文进行比较，如果外籍人员所解释的意思与中文原意不符，该样本的等级重新评定为D。评定结果为，在所收集到的2 976条样本中，被评定为A的有2 302条，被评定为B的有366条，被评定为C的有197条，被评定为D的有111条。在各类场所公示语中的分布情况见表2-3。

表2-3 外籍人员对各类公示语样本的评定分级情况统计

样本分类	道路交通		旅 游		商业服务		医疗卫生		其 他		总 计	
样本数	681		524		1 138		431		202		2 976	
A（%）	557	81.79%	394	75.19%	842	73.99%	354	82.14%	155	76.73%	2 302	77.35%
B（%）	69	10.14%	68	12.98%	163	14.32%	42	9.74%	24	11.88%	366	12.30%
C（%）	43	6.31%	35	6.68%	82	7.21%	25	5.80%	12	5.94%	197	6.62%
D（%）	12	1.76%	27	5.15%	51	4.48%	10	2.32%	11	5.45%	111	3.73%

注：在被外籍人员评定为A、B、C三个等级的样本中，出现了外籍人员对个别公示语样本所评定的等级不一致的情况，研究人员在统计时按照多数人员所评定的等级为准。

在最初被评定为A和B的共2 779条样本中，有111条经过外籍人员的解释，研究人员发现他们的理解与中文原文所表达的意思并不一致，故最后被评定为 D。例如，戒烟门诊 Smoking Clinic，商业服务区 Commercial Service Area 等，被调查的外籍人员认为 Smoking Clinic 是"治疗吸烟引起的疾病的诊所"，Commercial Service Area 是"贸易活动服务场所"。

课题组对被评定为 D 的公示语样本做了统计，认为被评定为 D 的样本，其英汉的表达方式具有很大的语言文化差异。如果译者在公示语翻译过程中，忽视这种语言文化差异，不注意不同语言文化之间的转换，就会引起误译，致使译入语读者根本无法理解译文的含义。这部分公示语正是公示语翻译中的难点，也是造成公示语翻译错误的主要原因。

在被评定的样本中，被评定为 A 的占 77.35%，被评定为 B 的占 12.30%。即 A+B 共有 89.65% 的公示语样本能够为外籍人员在河北的生活、旅游和学习提供必要的信息，能够起到公示的作用，其中被评定为 B 的公示语样本翻译仍有错误。这说明河北省公共场所公示语英文翻译总体情况良好，得到了外籍人员的认可。但是，还有被评定为 C 的占 6.62% 和被评定为 D 的占 3.73% 的公示语样本不能被外籍人员理解，甚至引起误解，这些公示语的英文翻译应当作为重点进一步改正。

3. 公示语样本错误率分布情况

经过外籍人员对公示语样本的评定，将各类场所的公示语样本中被评定为 B、C、D 的样本确定为错误样本。各类场所错误样本所占比例见表2-4。

表2-4　各类公示语样本错误率统计

样本分类	道路交通	旅　游	商业服务	医疗卫生	其　它	总　计
样本数	681	524	1 138	431	202	2 976
错误样本数	124	130	296	77	47	674
错误率（%）	18.21%	24.81%	26.01%	17.87	23.27%	22.65%

通过对各类场所公示语样本错误率的统计，可以看出，在商业服务类各场所收集到的公示语样本错误率最高，其次为旅游，错误率较低的为"道路交通"和"医疗卫生"类，错误率分别为 18.21% 和 17.87%。

在错误率统计过程中，调查人员发现，公示语样本错误在各场所之间、各种不同类别公示语之间分布并不均衡。以旅游景点为例，有些管理规范、历史悠久的旅游景点公示语翻译质量较好，错误率较低，各类公示语翻译规范，例如承德避暑山庄；而一些新开发的旅游景点公示语翻译质量不尽如人意，错误较多。为了弄清哪些公示语的翻译难度较大、容易出错，课题组将错误率较高的商业服务类和旅游类公示语中各种类别的公示语的错误做了进一步的分类统计，发现商业服务类公示语中，以商业推广语和菜单的错误率最高，达 28.32%，旅游类公示语中，以行为举止的提示语错误率最高，达 27.18%。

4. 公示语样本翻译错误种类及调查案例

课题组对上述被确定为 B、C、D 三个等级的 674 条公示语样本，按照翻译错误的原因分为乱译、选词不当、缺词短义、文化缺失、拼写和书写、拼音替代、语法、赘译 8 种。其中乱译、选词不当、缺词短义、文化缺失四种错误对外籍人员理解公示语影响较大，被评定为 C 或 D 的数量较多，错误较严重。其他四种错误对外籍人员理解公示语影响不大。8 种翻译错误案例如下：

（1）乱译是指译文根本无基本的语法规律，词汇的选择毫无根据，难以从译文中看出原文的意思。

样本举例：

大宗台席 Staple Counter

消防紧急疏散示意图 Fire Control of the Clinic Evacuates the Sketch Map

小心碰头 carefully meets

内科 InternalMedicineDepartment

用微笑充实校园生活用爱心抚慰孩子的心灵

With the life of substantial campus of smile

Comfort the clever of child with liking the heart

家常拌莜面 Homemade mix You-face

（2）选词不当是由于译者对于英文词汇词义理解不够透彻，而选用了与原文意思不符的词来翻译，使译文不能表达原文的意思。由于选词不当而造成的错误，给外国公众理解公示语带来困难。

样本举例：

手机销售区 Handset Selling

影像中心 Phantom Center

科学配镜 Scientific Facture

行李寄存 Baggage Consign

批准机关 ratification organs

（3）缺词短义是由于中西方语言文化差异，有些情况下在译文中需要补充出原文隐含的意思。如果译者忽略了这一点，就会使译文的意思表达不完整，造成缺词短义的现象。

样本举例：

戒烟门诊 Smoking Clinic

危险请勿靠近 Dangerous.Don't close.

往北候车室 Waiting lounge for north

（4）文化缺失是指虽然译文在语法结构及词汇选择上没有明显的错误，但是由于原文具有丰富的文化内涵，译者仅使用直译的方法不能在译文中表达出来，造成英文译文读者不能理解，或是他们的理解和感受与原文读者的感受有很大的差距，外国公众看到此类公示语不知所云。

样本举例：

请珍惜脚下这片春天 Please cherish the spring under your feet.

桥东区劳动力市场 QiaoDong District Labour Market

微笑的你真美旅游的你真好文明的你真棒

You are beautiful when you are smiling

You are good when you are sight-seeing

You are terrific when you are behaving yourself

老年三科（某医院的一个科室）Aged three subjects

（5）拼写和书写错误既包括了拼写错误，如字母遗漏和错误拼写，还包括书写不规范的情况，如大小写、空格等。此类错误虽然不影响对公示语的理解，但是，给河北省的对外形象造成不良的影响。

样本举例：

二楼科普展区 the second floor popular science section

服务台 INFORMATION DESK

人民广场 PEOPEES SQUARE

行李寄存 Left Luggage

（6）拼音替代，第一种情况是指在某个场所内其他公示语都有英文翻译，只有其中一个或几个公示语没用英文翻译，而是使用了汉语拼音来代替。第二种情况是指一个译文内拼音和英文混杂在一起使用，部分用汉语拼音，部分翻译为英文。

样本举例：

拒绝盗版（某超市）jujuedaoban（该场所内其他的公示语均有英文翻译）

业务演示区（某中国移动营业大厅）YEWU YANSHIQU（该场所内其他的公示语均有英文翻译）

张家口市第五医院 ZHANG JIA KOU DIWU HOSPITAL

衡水第三中学 Hengshui Di San Middle School

大堂经理 Manager of DaTang

女宾 FBin

（7）语法错误主要是指词的形态变化、词性的选择、功能词的使用、语序等方面出现的错误。此类错误虽不影响外籍人员对公示语的理解，但是作为一个翻译人员，在翻译过程中应该做到精益求精，尽量避免错误的出现。

样本举例：

男鞋 men shoes

豆腐房 TOFU HOUSING

针织服装 Knitting Garment

张家口市传染病医院 ZHANG JIA KOU INFECTION HOSPITAL

挂号处 registered office

维多利亚大酒店 Victoria of International Hotel

（8）赘译是指过度翻译，由于受汉语言思维方式的影响，将原文中某部分意义重复译出，造成英文译文中某部分词义重复，译文累赘；或者是按照英语思维方式，将没有必要译出的词义翻译出来，也造成了赘译。

样本举例：

新华大厦 Xinhua Large Building

水池 Water Pond

灭火器箱 Fire Extinguisher Case

（二）河北省公共场所英文公示语满意度和需求情况调查与分析

1. 调查对象

为了准确、充分地了解公共场所英文公示语的服务对象、外国公众对河北省公共场所英文公示语的满意度和需求情况，课题组在第一项调查研究的基础上，对旅游和常住河北省的外籍人员展开了进一步的调查，此项调查采用网络访谈、电子邮件和面谈的形式，共调查了53人。访谈的对象来自常驻河北省的外籍人士或曾经在河北省工作、学习或旅游的外籍人员，其中有20人（37.74%）是在中国任教或从事其他工作，33人（62.26%）是留学生，19人（35.85%）的母语或第二语言为英语，34人（64.15%）来自非英语国家，英语为他们的外语。

2. 调查结果

（1）有8名（15.09%）被调查对象认为河北省公共场所的英文公示语"非常清楚、可以理解"，有31名（58.49%）被调查对象认为"清楚、可以理解"，13名（24.53%）被调查对象认为"不太容易理解"，1名（1.89%）被调查对象认为"根本无法理解"，见表2-5。

（2）有39名（73.58%）被调查对象认为河北省公共场所的英文公示语对他们"很有帮助"或"有帮助"，14名（26.42%）被调查对象认为河北省公共场所的英文公示语对他们"帮助很小"或"根本没有帮助"，见表2-5。

（3）有12名（22.64%）被调查对象对河北省公示语英文翻译的总体印象是"正确，很好"，24名（45.28%）被调查对象认为"不太好，但还能理解"，14名（26.42%）被调查对象认为"不正确，有一些错误"，3人（5.66%）认为"很糟糕，错误很多"，见表2-5。

2-5　外籍人员公共场所公示语翻译满意度情况统计

满总度调查项目	理解情况		是否有帮助情况	总体印象
非常清楚，可以理解	8	15.09%		
清楚，可以理解	31	58.49%		
不太容易理解	13	24.53%		
根本无法理解	1	1.89%		

续 表

满总度调查项目	理解情况	是否有帮助情况		总体印象	
很有帮助，有帮助		39	73.58%		
帮助很小、无帮助		14	26.42%		
正确，很好				12	22.64%
不太好，但还能理解				24	45.28%
不正确，有一些错误				14	26.42%
很糟糕，错误很多				3	5.66%

（4）对于河北省哪些公共场所的英文公示语最需要改进这个问题，按照被调查对象所列出场所的多少的顺序排列，依次为购物中心和饭店，机场，车站，道路交通指示牌，旅游景点，医院，银行，邮局和宾馆。

（5）外籍人员对河北省英文公示语提出的建议和要求

36名（67.92%）受访者认为河北省公共场所英文公示语需要改进，而且他们还提出了自己的具体建议和要求：

公示语英文翻译应由有资格的专业人士审核，以保证准确传达原文的意义；

英文公示语应该或者必须由外籍人员或具有高水平的中国英语专业人士来翻译、制作；

成立专门机构审核公共场所公示语的英文翻译，规范公示语；

负责公示语的部门或人员必须校对、核查英文翻译的语法和拼写，保证准确无误方可使用；

公示语英文翻译应当更仔细、认真；

大学校园里也应当有英文公示语；

在火车站、汽车站最需要使用英文公示语；

医院，极有可能发生紧急情况的场所需要使用英文公示语；

这些建议与要求为改进河北省公共场所公示语翻译状况，提供了极有价值的参考和启示。

（三）调查结果分析

1.随着河北省改革开放步伐的加快，对外交流活动逐渐增多，越来越多的外籍人员因工作或学习需要在河北长期生活，他们迫切需要一个国际化的生活环境。受访者对于河北省公共场所公示语英文翻译的评价表明，河北省公共场所英文公示语对外籍人员在河北的生活有很大帮助，得到了外籍人员的肯定，但是，也反映出河北省公共场所公示语英翻译还存在着很多问题，这与河北省的改革开放发展进程的实际需求还有一定的距离，还不能很好地满足外籍人员在河北生活的各方面的信息需求，译者还不能从译入语的思维和文化角度考虑，为外籍人员提供精确、完善的信息服务。

2. 改革开放使河北各地市、各行业的国际化意识增强。本次调查覆盖了河北省各主要城市以及各城市与外籍人员在河北食、宿、行、游、娱、购密切相关的各主要场所，调查的大部分场所都为外籍人员提供了英文公示语，英文公示语的使用较为普遍，但是，从收集到的英文公示语样本的数量、分布和内容来看，有些行业还不能真正从外籍人员需要的信息出发设置英文公示语，例如，公交车站、火车站、长途汽车站、饭店等英文公示语的使用较少，收集到的样本数量有限。以饭店的菜单为例，在某城市的 35 家规模较大的饭店中，只有 4 家配有英文菜单，远不能满足外籍人员的生活需要，从外籍人员对英文公示语提出的建议中也反映出此问题。另外，如一些标语、口号、行为举止提示语言等英文公示语，外籍人员认为此类公示语对于他们毫无意义，这些公示语的设置基本就成了摆设。是否有必要将所有的中文公示语都翻译为英文，哪些公共场所的哪类公示语是外籍人员在河北生活迫切需要的，这些问题有待于进一步探讨。

3. 课题组对公示语样本错误率的统计，反映出公示语翻译质量在不同行业间的明显差异和在不同种类公示语间的明显差异。道路交通公示语的错误率相对较低，这与道路交通公示语内容有关，道路交通公共场所的公示语大部分为路牌、指示牌、道路导向标志；医疗卫生类公示语错误率也较低，这与医院的公示语多数为科室名称有关，医院科室的名称大多为专业术语。无论是路牌、指示牌，道路导向标识，还是医院的科室名称，一般不存在语言与文化的差异，多数情况下可按原句结构直译，因此翻译相对容易，错误率较低。但是，在"道路交通"和"医疗卫生"这两类公示语中，有些在语言和文化方面英汉两种表达方式存在着很大的差异，这类公示语的翻译错误率仍然很高。如某医院的"老年三科""干部病房"等，被分别翻译为 Aged three subjects 和 Ward of Cadre，外籍人员对这类公示语翻译的评定均为 C。由此可以看出，语言与文化的差异是公示语翻译中的难点，如何在公示语翻译中处理好两种语言之间文化转换的问题，是公示语翻译中需要重点解决的问题，应引起译者的高度重视。

4. 从外籍人员对公示语翻译评价结果可以看出，外籍人员对公示语翻译的宽容态度，但是，这并不能说明被评定为 A 的公示语样本就不存在问题。例如，道路交通公示语翻译中，遵照国家法规进行翻译的问题，课题组曾在"道路交通公示语英文翻译——以河北省道路交通公示语为例"一文中进行了详细探讨；商业服务经营场所公示语的英文翻译中的文化价值观等问题，课题组在"全球经济一体化环境下商业经营场所公示语英文翻译"一文中从中西方价值观的差异、中西方思维模式的差异、中西方礼貌特征的差异等几个方面，对影响商业经营场所公示语翻译的文化因素进行了详细探讨。公示语翻译的研究还应该更深入地、在更高层次上进行。

5. 从受访者所提出的需求和建议以及公示语的错误样本可以看出，公示语的翻译及使用不仅是翻译的问题，还涉及管理、国家标准的制定、环境建设、信息服务系统建设以及外语人才的培养和使用的问题，将这些问题综合考虑才能使公示语英文翻译更加有效，才能更好地起到对外籍人员的公示作用。

（四）几点建议

综上所述，河北省公示语的翻译现状总体是良好的，但是，公示语翻译中存在的错误和问题必须引起有关部门及全社会的高度重视。课题组以本研究成果为基础，针对河北省的具体情况，提出以下几点建议：

1. 转变观念、提高认识

首先，是转变各行政、企事业单位或部门管理者对英文公示语重要性的认识。河北省公示语翻译中存在的问题不仅是单纯的翻译问题，还是这个区域整体素质、开放程度的直接体现，是对这个区域国际化程度的检验，它直接影响着这个区域的城市形象。一个区域、一个部门公示语英义翻译错误较多并不仅说明译者的翻译水平较低，同时，也反映出部门管理者对这个问题的认识不足，他们认为只要略懂英语的人就可以从事翻译，有了翻译任务时不去请专业的翻译人员，因而造成了公示语翻译中出现各种各样的问题。这就要求各行政、企事业单位或部门管理者对公示语翻译问题给予高度重视。其次，是提高人们对翻译工作的认识。翻译是一门艺术，翻译的过程是用另一种语言再现原文作者的思想的艺术创作过程，并不是查字典找到对应的词就等于翻译，也不是所有懂外语的人都可以从事翻译工作。一个合格的译者不仅要具有较高的中英文水平、宽广的知识面，还要熟练掌握翻译的技巧；尤其是东西方两种语言在词汇的使用、句子结构、语法体系及文化上的差异，更增加了中英文之间翻译的难度。这就要求各级部门管理者及每一位译者都要用科学的态度，严谨的方法来对待翻译工作。

2. 尽快制定河北省公示语翻译的规范和标准

公示语翻译亟待解决的一个问题就是要尽快确立公示语翻译的规范和标准。目前全国已有部分省市制定了本省市的公示语翻译规范，如北京、上海、广东、江苏等地，河北省应参照这些省市的做法，根据本省的具体情况，确定一个主管部门，尽快确立公示语翻译的规范和标准。公示语英文翻译规范的制定，不仅需要翻译工作者、学者、外籍人士，还需要相关部门，如旅游、交通、医疗、文化、服务等行业以及行政、执法部门的共同参与，这样才能使河北省公示语的翻译有章可循、有据可依。

3. 加强对公示语翻译的管理，建立公示语翻译审核机构

目前的状况是，在河北省并非没有翻译方面的专家，但是，有关政府部门没有请专家来参与或审核公示语的翻译。尽快建立公示语翻译的审核机构，凡是对外使用的路标、广告、商标、商号以及各种公示语必须送审，译文通过审批后方可公开使用。

4. 培养专业翻译队伍，公示语翻译人员要专业化

公示语翻译不同于一般翻译，应当有自己的从业标准，应当设立专门的资格认证，以规范从业人员的水平。目前，河北省公示语的翻译现状对翻译人员的专业化提出了迫切的要求，翻译人员应持证上岗。只有建立专业的翻译队伍，才能有利于公示语翻译的标准化、正规化。

5. 加大高等学校英语专业教学改革力度

公示语翻译的现状值得教育行政管理部门和高等学校英语教育工作者反思。在英语专业教学中，突出实用性、应用性的特点应是高等学校英语专业教学改革的重点。高等学校英语专业翻译教学中应重视各种实用性文体和应用性文体的翻译，使高等学校英语专业培养的人才更好地适应社会实际工作的需要，充分发挥其在社会经济发展中的作用。

第三章 公示语翻译的问题探析

在全球化背景下，英语作为全球使用最广泛的语言之一，公示语汉英翻译与经济文化交流颉颃互涉。可是，国内城市的公示语翻译历来为专家所诟病，几乎所有研究与探讨者都对公示语翻译现状采用了"不容乐观"来形容，也提出了相应对策。历史研究表明，我国的公示语翻译受到国内外文化差异影响以及翻译人员水平局限和翻译体系不健全等因素制约，公示语翻译出现差错事件层出不穷。

第一节 公示语翻译问题总论

关于中国公示语翻译现状的研究很多，主要侧重对某一城市进行语言事实的分析，多聚焦于城市公示语的翻译、错误分类、规范公示语的枚举等，并就发现的问题提出对策。

一、公示语错误研究成果检索

笔者在 CNKI 数据库中国期刊网上，对我国公示语翻译研究论文以"公示语＊错误"为主题和关键词精确搜索后，对收集结果梳理发现，

（1）2003 年至 2015 年 7 月底的十二年间，在国内期刊上公开发表并收入中国学术期刊数据库的，关于公示语翻译错误研究的文章共存 440 篇，其中第一篇论文为赵小沛发表于《南京理工大学学报》（社会科学版）2003 年第 5 期的《公示语翻译中的语用失误探析》。

（2）这组数据说明，有关公示语翻译问题与对策方面的文章最多，约占 1 861 篇研究论文总量的 23.6%；学者们主要通过实地调查和分析，列举出各地公示语翻译中存在的问题。

关于公示语翻译错误研究文章统计

时间	文章数量（篇）	所占比例（%）
2003	1	0.2
2006	13	3.0
2007	38	8.6
2008	25	5.7
2009	56	12.7
2010	40	9.1
2011	49	11.1
2012	63	14.3
2013	62	14.1
2014	70	15.9
2015	23	5.2
总计	440	100.0

二、公示语错误类别整体状况

学者们在研究中关注的公示语翻译错误类别包括了 28 类，位于前十位的 11 类翻译错误分别为 Mistranslated（误译）、Spelling（拼写）、Expression Not Used（非惯用表达）、Incomprehensible（难懂）、Confusing/Unclear（混淆 / 不清楚）、Impercise（不精确）、Contexts（语境）、Not Translated（不译）、Too Wordy（太冗长）、Inconsistency in Translation（不连贯翻译）、Inappropriate Expression（表达不妥）。其他错误类别包括：Needs Conciseness、Redundant、Capitalizations、Letters/Words Missing、Inappropriate in Explaining Chinese Culture、Space/Word Divisions、Over-translated、Typo、Bizarre、No Need to Translate、Funny/Silly、Nonsensical、Abbreviations、Hilarious、Punctuation Problems、Tricky、Pictogram/Arrow。

学者们对公示语翻译错误类别的关注点随时间变化和研究深入而发生变化，对上述前十位的共 11 类错误的提及状况的重点分析发现，"Mistranslated"（误译）"Spelling"（拼写）"Incomprenensible（难懂）""Inconsistency in Translation（不连贯翻译）"和"Inappropriate Expression（表达不妥）"五个错误类别的提及次数在 2010 年都有下降的趋势，而其他六个错误类别的提及频次在 2010 年均有上升趋势。这一状况与北京第二外国语学院公示语翻译研究中心 2009 年对后奥运公示语翻译与使用情况调研所得出的结论基本吻合。（邹彦群、满颖、孟艳梅，2011）

三、公示语错误类别研究分析

在中国，到处可以看到汉英双语公示语。然而，在宾馆饭店、旅游景点或博物馆等窗口行业，在公园、街头、商场等公共场所，错误或不规范的英文随处可见。国内涌现出不少公示语翻译研究的代表人物，他们侧重对某一地区的公示语翻译现状进行分析，并针对问题提出解决办法。在公示语英译研究中，研究者大都涉及对误译实例的分析和归类，由于分类标准不同，种类也就不同，少则几种，多则几十种。

（1）2004 年，王银泉、陈新仁在《城市标识用语英译失误及其实例剖析》一文中通过实例列出了四类错误类型，交际信息失真、施为用意错位、语言礼貌蜕变、译文刻板不够贴切和地道；万正方等在论文《必须重视城市街道商店和单位名称的翻译——对上海部分著名路段商店和单位牌名等翻译错误的调查》中把翻译错误问题归纳为拼音问题、拼写错漏、语法错误、中式英语、用词不当、文化误解、语义模糊、译名不统一、以一概全、语义堆砌等 11 类。

（2）2006 年，罗选民、黎土旺的文章《关于公示语翻译的几点思考》在整理了大量语料的基础上，将公示语翻译的语用错误分为以下几种类型，指令不清楚、意图被歪曲、语气不和谐、术语不匹配、文化不兼容等，并对这些问题进行了分析与思考；丁衡祁在《汉英公示语翻译的现状及其交际翻译策略》一义中归纳了公示语翻译存在的三大问题，拼写错误、语法错误、字母颠倒等硬性问题；语言知识、文化差异、翻译水平方面等软性问题；语气不当等隐性问题。并建议通过系列公益活动，对公共场所的公示语进行调研，组织专家提出翻译方案，确定参照性标准翻译文本，以改善各地公共场所公示语使用不规范的状况。

（3）2006 年、2007 年，王银泉通过一系列论文，依据大量实例多次对南京市公共场所的拼写错误、用词不当、词不达意、中式英语、说法不一甚至不知所云等公示语翻译错误现象进行分析，认为它们严重妨碍了交际，从而使公示语翻译的目的大打折扣。

（4）2007年，北京第二外国语学院公示语翻译研究中心在《全国公示语翻译现状的调查与分析》一文中，将世界各个角落的非规范英语公示语共分成了25类并做了错误样本的统计，其中排在前三位的分别是"Incomprehensible"（理解困难）"Spelling mistakes"（拼写错误）和"Confusing/Unclear"（不清晰）。

（5）2009年，刘美岩、胡毅在文章《公示语英译错误分析及对策》中以错误分析理论、翻译学理论和语言学理论为指导，通过定性与定量的研究方法，对收集到的1 000条不规范的公示语分为以下错误类型，本体错误（即拼写错误）、语段错误（词汇错误、语法错误）和语篇错误（衔接错误、语用错误）等，归纳了产生错误的原因，语际原因、语内原因、文化和认知原因等，在此基础上提出了公示语翻译的策略和方法。

（6）2011年，吕和发、蒋璐、王同军等在《公共场所英语标识语错译解析与规范》一书的使用说明中，将错译分为三个方面共32种类型；王晓明、周之南在其论著《汉英公共标示语翻译探究与示范》中将常见的公示语误译类型划分为完全误译、语言误译、功能误译、风格误译和文化误译四个大类。

（7）2013年，王严超在《旅游英语错误分析——以河南省安阳市为例》一文中通过对河南省安阳市的旅游区公示语和景点简介翻译错误进行的实地和网络调查，发现普遍存在翻译的中式英语、翻译多版本化、单调、拼写错误、用词不当和以讹传讹的错误。

（8）2014年，王树槐、Keith Wood的论文《国际公示语误译举隅》依据所搜集的语料，对国际公示语翻译中的拼写错误、语义错误、语用错误进行了分析；罗建生、许菊、舒静在文章《西部地区旅游景点公示语英译问题的调查》中认为，我国西部地区八省（自治区、直辖市）的48个旅游景点公示语翻译的错误主要表现为，语言形式不规范、语义信息不对等、文体风格不恰当、跨文化语用失误四大类型，具体表现为拼写错误、选词不当、语法错误、格式错误、信息遗漏、信息赘余、语义曲解、语义不清、神韵遗失、中英文夹杂、归化/异化策略取舍不当、中式英语、互文性缺失、语气生硬和脱离语境 15 个小类。

（9）2015 年，白薇、卜长青在其文章《辽宁省旅游景区公示语翻译错误实证分析》中阐述了公示语的含义、分类及语言特点，分析辽宁省部分旅游景区公示语翻译的五个方面错误类型为，单词拼写错误、词义与词性错误、不符合英语表达习惯、语法错误、错译。

上述研究通过错误的分类，找出问题、分析问题、提出解决问题的可行办法，总结出一些相似的翻译原则，但是，重复和交叉研究较多，更多停留在理论研究层面上，对翻译现实的研究还有待进一步深入。如何加强术语的统一，由统一的行政部门进行管理，就成了规范公示语汉英翻译的迫切问题。

第二节　公示语翻译的硬性问题

硬性翻译问题比比皆是，但它比较明显，俗称"硬伤"，即拼写错误、语法错误、语用错误以及书写（大小写、符号、缩写等）错乱的问题。

一、拼写错误

拼写错误在公示语翻译错误里最为常见，同时也是最容易被忽视的问题，经常被认为是小错误，无伤大雅。这种错误出现的主要原因是，翻译人员在公示语翻译过程中的辨识度不够、粗心大意，或者是在公示语标牌制作过程中由于制作人员工作不负责造成的。除了在缩写、大小写、标点符号、所有格等方面出现错误外，还有直接使用汉语拼音、中英混用的错误情况，比如，"人民公园"的英文不是"People Park"，而是"People's Park"。

在一定程度上，单词在公示语中被写错可能不会造成太大的误解，但事实上，这样的公示语出现在公共场所，每天看到它们的人不计其数，显然会给公众留下不好的印象；同时，这样的低级错误会因其公开性和潜在的权威性对初学英语者带来极为不良的影响。

例 1："园内请勿大声喧哗"翻译成了"Please keep quite."这里明显地将原意"quiet"错误拼写成了"quite"。"闲人免进"被翻译成了"staf only"，将"staff"漏写掉了一个 f，如此一来，无人看得明白，也就根本达不到原来所期待的公示效果。

例2：海洋水族馆译为"Ocean Aqurrium"，很明显应该是"Ocean Aquarium"或"Oceanarium"。动物园的熊山误译为"Beer Mountain"，而应该是"Bear Mountain"。

例3："民警提示您：此路段多次发生飞车抢夺案件。"译成："A Warning from the Police：Robberies occut frequently in this neighborhood."此处的"occut"应改为"occur"。

例4：某宾馆前台后方的客房价目表上将"单人间"写成"Singe Room"，应该是"Single Room"，然而单词"Singe"的意思是"烧焦、烤焦"，估计这样的房间价格再优惠也无人敢住。

例5：长沙的一个餐馆有这样的公示语"Sweet Potato Die"（地瓜派）。"派"被错误拼写成"die"，这使读者想到了死亡或失去生命。可以想象当顾客读到这样的公示语时，不仅会使顾客失去胃口还会影响他们对该餐馆的印象。该公示语应该翻译成"Sweet Potato Pie"。

此外，公示语翻译中还存在着大写字母的误用。造成这一错误的原因不仅是疏忽和大意，恐怕还因为译员根本不清楚如何正确使用大写字母。我们都知道，关于英语的大写字母的使用通常有以下三种情况，英语句子的第一个首单词首字母必须要大写、一些关键词和需要强调的词要大写、专有名词中的首字母需要大写。

例1：在某旅游景点有这样两则公示语"No Smoking"（禁止吸烟）"IN ZHI CHU MO"（禁止触摸），这两个公示语放在一起产生了对比的效果，第一个"禁止吸烟"对应的英语是"No Smoking"，倒还恰当，无可非议。但是第二个"禁止触摸"竟然直接用汉语拼音标注，没有采用英文翻译，这就起不到向英语国家游客的公示作用，可以将其改成"Do Not Touch"。

例2：某公示语将"XX街道服务大厅"翻译成"District FUWU DATING"，这种中英混合的译法真是让人啼笑皆非，虽然不会引起严重的误解，但是，公示语的英语译文是要给外国人士看，其中出现汉语拼音会让人感觉莫名其妙，同时也极大地影响了公示语要达到的目的。可将这条公示语英语译文修改成"District Service Hall"。

二、语法错误

公示语翻译中的语法错误主要是指翻译过程中的单复数、时态、语态和谓语动词、名间所有格、词类的误用等。这些语法错误是翻译者在翻译过程中需要加倍注意的，此类错误虽然对外国人士理解此公示语中的含义不会造成太大的问题，基本上能读懂其中的含义，但是，难免会给人留下十分不好的印象，也极易对英语初学者产生误导，对翻译工作者来说则是不可原谅的。

语法错误主要是由于翻译者缺乏英语基础理论和必要的翻译技巧，没有翻译实践基础而导致的，包括一些不了解中西文化差异而导致的乱译、错译，也包括缺少或随意添加冠词，缺少介词，名词单复数混乱等。这主要是与中式思维方式及死译、硬译有关。在英语公示语中，一般主要使用实词、关键词等核心词汇，而定冠词、不定冠同、代词、助动词等都可以省略。所以，对翻译者来说，必须具有良好的语法知识，在翻译的过程中要认真细致、精益求精，从而在公示语翻译中避免语法错误的产生。

例1：在旅游景区里的"小心碰头"，很多都是翻译为"Attention Your Head"，事实上，attention 是一个名词，它不能带宾语，正确的翻译应该是"Mind Your Head"。还有，垃圾桶上的中文标示"不可回收"直接就被译成"No May Recycle"，这是字对字的死译，只是单词的简单拼凑，完全不符合英文语法，让人不知所云。

例2：湖北省某著名高校图书馆有两则公示语"Tools Books"（工具书）"Please set mobile phone to silent"（请把手机调为静音）。第一则公示语从语法的角度上看，该英语翻译是名词修饰名词，所以"Tools"是不应该用复数的，即应该是"Tool Books"，当然，这也算是一种死译，工具书一般译为"Reference Books"。从语法上看第二则公示语，"to"这里是个介词，后面是不可以接形容同的，所以"silent"这里是误用，建议改译成：Please set your cell phone mute.

例3：北京北海的白塔附近有这样一条公示语"The road reach to the White Dagoba"（由此参观白塔）。首先，语法不通，谓语动词没有用第三人称单数 reaches；其次，reach to 用词也不够准确。这条公示语要想达到简明清晰的效果，根据国内外规范导向标志的方法，标牌中的英语应改为"The

White Dagoba",再加上指示方向的箭头即可。

三、语用错误

语用层面的错误在公示语翻译中也是相当常见的。当说话人所感知的话语意义与说话人意欲表达的或认为应该为听话人所感知的意义不同，就产生了语用翻译错误。这主要是由于译者缺乏以接受者为中心的意识，缺乏对目标读者的了解，不能适当地解决语言形式问题。语言错误只能表明译者使用语言不够熟练，而语用失误却经常被误以为译者的态度欠佳。

例1：有东方巴黎之称的北国冰城哈尔滨，旅游景点张贴着的"小心别摔倒"的标志，下面的英文却是"Carefully fall down"。对于不懂中文的外国读者来说，其含义就是"小心翼翼地摔倒"。警示含义全无，后果堪忧。

例2：海南岛的"天涯海角"被译为"The End of the Word"（世界的末日）。谁还敢到那里去旅游？正确的翻译应该是"The End of the Earth"。类似的"滑稽英文"在一些公共场所屡见不鲜。

第三节　公示语翻译的软性问题

软性翻译问题大体包括盲目对等、词汇误用、词汇冗余等方面的问题。

一、盲目对等

在翻译实践中，译者应尽量找到对等的词汇来进行翻译，这是翻译的基本要求。在实际的公示语翻译中，很多译文表面看是对等的，但实际上却有很多的偏差。于是，在公示语翻译中，常常会出现生搬硬套、词不达意、字面拼凑的现象。

例1：在上海世纪联华超市中，一次性用品下面对应的译文竟然是"One Time Sex Tiling"，显然是逐词翻译而来的。在英文中的"一次性"可以用"disposable"来表示，而用品一词也不能用简单的"Thing"来翻译，如果没有具体指出用品的种类，可以用"Articles/Items"表示。

例2：在贵阳的某大街上，"数码冲印"被翻译成"The numerical code

flushes India"。显然，译者对这个公示语做了逐字翻译，把"数码"翻译成"numerical code"，而不是"digital"。译者甚至用"flush"表示"冲"，用"India"表示"印"。很明显这样的翻译是错误的，"flush"通常被用来指冲洗厕所，而"India"是一个国家的名称，与照片冲印无关。实际上，汉语中通常把"冲印"作为一个整体使用，因此在翻译过程中用一个单词表达即可，该公示语应翻译成"Digital Photo Printing"。

例 3：贵阳乘警支队标识中的"警（路）风监督电话"译为了"Police road breeze hurl tell a telephone"，这是典型的逐字翻译的错误，与原文的本意根本无关，让人觉得莫名其妙。

二、词汇误用

在公示语翻译过程中，由于译者选词不严谨，经常使译文意思与想要表达的意思相差甚远，有时还会闹出笑话；这种错误表明译者对词汇意义的理解不透彻，对词汇的使用范围把握不够准确。所以，对词汇意义准确的理解和对词汇用法的深入把握对于公示语的翻译显得特别重要。理解应该先于词汇的使用，不准确的理解当然会导致不准确的翻译，也就自然不能实现公示语翻译的功能了。比如，有些英语单词在汉语中只有一种表达形式，但其含义却各不相同，如"export""exit""way out"在汉语中都是"出门"，但其意义各不相同。在不少地方的公示语上，却出现了这几个词混淆的情况，说明译者根本没有搞清这几个词不同的意义，必然会导致误译。还有，常见的"收费处"，在不同的地方所表示的含义也是不一样的。在高速公路入口的"收费处"是"Toll Gate"，在商场或饭店的"收费处"通常是指"Cashier"（收银台），而在旅游景点、风景名胜等地则表达为"Ticket Office"（售票处）。若不能有效区分它们之间的区别，在实际的翻译过程中，很可能导致翻译失误。

又如，英文里表示"担心""注意"的词汇有"caution""warning""danger"等，选用哪一个词要根据具体语境的危险程度而定。"caution"通常使用较大字号引起公众对下面警示内容的注意。人们在超市上下电梯处可以看到"Caution：Mind Your Head"（注意：小心碰头），这里的公示语只是提示性的，正常乘坐电梯不会有意外。使用"warning"的警示语暗示着比使用"caution"更危险的情景，有一定的警示作用，如"Warning：

Beware of Steps"（当心滑跌）。此处"warning"与"beware of"一同使用，就是提醒公众台阶湿滑，意指跌倒的可能性很大，要特别小心。使用"danger"提示公众非常强烈的信息，一旦不按照警示的内容去做，往往可能危及生命安全。

例1：北京火车站的公告牌"开车前五分钟停止检票"，其对应译文是"Check in Stops 5 Minutes Before Train Departure"，粗略看一下译文觉得问题不大，其实不然。首先，"check in"作名词时，成该加连字符，写作"check-in"，其次，"check in"虽然中文意为检票，但这个词常用于机场办理登记手续或酒店办理入住手续，而不用于火车站检票。比较恰当的表达应该是"Gate closed 5 minutes before departure"。

例2：北京中华民族园附近的"民族园"路牌被翻译成"Racist Park"（种族主义者公园），这是政治性的错误！正确的翻译应该是"The Ethnic Minorities Park"。

例3：哈尔滨远大购物中心某厨具展示台上有这样一个公示语"小心高温"，其译文是"Careful Hot"，这个译文的问题在于用词不当，首先想警示别人小心的时候，需用"Be Careful"。其次，在公示语的词汇应用中很少用到"Be Careful"，大多数公示语表达小心的意思时常常用"Caution"或者"Beware Of"，这里可以选择前者译为"Caution : Hot"。

例4：上海航空公司的一块公示牌"Please wait outside rice flour noodle"（请在一米线外等候）中，"米"在这里当然是指长度单位。然而，译者却将"一米线"错误地分解为数量词"一"和表示米制食物的名词"米线"，所以，就产生了意为"请在米线外等候"这样的英文公示语。

当然，公示语译文还会出现不少自创的英语。这类公示语虽然不会影响其意，也不至于误导公众，却足以反映制作标牌者和译者的水平和态度。

例5："好利来"糕点屋的英文名称为"Holiland"，本不是英语里的一个词汇，而是工作人员根据"好利来"这几个字的谐音而自创的，因为英语式的店名听起来似乎洋味十足。但是，这个英文名字与汉语中希望发财的含义相差甚远，倒是让人感觉有一些宗教意味。

三、词汇冗余

在公示语的翻译当中，凡是在句子中未起作用的单词或冗余的词汇都应该去掉，以保证句子的精确性和有效性，这也是公示语翻译中需要注意的一个问题。在笔者所调查的公示语翻译中，能看到不少有冗余成分的错误，而词汇的冗余会大大降低公示语翻译的有效性。

例1：在某高校教学楼前，"门口请勿停车"的公示语被译为"Do Not Parking"，其翻译首先有一个语法错误，因为 Parking 必须为动词原形 Park；同时，这里也可以说是词汇的冗余。该原文完全可以翻译成更简洁的形式："No Parking"。

例2：在公共场所有很多跟垃圾处理有关的公示语，在翻译时对词汇的选择以及词汇所表达出来的语气仍然存在不妥当的地方，"If you would like to join us, rubbish will never be homeless."（有您的参与垃圾不会无家可归）。类似的公示语目的在于倡导规范游客的行为。但是这里的英语译文过于忠实原文，不够简洁明了，同时 if 和 would like to 的使用也不恰当，没有体现强制性。法律严格限制、道德严格禁止的行为并不适合采取"和风细雨"的方式倡导和呼吁。类似的公示语不妨采用外国人所熟知的，在他们的公共环境中经常见到的，如"No littering""Thank you for not littering"。

例3：在重庆近郊的一个洗手间，"向前一小步，文明一大步"被错误翻译成"One half step, civilization once stride forward"。 显然，译者采用了直译法。首先，"civilization"不是一个人，它无法"迈步向前"；其次，"once"通常是指在过去的某个时间，这个词与语境不符；最后，读者从未看到过这样的表达方式，因此无法抓住它的内涵。实际上，这个公示语是有特殊含义的，它是提醒使用小便池的人们能够站得近一些，这样可以保持卫生间的干净。因此，这里简单地翻译成"Step Closer"就可以了。

例7：湖北近博物馆内的一则公示语牌上，"观众止步"被翻译为"No Admittance.Not Admitted.Staff Only." 词汇过于冗余，表述累赘。"No Admittance""Not Admitted"和"Staff Only"在此处表示的是同一个意思，不知译者将三个叠加在 起表达，是否为了起突出强调作用；而实际上，反而显得拖沓冗长，违背了公示语的简洁原则。若使用"Not Admittance"，则需要在其前面加上对象"tourists"或"visitors"，否则会指代不明。从公众的接受程度看，"No Admittance"和"Not Admitted"虽能表达出"观众止步"的意思，但语气显得过于生硬，令人难以接受，而从反面表达的"Staff Only"相对来说语气较为缓和，易于被游客所接受，达到原有的交际功能。

因而，笔者认为此处用"Staff Only"来表示更为妥当。

四、语义模糊

指示性是公示语的功能之一，在实际的翻译过程中，由于译者省略了不可或缺的语言成分，常常会出现语意不清晰、所指不明确的现象，违反了公示语翻译应遵守清晰准确的原则，让人看了不知所措。

例1：某动园里面有"狮、狒馆"和"狐猴馆"，可其相应的英文是"Lion/Baboon"和"Lemurs"，少了一个"馆"字，很容易让人产生误解，外国读者可能以为是"人狮共舞"的意思。

例2：在哈尔滨某滑雪区有这样一个公示牌"Don't make skies.Fall Down!"（保持脚踏踏板禁止碰击雪板），这里的英语译文真是让人看了一头雾水，译文中不但没有体现"保持脚踏踏板"的意思，而且"Don't make skies"也不能表达"禁止碰击雪板"。还有"Fall Down"也不知道是从哪里冒出来的，整个译文真是让人困惑不已，不知所云。如果要表达"保持脚踏踏板"，可以试试换成"Keep Your Feet On The Pedal"。

例3：在某市公共场所有这样一个公示牌"Danger! Keep Out"（危险！请勿动），这里"Keep Out"实在表达不出勿动的意思，keep out 这个词组在英语里通常指"留在外面，扣留、保留、留下"的意思。由此看来"keep out"和"勿动"所表达的意思完全不对等，这里的"勿动"可以翻译成"Do Not Move"。

五、语篇错误

语篇错误主要是指衔接、连贯、信息结构等方面的错误。

例1：湖北省博物馆内的一块公示语牌"It is a duplicate here, original item is out for some other exhibition."（此件为复制品，原件正在外展出。）这里英语译文的语篇错误表现为，两个分句之间没有任何的衔接手段，而是松散地"堆积"在一起。为使译文更为紧凑，可改译为：It is a duplicate here and the original item is out for other exhibitions.

例2：This building is working on.Please go long way round.（本处施工，绕道而行，敬请见谅。）这一公示语取自建筑工地外，根据《朗文当代高级词典》，"work on"是指为做某事用尽全力，致力于做某事，显然，表示施工正在进行是不恰当的"This building is under construction"更符合英语语法的要求。可是，在英语中表示施工正在进行通常是用"Work in Progress"，同时，要求目标读者选择其他道路以躲避施工地，通常用"detour"表示。因此，建议将该公示语翻译成"Detour! Work in Progress"。

例3：丽江一旅游景点的"最南点"被错误翻译成"Southern Most Point"，主要是因为词序不当而引发语法错误。作为形容词最高级，"most"前应加定冠词"the"。因此，正确的译文应该是"The Most Southern Point"。

六、文化差异

有些译者，特别是具有初级水平且刚开始学习翻译的人，在翻译公示语的时候忽视文化因素，只是很死板地把原文翻译成英语，这样的译文不符合英语的表达习惯，常造成外国友人理解上的困惑。典型的例子是"白象牌电池"被译为"White Elephant Battery"，这种误译就是对文化差异的无知造成的，因为"白象"在西方文化里面是指"贵而无用的东西"，而在中国，大象却并没有任何贬义，所以这种误译会极大地影响产品的销售量。

例1：某市的公示语"Please offer this seat to the old, the deformed or the people carrying children."（请将此座留给老年人、残疾人和抱孩子的人。）众所周知，在西方国家，"deformed"带有负面的意思，应该慎用。所以上面的译文会引起一些年长或有残疾的外国人士的反感。原译文可修改为：Please offer this seat to the seniors, the underprivileged or the people carrying children Courtesy Seat.

例2：杭州一茶室将"冰镇铁观音"错误地翻译成"Iced Iron Goddess Tea"。"Guan Yin"是中印文化中的女神，代表着宽容、仁慈。"铁观音"是指在我国安溪地区出产的茶叶。该译文会使读者感到困惑，究竟谁是"Iron Goddess"？由于铁观音是乌龙茶的一种，而乌龙茶是世界知名的茶叶，将铁观音翻译成"Tieguanyin Oolong Tea"会比较容易理解。因此，建议将该公示语翻译成"Iced Tieguanyin Tea"或者"Iced Tieguanyin Oolong Tea"。

例3：大理的某一山路，"由此返回"被错误翻译成"From This Come Back"。译者对原文进行了逐字翻译，"由此"被错误翻译成"From This"。一般情况下，在国外会用"Way Back"来提醒人们这条路可以用来返回原来的地方。因此，该译文应变为"Way Back"。

七、文化误解

某些公示语也许并没有用词、书写或语法上的错误，但由于受到中文思维影响导致出现"中式英语"。在翻译公示语时，这是出现频率较高的一个错误，这种错误主要是由于公示语翻译者的跨文化交际意识较差，没有掌握中英文两种语言的具体特点，对英语的实际运用能力较差。在翻译公示语时，译者粗心大意和理所当然，翻译出来的译文往往不是英语中常用或常见的。有时，译者由于深受自身语言文化的影响，还会想当然地以本国文化来理解外国文化，因而不可避免地导致文化误解。

例1："欢迎下次再来"被误译为"Welcome you again"。这是一个典型的中式英语，Welcome 表示"欢迎光临"的意思，是用于欢迎到来的游客而不是准备回程的游客。正确的英文翻译应该是"Please come again"。河北很多旅游景点的英语公示语标牌多是将中文介绍逐字逐句地进行翻译，属于典型的中式英语，导致译文不符合英语标牌和标识的特点，使其难以理解，达不到对游客的公示作用。

例2：武汉市对外宣传册上的一个译文为"China Old Character Number"（中华老字号）。译者可能并不太理解"中华老字号"的真正含义，所以英语译文让人摸不着头脑。而将译文修改为"China Time-honored Brand"才能让英文读者明白，原来"老字号"其实就是经久不衰、有名的一个品牌，原文的意思才得到了准确的再现。

例3：河北省多个城市的各个路段都有这样一个公示牌"Being Urgent Call 110 Quickly"（危急时刻迅速报警），首先，译文与中文原文的意思不一致；其次，Being Urgent 和后面的 Call 110 Quickly 的翻译不符合英语的表达习惯，这是明显的中式英语。应该将"危急时刻"翻译为"In Case of Emergency"，然后分行写"Call 110"或是"Telephone 110"。

例4：某市公交车上的公示语也有类似的问题，如"After first under on, do riding with civility."（先下后上文明乘车）这则公示语的译文真是让人读不明白。为了做到规范、标准，可以将这则公示语译成"Get Off First Get On Next"。

例5：在哈尔滨太阳岛某景点处有这样一个公示牌："Don't Fall Down"

（当心滑跌）。在中国人看来这个公示语似乎是很人性化、充满善意的提醒。如果仅从语法的角度来看，这个警示性公示语的英译似乎没什么可挑剔的地方。然而，作为旅游翻译或应用翻译的一个重要组成部分，公示语翻译与文学翻译、科技翻译等类别的翻译一样，语法上没有错误并不能保证就是符合文化传统和语言习惯的正确翻译。"小心跌滑"翻译成"Don't Fail Down"明显违背语境的表述习惯。警示性公示语的主要功能就是提示公众注意潜在的危险，英语国家通常在提示公众注意脚下的时候有很多种不同的表达方式，经常用到的有，"Caution：Wet floor"（小心地滑）、"Caution：Mind Your Step"（小心脚下）、"Caution：Slippery Surface"（小心路面湿滑）等。

八、文化空缺

由于公示语的翻译有言简意赅的特点，所以很难在寥寥几个字中体现出文化的含义，文化因素在公示语翻译中很难顾及。但是，在公示语的翻译过程中可以灵活运用，采用不同的方法解决文化上可能产生的歧义和误解，虽然这些方法使译文损失了原文所有的味道，但是为了不产生与本意背道而驰的翻译错误，这种折中的做法可能是最好的选择。

在具体的翻译过程中，由于文化空缺现象，有时在译出语中我们很难找到与源语相对应的词语，那么该如何灵活处理这种情况是值得我们注意的。比如，常见公示语"Free admission for retired cadres who began revolution work prior to the PRC'S founding and for children below 1.2 meters."［持本人有效证件的离休人员免票。1.2 米（含）以下儿童免费。］显然，在西方制度中是没有离休人员对应语的，关于这点只适用于中国的旅游者，不过，"1.2 米（含）以下儿童免费"则也适用于外国旅游者。所以，完全可以省去"持本人有效证件的离休人员免票"这部分，只译出原文后面那部分。原始译文把原文的所有内容都译出来，其实没有必要，修改后的译文为：Free admission for children below 1.2 meters。

例 1：武汉市一景点的公示语为"The Memorial Temple of Faithful and Upright Officials"（二忠祠）。这里"二忠"是指中国历史上的两位官员，即宋代名臣张叔夜和文天祥。显然，原始译文的译者并没有理解原文的真正的文化内涵，而修改后的译文"Memorial Temple for Two Loyal Officials"

较好地注意原文的文化因素，才是成功的公示语翻译。

例 2：名为"芳芳服装店"的服装专卖店，其译文为"Fang Fang Fashion Shop"。但是，在汉语中，"芳芳"会和美丽可爱的女孩形象联想到一起，而在英语中，fang 却指狗和狼的长而尖的牙或者是蛇的毒牙。如果英语国家的人看到这家服装店可能会望而却步，或者误以为是出租节日服装的店。根据以上的分析，可以将这家服装店译成"Pretty Ladies Fashion Store"。

九、译名不统一

公示语译名不统一主要指公示语翻译存在多个版本，翻译标准不统一，同一场所的英译名在不同地方出现不同译名，这样容易引起混乱误解。对于外国人来说，他们会以为那些英文译名表示不同的路或者街道，但实际上，它们表示是同一条路或者街道，显然这给外国人带来很大的麻烦。

例 1：在对道路、地名的翻译中，存在严重的翻译多版本化问题。云南很多旅游景区对"道路"的翻译就存在着这样的问题，有的地方翻译为"Street"，而有的地方则翻译为"Road"。一路多名、一名多译的现象不仅使外国游客费解，也对他们在景区旅游时造成了一定困惑。导致了公示语指示作用的丧失。

例 2：在江西省南昌市只有数百米长的象山路上，对于"象山北路"的翻译，就出现三个版本，有全英文"Xiangshan North RD"，也有英汉混杂的"Xiangshan Bei RD"，还有全拼音的"XiangshanBeiLu"，这无疑会让初到此地的游客有困惑之感。其中，利用汉语拼音来代替英文翻译，对于不懂汉字的外国友人在阅读了标注的汉语拼音后，则出现完全看不懂的尴尬局面。

第四节　公示语翻译的隐性问题

这类隐性翻译问题大多可追溯至中文原文的不当。

一、矢不对的

所谓"矢不对的",是指纯粹针对国内人士讲的而没有必要对国外人士讲的内容,就没有必要翻译。

例1:"Military Car Without Charge"(军车免费),显然译文很糟糕,建议改译为"Free Parking for Military Vehicles"。但是,细细想来是没有必要翻译这则公示语的,外国的军车难道会开到中国来吗? 答案肯定是否定的,这则公示语的英译就失去了其最初始的目的。

例2:北京市某区政府把负责的各项工作全部都用中英对照的形式公布出来,内容总计达一百多项。全部都翻译成英文,有这种必要吗? 其中,针对外国人的服务项目没有几条,为什么不单独列出再配上英文翻译呢? 这样一来,对外国人士会更加方便。

二、语气不当

说话的语气不恰当也会影响到交流的效果。在中国,受传统观念的影响,人们尤其喜欢在公示语中使用直接甚至命令的语气词语和话语来表达某种要求,如"非请莫入""还价免谈"。但在西方国家,除了长期习惯使用的一些公示语含有命令的口吻外,公示语的语气大体上都是比较客气柔和、礼貌,并尽可能尊重别人的感受。如果人们能够注意到这些细微的区别,就可以把公示语的翻译做得更好。

例1:在商店等服务场所看到"宾客止步"的提示,如果直译为"Guest go no further",语气太生硬,无法传递出汉语中的礼貌;为遵循礼貌原则,建议译为"Staff Only"。"闲人免进",将"If you are free, don't enter"译为"Authorized Personnel Only",这样既符合译文读者的表达习惯,又不失礼节,可谓是一举两得。

礼貌原则是语用学中一条重要原则,也是翻译过程中的一条重要原则,而有的公示语翻译却不遵守一定的礼貌。比如,"请勿乱扔垃圾"这条公示语,有的翻译为"No Throwing",而有的翻译成"Don't litter, please!"比较一下可以看出来,第二种考虑到了礼貌因素,使用的是请求式语气,比第一种命令式的强制语气来得更加委婉,因此,更容易让游客接受并做出相应的举动。

例2：有些宾馆饭店的旅客须知措辞居高临下、语气盛气凌人，翻译成英语之后就更加别扭和生硬了。那么，这种宣传材料如何能给外国宾客留下好的印象，怎么能使他们感到"宾至如归"？

例3：某地洗浴中心的门牌"衣冠不整，恕不接待"错误地翻译为"Careless Dress Is Not Permitted"，语气强硬，带有强迫的感觉，应该改为"Proper Dress Required"。这样的提示更人性化，更容易让人接受。

例4：一个全国各地流行的标语"Go to work happily, arid come back safely."（高高兴兴上班去，平平安安回家来。）显然，以英语为母语的外国人士自然没有办法了解这句话的真正含义，而且使用祈使句的译文语气很生硬，完全丧失了原文中关心、祝福和非常温馨友好的提示，读者得到的是截然不同的感受，没有真正达到原文传递的效果。这个标语的意图是提醒司机小心驾驶，平安上路，平安回家，如果想用英语表达其中的祝愿，用一个"Goodluck!"就可以了；如果希望司机小心驾驶，用"Drive carefully!"会更清楚；如果这是出车前的一句警示语，不妨译成"Safety first when driving!"。

三、词意混淆

在北京西单某商场的楼梯旁有一提示语"小心台阶"，被译为英文"Take care of the step"，让人感觉很别扭。这条公示语的本意是提醒商场的顾客此处有台阶，注意脚下安全，但译文的意思却变成了"关心台阶"。正确的译文应为"Mind the step"或"Be careful of the step"。从这个例子里可以看出，译者混淆了"Take care of"与"Be careful of"两个短语的意思，导致英文的翻译和中文公示语的意思不一样，违背了篇际一致（忠信法则），造成原文信息的丢失和篡改。

类似的例子还有很多。商场为体现其人性化，一般都会在室内电梯上方悬牌"小心碰头"，有的被译为"Take care of your head"，就是"关心你的头"，这显然是错误的。正确译文应为"Be careful of your head"或"Mind/Watch your head"。

又比如，北京某著名景点门前有一条警示语，"当心滑倒"，英文是"Don't Fall Down"。因为天气原因当天地面有积雪，景点的管理者特意提醒参观者"当心"。如果按照目的论法则来判断，在此例中，原来的翻译太过注重篇际一致，而没有考虑到篇内一致。虽然语法上没有错误，形式上也忠实于原文，但从连贯法则的角度来讲，译文不符合英美文化传统和英语公示语的表达习惯。

用于提醒公众注意安全的此类习惯性表达包括："小心地滑"（Caution：Wet Floor）、"小心路面湿滑"（Caution：Slippery）、"小心绊脚"（Caution：Trip Hazard）、"小心烫嘴"（Caution：Hot Drink）等。

总而言之，语言和文化是密不可分的，中英两种不同的语言代表各自不同的文化。公示语的汉英翻译既有语言、词汇的选择，又有文体、语气的区别，更有文化传统的碰撞，因此在翻译公示语时，应透彻地理解文字中所蕴含的文化内涵，才能完成两种语言的转译，真正实现信息的交流。

第四章 公示语翻译的理论依托

第一节 公示语翻译的理论基础

一、公示语翻译研究理论回顾

随着第一届（2005年）、第二届（2007年）和第三届（2014年）全国公示语翻译研讨会的召开，公示语翻译研究日渐引起国内翻译理论界的关注，不少学者开始运用不同的翻译理论来探讨公示语的特点与翻译，公示语翻译理论研究逐渐深入。

我国公示语翻译专家、学者既坚持已有的指导原则，又紧紧围绕国内传统翻译理论，同时借鉴国外翻译理论，从不同角度、运用相关理论对公示语翻译进行研究，主要涉及的依托理论依次为：功能翻译理论、跨文化视角、文本类型理论、翻译目的论、语用等效翻译理论、跨文化交际理论、功能对等理论、接受美学理论、归化和异化理论、语用学（包括关联理论、语用失误、语用等效、语言顺应论、语境理论等）；研究中还涉及交际翻译理论、顺应理论、翻译模因论、语境理论、互文性理论、言语行为、关联理论、符号学理论、语篇分析理论、翻译适应选择论、语言经济学、翻译标准多元互补论、转喻认知理论、跨文化语用学、生态翻译学、认知图式理论、变译理论、传播学理论、语际转换模式等。（邹彦群、满颖、孟艳梅，2011）

以"公示语"为主题，在中国知网CNKI中检索，发现2005年至2015年7月底的全部硕博论文共有275篇（其中硕士论文为274篇、博士论文为1篇），十一年数据分别是1篇、5篇、21篇、26篇、29篇、22篇、40篇、53篇、42篇、35篇和1篇。

虽然有各种中外理论作为公示语翻译的基础，但是运用任何理论都要采取辩证的态度。目前，从国内学者的研究来看，对公示语的翻译理论探讨主要集中在功能翻译理论（或翻译目的理论）。公示语翻译作为一种应用文本翻译，迫切需要翻译理论的支撑，并以理论为指导提升翻译质量。但是，由于对公示语本质属性的认识仍然不足，并且未能对当前所运用的理论模式加以一定调整，致使当前对公示语翻译的理论阐释力明显表现不足。

（一）功能翻译理论

20 世纪 70 年代，功能翻译理论兴起于德国，其发展经过了以下四个阶段。

第一阶段：Katharine Reiss（凯瑟琳娜·莱斯）首次把功能范畴引入翻译批评，将语言功能、语篇类型和翻译策略相联系，发展了以源文与译文功能关系为基础的翻译批评模式，从而提出了功能翻译理论思想的雏形。Reiss认为，理想的翻译应该是综合性交际翻译，即在概念性内容、语言形式和交际功能方面都与原文对等，但在实践中应该优先考虑的是译文的功能特征。

第二阶段：Hans J.Vermeer（汉斯·弗米尔）提出了目的论，将翻译研究从原文中心论的束缚中解脱出来。该理论认为翻译是以原文为基础的有目的和有结果的行为，这一行为必须经过协商来完成；翻译必须遵循一系列法则（包括目的法则、连贯性法则和忠实性法则），其中目的法则居于首位。Vermeer 认为，翻译中的最高法则应该是"目的法则"，即翻译的目的决定了翻译的策略和方法，翻译的目的不同，翻译时所采取的策略、方法也不同。

第三阶段：Justa Holz-Manttari（贾斯塔·霍茨—曼塔里）借鉴交际和行为理论，提出了翻译行为理论，进一步发展了功能翻译理论。该理论将翻译视作受目的驱使的、以翻译结果为导向的人与人之间的相互作用。该理论和目的论有很多共同之处，Vermeer 后来也将二者融合起来。

第四阶段：Christiane Nord（克里斯蒂娜·诺德）全面总结和完善了功能翻译理论。Nord 首次用英语系统阐述了翻译中的文本分析所需考虑的内外因素，以及如何在原文功能的基础上制定切合翻译目的的翻译策略。她对功能翻译理论各学说进行了梳理，并且提出译者应该遵循"功能＋忠诚"的指导原则，从而完善了该功能翻译理论。

王雪琴和斐正方（2006）、徐曼（2007）、刘晓蕾（2008）、王康全

（2009）、李超（2010）、陈帅（2011）、孙建龙、胡晓和刘春霞（2012）、王芳（2012）、向士旭（2013）、孙丽（2013）、陈曦（2014）、张树敏和邹惠玲（2015）等指出，公示语翻译中应以德国功能翻译理论为指导，并探讨了具体的翻译策略、规律和方法。

（二）跨文化交际理论

跨文化交际学是在传播学理论基础上，与人类学、心理学、语言学、文化学以及社会学等相互交叉而发展起来的学科。1959 年，美国人类学家 Edward T.Hall（爱德华·霍尔）出版了著作《无声的语言》（The Silent Language），被广泛地认为是跨文化交际学诞生的标志，因为 Hall 首次提出了"跨文化交际"这个概念。随着认识的提高、研究的深入以及相关学科的发展和交融，跨文化交际学在 1970 年第一次以独立的学科出现。20 世纪80 年代起，跨文化交际学的研究领域、内容、方法、理论建构及应用等都达到了一个新高度。

1. 焦虑与不确定管理理论

1985 年，在 Berger 等人提出的减少不确定理论和 Stephan 对焦虑感的研究基础上，美国学者 William B.Gudykunst（威廉·古德昆斯特）从社会心理学的角度提出了焦虑与不确定管理理论。Gudykunst 认为，当与陌生人交际时，彼此都有很高的不确定和焦虑，特别是当文化差异较大时。如果能很好地处理彼此的焦虑，减少相互的不确定因素，那么有效的交际便成为可能。跨文化交际的研究表明，减少不确定性理论有助于解释来自不同文化背景人们之间的交流过程。

2. 交际与跨文化适应整合理论

1995 年，韩国侨美学者 Young Yim Kim（金扬云）提出了交际与跨文化适应整合理论。Kim 认为，人类有与生俱来的需要适应和发展的需求，人通过交际来适应自己的社会环境，而适应是一个复杂的、呈螺旋上升的"紧张—适应—进展"的动态积累过程。Kim 在博采众长的基础上，提出以交际为基础的、多层面的、综合性的适应模式，这个模式把适应者所处的异文化的交际能力当作核心，而这个核心就是适应能力，即能面对跨文化交际的具体情况，灵活而恰当地进行自我调整的能力。

3. 预期违反理论

1995 年，美国学者 Judee Burgoon（朱迪·伯贡）提出了预期违反理论。

Burgoon 指出，人们会根据所属的具体社会群体来预期其特征，如果出现与预期相违背的特征，人们会有与预期相反的评价。该理论认为，预期或期望在很大程度上影响人们的交际模式、相互的印象及交际效果。交际者的行为与预想的如有明显偏差，就会使人重新审视与交际之间的关系。在某些情况下，违背一般人的预期是个好策略，可将对方的注意力转移到交际者及探明为何要违背这个问题上来。

4. 交际调适理论

1988 年，美国学者 C.Gallois（C. 加卢瓦）提出了交际调适理论。此理论认为，在跨文化交际中，交际者的语言策略（包括趋同策略、趋异策略和原状策略）是由语言动机决定的，语言和形式的调节是交际中人际关系管理的有效途径。此理论为人们在跨文化交际中出现的不解现象和过程提供了解释，并阐述了如何自我调适以适应对方，使得跨文化交际得以顺畅和有效进行。

5. 面子协商理论

1998 年，美国华裔学者 StellaTing-Toomey（丁允珠）从社会心理及社会文化学的角度提出了面子协商理论。该理论认为，面子的建构必须是双方协商的过程，成功与否取决于交际双方的努力。在交际过程中，交际双方积极建构自己的面子，同时也需要给予对方面子，维持自己的面子与维持对方的面子是相辅相成的。这两种不同类型的建构会导致不同的交际过程和交际行为。面子协商理论涉及众多方面的内容，其中包括跨文化交际、冲突、礼貌和"面子工作"，在跨文化交际研究方面的应用尤为突出，具有特别的优势和应用。

6. 价值观对比理论

1991 年，从文化人类学的角度，荷兰心理学家 Geerl Hofst- ede（吉尔特·霍夫斯特德）提出了价值观对比理论。Hofstede 认为，人们的行为与价值观密切相关，要理解不同文化群体行为的差异就必须认识他们在价值观方面的文化差异。他总结出价值观念对比的四个纬度，即个体主义与集体主义、权力距离、不确定性规避、阳刚特质和阴柔特质，为跨文化交际的研究提供了很有参考价值的分析框架和研究途径。

王银泉（2006）、胡红云（2008）、佟晓梅（2010）、侯小静（2011）、张倩（2012）、张颖（2013）、刘端（2014）、凌斌（2014）、刘成萍和向

程（2015）等阐述了跨文化交际与公示语汉英翻译的关系，从跨文化交际视角，分析了公示语翻译过程中出现的问题，并以相关理论为指导提出了相应的翻译策略和方法。

（三）文本类型理论

20世纪60年代，在德国语言学家Karl Bühler（卡尔·布勒）的语言功能三分（即表情功能、信息功能和感染功能）法的理论基础上，德国学者、翻译家Katharine Reiss（凯瑟琳娜·莱斯）提出了文本类型理论，把语言的功能与具有这些功能的语言类型和文本联系起来，从研究语言功能的交际环境着眼，研究翻译等值实现的过程、方法和评估。

Reiss将语言文本划分为以下四类，①表达功能文本：强调文本的创造性构建和语言的美学层面，突出文本作者及文本本身；②信息功能文本：凡是旨在传递信息、知识、意见等事实的文本，属于信息功能文本，文本的重心在于内容和主题；③感召功能文本：旨在通过说服文本读者或者接受者采取某种行动，从行为上对文本做出反应。其语言特点是对话式的，文本的重点在于感召；④视听性文本：这类文本重在视觉的或者听觉的意象，如电影、广告或者音乐，是对其他三种文本的补充。同时，Reiss也对各种文本类型的重点和翻译方法做了具体的描述。

在吸收其他翻译理论家研究成果的基础上，英国翻译家Peter Newmark（彼得·纽马克）提出了"文本中心论"，并区分了文本类型与翻译策略。根据不同的内容和文体，New mark按照语言功能将文本划分为表达功能型文本、信息功能型文本、呼唤功能型文本、审美功能型文本、应酬功能型文本和元语言功能型文本（其中前三种为主要文本），并提出针对不同的文本类型应当采用不同的翻译方法——语义翻译或交际翻译。尽管Reiss、Newmark的表述有异、分类不尽相同，但两套理论颇有相似之处，两人都认为文本可以按照语言功能进行分类，文本类型决定翻译策略且有对应关系、文本功能与类型是固定不变的内在属性等。

（1）表达型文本：具备表达功能的文本主要是纯文学文本或者艺术性较高的文学作品，如自传、私人信件、小说、诗歌、戏剧等抒发个人感情的作品。这类文本重点应在源语而非译语，文章的中心应该是作者本人，因此，译者在翻译时须仔细研读原文，找出与其他文章在语义和句法上的不同，辨别作者的风格与表达意图，翻译时应该采用直译，应忠实地传达原文的文本形式、美学形式及作者的个人风格，翻译单位最小为词、最大为词组。

（2）信息型文本：报刊文章、新闻报道、科技论文、通用教材以及大多数事实重于文章风格的非文学作品归为信息功能文本。这类文本的目的在于提供信息，因此，译者的首要任务在于如实地传递原文的信息，重点应该放在译语上，着重看译语是否如实并流畅地传递了原文信息，翻译方法应采用等效翻译，翻译单位最小为词、最大为句。

（3）呼唤型文本：用以感染读者（特别是感性读者）并使其获得信息的所有文本归为呼唤或感召功能文本。这类文本具体包括广告、宣传、论辩（主题文学）、流行文学（畅销书）、通告、说明、规章制度等，旨在说服或引导读者的文本，文本的中心是读者而非作者。呼唤功能文本主要部分是作者要说的某主题的信息，这类信息应该由译者的再创造来获得与原文对等的效果。

张美芳（2006）、贺学耘（2006）、牛新生（2008）、邵有学（2009）、皮德敏（2010）、申娜娜和李品（2011）、刘迎春和王海燕（2012）、王建斌和杨成成（2013）、吕政（2014）、李丽春（2015）等认为，公示语翻译要依据其文本类型采取不同的翻译策略。

（四）翻译目的理论

翻译目的理论从创立、提出到完善经过了三个阶段。

首先，Katharine Reiss（凯瑟琳娜·莱斯）在翻译中引入了"翻译要求"的概念，并强调交际目的。这一观点可以视为翻译目的理论的雏形。

其次，20世纪70年代，Hans J.Vermeer（汉斯.弗米尔）正式提出了翻译目的理论。Vermeer认为，翻译的结果是译文，但译者必须了解翻译的目的和译文功能，才能做好翻译工作，生产出理想的译作。在Vermeer的翻译目的理论框架中，决定翻译目的的最重要因素之一是受众——译文所意指的接受者，他们有自己的文化背景知识、对译文的期待以及交际需求。原文只是为目标受众提供部分或全部信息的源泉。

最后，Christiane Nord（克里斯蒂娜·诺德）等人进一步发展、完善了翻译目的理论。为了避免混淆概念，Nord提议对目的（Skopos，即意图）和功能做基本的区分，"目的（意图）"是从发送者的角度定义的，而"功能"指的是文本功能，它是由接受者的期望、需求、已知知识和环境条件共同决定的。

翻译目的理论以行为理论为基础，认为翻译是一种有明确目的和意图的人类行为，整个翻译过程（包括翻译方法和翻译策略的选择）都是由整体翻译行为所需要达到的目的决定的，决定翻译目的的最重要因素就是译文的预期功能。翻译目的理论实际上与功能翻译理论同属一派。

2001 年，英国翻译理论家 Jeremy Munday（杰里米·蒙代）将翻译目的理论的具体准则归纳如下：①译文由目的决定；②译文为目的语文化提供有关源语语言文化的信息；③译文不提供模棱两可的信息；④译文必须能自圆其说；⑤译文必须与原文一致；⑥上述所列五条准则的顺序表明其重要性的先后顺序，而所有准则都受目的准则的支配。

王银泉（2006）、胡红云（2008）、王炬炬和赵旭（2010）、龙涛（2011）、林生趣（2012）、易舫（2013）、顾春美（2013）、黄蔷（2015）等从翻译目的理论角度探讨了公示语翻译中存在的问题，提出了进行公示语翻译的恰当策略和措施。

（五）语用等效翻译理论语用学简介

句法、语义、语用构成语言的三个基本方面；句法学研究符号与符号之间的关系，语义学研究符号与所指事物之间的关系，而语用学研究符号与使用者之间的关系。作为语言学、哲学和心理学以及符号学的一个分支学科，语用学是语言学各分支中一个以语境为依托、以动态意义为研究对象的新兴学科领域，是专门研究语言的理解和使用的学问，它研究在特定情景中的特定话语，研究如何通过语境来理解和使用语言。在众多的语用学定义中，有两个十分基本的概念，即意义和语境，其中语境为核心概念。

1938 年，Charles Morris（查理斯·莫里斯）在其著作《符号理论基础》中首次使用了"pragmatics"（语言学）一词，指出语用学研究符号与符号解释者或理解者间的关系。

随后，Rudolf Carnap（鲁道夫·卡纳普）、Bar-Hillel（巴尔 – 希列尔）、Ludwig Wittgenstein（路德维希·维特根斯坦）、Paul Grice（鲍尔·格赖斯）、John L.Austin（约翰·奥斯汀）、John R.Searle（约翰·塞尔）等西方语言哲学家为探索语言使用奠定了进一步的基础，人们都认同语用学源于语言哲学的说法。作为一门独立的学科，语用学出现于 20 世纪六七十年代、成熟于 80 年代。20 世纪 60 年代，英国哲学家 Austin 和 Searle 先后发表了"语言行为"的理论；美国语用学家 Grice 提出了"会话中合作原则"的理论；以上三位学者的贡献使语用学从概念发展成为一个独立的学科。

进入 20 世纪 90 年代以后，语用学得到快速发展，研究内容不断拓展与深化，除指示语、前提关系、言语行为、会话含意、语言礼貌等基于语言本身的传统议题之外，还涌现了语用学与其他学科相结合的交叉跨层面研究，或借用其他学科的研究方法，如跨文化语用学、社会语用学、文学语用学、语篇语用学、语际语用学、认知语用学、发展语用学、临床语用学、实验语用学等研究分支。近年来，网络语用学、批评语用学等新的领域正在兴起，语用学的发展势不可挡。

语用学的定义纷繁众多，取决于不同的研究目标；语用学的范围也难以圈定。一方面，语用学强调研究语言的使用和功能，包括话语选择、策略选择，以及说话人借以传递的言外之意或语用用意和希望实现的交际功能，即特定语境下的语用功能。言语行为理论、礼貌原则、面子协商理论、各种语用策略等就是这方面的重要议题。另一方面，语用学强调研究语言理解，尤其是交际中的隐含信息及其语用推导。比如，Grice 的会话含义理论、Horn 和 Levinson 发展该理论所提出的新格赖斯语用理论以及 Sperber 和 Wilson 提出的关联理论、Istvan 在近年提出的"社会—认知语用视角"等，丰富了对交际中隐含信息的多边阐释，让人们看到信息处理的认知属性，将交际和认知结合起来，有利于揭示信息处理的语用认知机制，从根本上说明显性意义与隐含信息、常规含义与特殊含义之间的非等同性以及语用推导的不确定性与或然性。

2. 语用等效翻译

翻译就是翻译语言意义，而语言的意义一般包括语义意义和语用意义；翻译学是探讨译者解读原文、在译文中重构原文意义的学问。语用学是研究语言使用与理解的学问，既研究发话人利用语言和外部语境表达意义的过程，也研究听话人对发话人说出的话语的解码和推理过程。语用学的许多领域都可以为翻译学提供科学的、微观的语用学分析。纵观语用学和翻译理论的多年发展不难看出，语用学早已成为翻译理论的输入学科，越来越多的翻译家从语用学的角度研究探讨翻译理论与方法。

1965 年，英国翻译语言学家 john C.Catford（约翰·卡特福德）在著作《翻译的语言学理论》（A Linguistic Theory of Translation）中把语言学理论应用于翻译理论的研究，并指出翻译等值在翻译实践和翻译理论研究中的中心地位。从此，世界翻译界从不同的角度对翻译等值（或对等）进行研究，并提出了不同的等值论，而语用等值正是从意义和功能方面保证译入语读者获得相同的意义，并做出相同或相似的反应。

跨文化语用对比的研究表明，不同语言文化传达和推理含义的方式不尽一致。因此，语用等效应该成为解决跨文化交际问题的一个尺度。人们在理解和翻译的过程中，一定要注意结合交际情景和原文的文化背景、推理习惯来理解原文意义，在重构过程中，要注意结合译入语的文化背景知识和读者的推理习惯来重构原作者的意图。根据何自然（1994）的观点，语用等效是指原作和译作在语用语言和社交语用两个层面上达到等值的效果。随着翻译学与语言学等多学科之间的交叉研究，特别是语用学最新研究成果对翻译学的渗透，语用对等成了翻译界的一大焦点。近年来，语用翻译的研究给等效理论注入了新的生机。

语用翻译是指从语用学的角度探讨翻译实践问题，即运用语用学理论去解决翻译操作中涉及的理解问题、重构问题、语用和文化因素在译文中的处理方法、原作的语用意义的传达及其在译作中的得失等问题。语用学的翻译观可以说是一种等效翻译理论，它更多地探讨口头语言、修辞性和艺术性语言的翻译。（何自然，1997）

人们可以从两个视角看语用等效翻译。一是语用语言等效翻译，这种等效翻译从语用语言学方面入手，通过对两种语言进行对比，根据语境确定话语的语用意义（包含明示意义和暗含意义）来实现等效翻译。这种翻译不拘泥于原文形式，但求保存原文的内容。它是一种与语义翻译相对应的等效翻译，这与美国语言学家、翻译理论家 Eugene A.Nida（尤金·奈达）的"动态对等翻译"相仿，即以最贴近而又最自然的对等译文再现原语内容，以达到等效的目的。二是社交语用等效（即社会文化层面的等效）翻译。这种等效翻译则是从社交语用学的角度切入，通过对两种语言的对比来达到社交语用等效，或者说是一种为跨语言、跨文化的双语服务的等效翻译。这类语用翻译可以通过具体翻译的目的，确定所选择的途径来实现等效。

语用等效翻译追求的是在词汇、语法、语义等语言学的不同层面不拘泥于原文的形式，只求保存原作的内容，用译文中最贴近而又最自然的对等语将这个内容表达出来，以求等效；社交语用等效要求语用翻译能超越语言文化的差异，实现源语发出者和译入语接受者的交流沟通。

把语用等效原则运用到翻译实践中，为翻译方法的选择提供了坚实的理论基础和极大的自由度。译者在翻译过程中，应尽可能准确地传达出语义意义和语用意义。在翻译实践中，为了真实地传递出原文作者的意图，当语义意义对等和语用意义对等无法同时实现时，译者在翻译过程中应注意传达出原文的语用意义，最大可能地保证跨文化交际的成功。但是，当语义意义和语用意义发生冲突时，译者应舍弃语义意义而获取语用意义的对等，让读者能正确地理解原文作者的意图，使翻译达到交际的目的。为了达到语用等效，译者不必拘泥于源语与译入语在字面意义和形式上一一对等，可以充分发挥创造力和译入语的表达优势，灵活运用各种翻译方法，甚至变通手段。语用等效翻译理论在保证跨文化交际成功方面，确实发挥着积极的作用。

赵小沛（2003）、于秋和黄小明（2006）、杨永和（2009）、王芳和孙志祥（2009）、赵芝英（2012）、王同军（2013）、承云（2013）、顾奎（2014）、张平、刘绍忠和韦伟华（2015）等基于语用翻译理论，探讨了公示语翻译中的语用等效问题。

（六）功能对等理论

西方当代著名语言学家、《圣经》研究专家和翻译学家，美国学者Eugene A.Nida（尤金·奈达）的翻译理论对国内外翻译学界产生了重大影响。自20世纪80年代之后，在国内产生影响力最大、影响范围最广的西方翻译理论当是Nida的"功能对等论""等效论"和"读者反映论"，以致中国翻译界形成"言必称奈达"的局面，但自90年代中期之后，中外翻译界观念逆转，形成"言必批奈达"之势。

1964年，在专著《翻译的科学探索》（Toward a Science of Translation）中，Nida从交际学角度出发，认为翻译就是在接受语中用近似、自然的对等语再现源语信息，首先是语义上的对等，其次是文体上的对等。在此基础上，他总结出翻译的两种基本导向，等值的基本类型——形式对等和动态对等。形式对等关注的是信息本身，包括信息的形式和内容；动态对等强调的是对等的反映而非对等的形式。

1986年，在与Jan de Waard（冉·德·瓦尔德）合著的《从一种语言到另一种语言》（From One Language to Another：Functional Equivalence in Bible Translating）中，Nida 为防止误会，提出用"功能对等"这一概念取代"动态对等"，希望以此来强调翻译的交际功能。Nida 认为，功能对等强调的是语言之间、文化之间通过寻找翻译对等语，以恰当的方式重新组织信息的形式和语义结构进行交际；"功能对等"要求译文与原文不但在信息内容上对等，而且尽可能在形式上也要对等。

功能对等翻译理论的发展可以分为三个阶段。

第一阶段：建立在现代语言学基础上的"功能对等"理论。Nida 成功地把现代语言学的研究成果运用到翻译理论中。他从语言的本质入手，运用语义学理论对词汇的所指意义和联想意义进行了客观、准确的分析。Nida 认为，各种语言结构具有很大的相似性，而且深层结构远比表层结构有共性。因而，翻译中通过语际间深层结构的转换，能最大程度上保证译文的忠实，同时，由于译文的表层结构是通过深层结构转换而来的自由表达，能尽可能地保证译文的通顺。既忠实又通顺的译文为读者反映的对等创造了条件，这就使功能对等有了实现的可能。

第二阶段：建立在信息论基础上的"功能对等"理论。Nida 认为，翻译是把一种语言所表达的信息转变为另一种语言的信息的活动，也就是把一种代码编码的信息转换成另一种代码的信息，翻译的目的就是通过传递信息起到交际的作用。只有译文读者获得与原文读者相同的信息量，才能使"译语接受者和译入语信息之间的关系，与原语接受者和原文信息之间的关系基本相同"。Nida 注意到，原语读者和译入语读者的接受力不同，特别是如果原语和译语分属于不同语系和不同文化。为了使译文读者获得与原文读者相同的信息量，Nida 强调可以适当改变原文的形式，以增强译文的理解。

第三阶段：建立在社会符号学基础上的"功能对等"理论。Nida 认为，翻译即翻译意义，而符号学是分析意义的最全面的系统。Nida 指出，社会符号学研究人类社会的一切代码和符码，重点研究的是人类所使用的最综合、最复杂的符号系统——语言。因此，在解码和编码方面，没有哪一种翻译法此社会符号学译法更加全面。

功能对等理论将现代语言学、交际学、信息论、符号学和美学带入了翻译领域，宏观上打破了传统思想束缚，为翻译研究提供了全新角度。从多个角度对翻译进行了更细致的研究，将新思维、概念和方法注入到了翻译中，为翻译研究提供了许多新方法，为现代翻译学奠定了坚实基础。必须强调的是，"功能对等"对文学翻译产生了极大的推动作用，从微观角度看，"功能对等"解决了长期以来"意译"与"直译"之争。"功能对等"给了翻译家们许多建设性的意见，要求目的语在不同语言结构中尽可能完满地再现源语的意义，限制译者毫无节制的自由发挥。同时，它从语言和文化的角度缓和了翻译家们"归化"和"异化"的争论，从多个学科的角度寻找"归化"和"异化"的平衡点。

戴宗显和吕和发（2005）、李淑杰和方蕾（2008）、邵有学（2009）、关越和乔幪（2011）、高隽（2012）、刘阳（2013）、仲薇霖（2014）、杨巍（2015）等结合公示语翻译中存在的问题，探讨如何在功能对等理论指导下，实现公示语汉英翻译在信息、文体和跨文化交际等方面的对等。

（七）接受美学理论

作为20世纪西方众多文艺理论流派之一的接受美学理论（亦称接受理论、接受与效果研究），以其新的研究对象、新的理论观念和新的研究方法，自诞生之日起便得到世界各国理论界的广泛重视，经过短短几十年的发展，迅速东进西渐，蔚然而成一股世界性的理论潮流。

接受美学理论是20世纪60年代中后期出现的一种文艺美学思潮，其代表人物是德国康士坦茨学派的Robert Jauss（姚斯）和Wolfgang Iser（伊瑟尔）。作为接受美学理论的两位创始人，姚斯和伊瑟尔建构接受美学理论的出发点是一致的，都将读者在整个文学活动全过程中的重要作用作为自己理论的基点，但是，他们采取的途径和切入的角度则各具特色。姚斯从七个方面对接受美学理论作了全面而详尽的论述，即读者的历史地位、作品的价值由读者理解而定、创作时应考虑读者、不同时代的不同读者对作品理解不一样、读者接受的反馈、不同时代有不同的文学史、文学的社会功能应予以突出。另一位代表人物伊瑟尔，则始终按现象学的思路，把阅读过程作为文本与读者的关系来掌握和描述，认为文学作品作为审美对象，只是在阅读过程中动态地被构成的；文本在未被读者接受之前，只是一种有待实现的未定性的"召唤结构"。

回顾历史，西方文论的重心转移体现在作者、文本、读者三个方面。19世纪中叶，实证主义是主流，作者与作品的关系受到极大关注；20世纪是批评的时代，作品本体论得以提倡；20世纪60年代以来，接受美学对作品本体论进行反驳，直接把批评焦点转移到读者，推出了文学研究的一种新范式。

20世纪70年代后期，接受美学在西方开始应用于翻译研究领域。自1975年法国文学批评家George Steinet（乔治·斯坦纳）详细叙述了阐释学翻译模式后，接受美学便成为当代翻译研究的一个重要方面。20世纪80年代后期，接受美学进入我国翻译研究的视野。其后，我国翻译界陆续发表相关论文，从不同角度、不同途径、不同层面探讨这一课题，可谓各具特色、各有侧重。

钟俊和邝江红（2009）、陈凤年和伍春霞（2011）、杨慧群（2013）、杨慧和李白清（2014）、林丽凤（2015）等以接受美学理论为基础，探讨了我国公示语翻译与使用中存在问题的原因及解决对策。

（八）归化和异化理论

1995年，美国翻译理论学家Lawrence Venuti（劳伦斯·韦努蒂）在《译者的隐身》中提出了归化和异化这对翻译术语，用来描述翻译中所采取的两种策略。Venuti认为，归化法是"把原作者带入译入语文化"，而异化法则是"接受外语文本的语言及文化差异，把读者带入外国情景"。

自此以后，异化与归化作为主要的翻译策略，一直是翻译界讨论的焦点问题。从历史上看，异化和归化可以视为直译和意译的概念延伸，但又不完全等同于直译和意译，直译和意译所关注的核心问题是如何在语言层面处理形式和意义，而"归化"与"异化"的说法已经突破了语言本身的束缚，将语言层次的讨论升级至文化、诗学和政治层面。（王东风，2002）

1. 归化理论

Eugene A.Nida（尤金·奈达）从《圣经》翻译的角度出发，提出了"最贴近的自然对等"的"归化"理论，并表达了"功能对等"和"读者反映论"的观点。他认为"译文基本上应是源语信息最贴近的自然对等"，读者反映应该是译者考虑的主要因素。归化是要把源语本土化，以目标语或译文读者为归宿，采取目标语读者所习惯的表达方式来传达原文的内容。归化翻译要求译者向目的语的读者靠拢，译者必须像本国作者那样说话，原作者要想和读者直接对话，译作必须变成地道的本国语言。归化翻译主张删除源语文化特征的方式来避免文化冲突，有助于读者更好地理解译文，增强译文的可读性和欣赏性。

2. 异化理论

异化理论的代表人物就是 Venuti。他主张在翻译中不要消除语言和文化的差异，而是要将源文化淋漓尽致地体现出来，让读者在最大的程度上体会到"异国风情"，同时相信读者有能力通过"异化"的翻译了解从源语文化移植到目的语中的内容。异化是译者尽可能不去打扰作者，让读者向作者靠拢。异化翻译就是迁就外来文化的语言特点，吸纳外语表达方式，要求译者向作者靠拢，采取相应于作者所使用的源语表达方式，来传达原文的内容，即以目的语文化为归宿。对于任何国家来说，在文化融合的大背景下，异化翻译可以有利于读者更好的理解外国语言与文化，实现文化交流与融合的目的。

作为两种翻译策略，归化和异化是对立统一、相辅相成的，绝对的归化和绝对的异化都是不存在的。总之，归化和异化并没有绝对的优劣高低之分，两者相得益彰，互为补充；具体翻译策略的选择，要综合考虑翻译的目的、类型、具体的实例和语言环境，以求最大程度的达到文化交流的目的。

张瑞华、李莉（2010）、廖为群（2010）、韦力文（2011）、郭艳涛（2012）、万永坤（2012）、钟善奇和郭江虹（2013）、杨华和张姣（2014）、沈科（2015）等对归化与异化翻译之争进行了必要探究，重点剖析这两种翻译策略在我国公示语翻译中的运用，旨在为公示语的汉英翻译提供一些理论思路。

（九）顺应理论

1999年，比利时语言学家Jef Verschueren（杰夫.维索尔伦）在论著《语用学新解》中系统地提出了"语言顺应（适应）理论"，简称为"顺应（理）论"，以一种新的视角来考察语言的使用。

Verschueren 认为，语言的使用是一个经常不断地、有意无意地、受语言内或语言外因素左右的语言选择过程，语言具有变异性、商讨性和顺应性三个特性，分别从语境关系顺应、结构客体顺应、动态顺应和顺应过程意识凸显性四个角度完成。从顺应出发，语言使用被看作是发话人与受话人不断作出选择的过程。选择既在语言结构层面发生，也在策略层面展开。选择的过程是语境和语言选择二者相互顺应的动态过程，在这个过程中，语言使用者对交际过程的意识程度，通过语言选择凸显出来，顺应理论为语用学提供了一个全面而科学的研究视角，全面阐释了人类语言运用的动态过程，具有重大的理论意义和应用价值。

陈秋红（2009）、方灿（2009）、卢欣欣和邓晓宇（2011）、张伟平和张艳萍（2012）、靳亚铭（2013）、汤晓军（2014）、刘建怀（2015）等结合翻译实例，从顺应理论寻求启发，探讨了汉英公示语的翻译。

（十）关联理论

1986 年，英国语言学家 Dan Sperber（丹·斯铂佰）和 Deirdre Wilson（代尔德·威尔逊）在合著《关联性：交际与认知》（Relevance：Communication and Cognition）系统地提出了关联理论。

关联理论的两条关联原理概括如下，原理一，人类认知常与最大关联相吻合。原理二，每一个交际行为都传递着自身的最佳关联假设。关联理论抓住了语用交际与认知的共同本质——寻找关联性，同时发现了语用交际与认知在同质基础上最根本的区别——在关联量上的区别即认知往往是寻找最大关联性，但是，在交际中的理解是寻找发话者的能力和意愿允许范围内的最大关联性。关联理论不仅对话语理解的推理做出更全面、合理的解释，而且发现了话语理解的导向和制约机制。

魏海波、刘全福（2007）、康妍妍（2009）、韦薇（2011）、赵芝英（2012）、邢驰鸿（2013）、承云（2013）、彭英（2014）、王海平（2015）从国外受众（即译文读者）的角度出发，以公示语中的误译为例，探讨在关联翻译理论指导下公示语汉英翻译的最佳关联原则。

二、中外读者翻译理论审视

（一）西方读者翻译理论

综上所述，在活跃的西方翻译理论中，对读者的关注和审视有着一以贯之的历史渊源，但相对于作者和文本因素，读者因素一直被置于次要的地位。不过，随着西方文学理论完成了从作者中心、文本中心向读者中心的转移，翻译研究也从作者、文本转向了读者，20 世纪六七十年代德国 Robert Jauss 和 Wolfgang Iser 的接受理论、美国 Eugene A.Nida 的读者反映论、英国 Peter Newmark 的交际翻译理论以及德国 Katharine Reiss，Hans J.Vermeer，Justa Holz-Manttari 和 Christiane Nord 的功能派翻译理论（其最主要的理论应为"目的论")等，都被看作是这一转向的显著标志。

20世纪年代中后期，以 Robert Jauss 和 Wolfgang Iser 为主要代表人物的德国康斯坦茨学派在现象学和阐释学的基础上创立了"接受理论"（又称为接受美学），这一理论突破性地确立了读者在文学批评中的中心地位。

在同一时期，美国翻译理论家 Eugene A.Nida 把现代语言学、信息论与符号学应用到翻译实践，在论述等值翻译理论的过程中，创造性地将接受美学的原理引入翻译研究，第一次明确地提出了"读者反映论"，强调用目的语再现源语信息，将译文、原文读者在阅读理解和接受过程中的反映是否对等作为评价译文质量优劣的最高标准，从而使读者的地位大大提高并与译者进行平等对话。

20世纪七八十年代，英国翻译理论家、教育家 Peter Newmark 提出了以"语义翻译"和"交际翻译"为核心的翻译理论，给予译文读者较多的重视，认为翻译应当考虑翻译目的、读者特点和文本类型，表达功能型文本应该侧重于语义翻译，信息功能型和呼唤功能型的文本则应侧重于交际翻译。

20世纪70年代末、80年代初，德国又产生了以 Katharine Reiss, Hans J.Vermeer, Justa Holz-Manttari 和 Christiane Nord 为杰出贡献者的功能派翻译理论，其最主要的理论——目的论。此理论从人类行为学的角度出发，认为翻译是以译文读者为目的的行为，源语的地位应该弱化，译文读者在翻译过程中是决定性因素，对原文的忠实不应再是评价译文好坏的唯一标准，读者对译文的接受程度，即可接受性，也是评判翻译成败的重要指标。

（二）我国读者翻译理论

我国翻译历史久远，翻译理论源远流长，覆盖诸多领域，从翻译标准到翻译手段、再到读者反映都有所涉及。从中国翻译史的翻译实践看，译者历来就注意到读者的存在，并且以译文读者为参照，筹划翻译策略，运用恰当的翻译技巧。

自古以来，作为翻译理论中的重要组成部分，读者关照思想往往散见于一些中国传统翻译理论的字里行间，理论程度不高、不系统也不完整，语言表述用词精简、语义含蓄，具有高度的概括性、独立性和较大的理解空间，如东晋道安的"五失本，三不易"、唐代玄奘的"既须求真，又须喻俗"、清末马建忠的"能使阅者所得之益，与观原文无异"、近现代严复的"信、达、雅"、傅雷的"神似"、钱钟书的"化境"等。读者关照思想的影响具体显现为，中国历代译者在翻译文本时，对直译和意译（或称为异化和归化）两种策略的选择，以及其螺旋式上升、波浪式前进的交互式发展进程中，最后以意译派占上风而告终。

1.道安的"五失本，三不易"说

（1）"五失本"（即翻译的方法论）：①一失本（"胡语尽倒而使从秦"）指经文形式的更改。道安认为，颠倒胡文的语序以服从汉语表达，也必然失本，应尽量避免；②二失本（"经尚质，秦人好文，传可众心，非文不可"）指经文文体风格的改变。道安一贯坚持传递原文文体，主张译文的文或质应由经文本身的文或质来决定；③三、四、五失本（章法的删繁就简）指经文内容的删简。道安认为，译经应该"得本缘故"，不赞成"斥重省删，务令婉便"的做法。

（2）"三不易"（即翻译的符号转换论）：①一不易（"圣必因时，时俗有易，而删雅，以适今时"）指古今时俗的差距。道安意识到，要改古以适今很不容易，但又要努力去做，这显然是考虑到译本读者的接受性。②二、三不易（"愚智天隔，圣或叵阶，乃欲以千岁之上微言，传使合百王之下未俗"，"释氏弟子尚且慎重选经，现由凡人传译更难"）指作者与译者因人不同而有智力、环境的差异。道安朴素的、客观的认识，不仅具有跨时间的价值，而且给了盲目强调译者、作者"合为一体"的论调有力的反驳。

2.玄奘的"既须求真，又须喻俗"说

唐代高僧、翻译家玄奘在旧译的基础上提出了"既须求真，又须喻俗"，是指翻译需要与原文真实贴切，需要通俗易懂。"求真喻俗"就是指翻译要忠实通顺；忠实即翻译不能离开原文随意发挥，通顺是指翻译（对读者而言）要通俗易懂。

玄奘认为，为求得文和义切合原作，译笔文从字顺，其方法不拘泥于直译或意译，尽量避免梵文化的汉文。他运用六朝以来偶正奇变的文体，参酌梵文锁连环的方式，形成一种"精严凝重"的翻译文体，在中国文学史上颇具特色。

3.马建忠的"能使阅者所得之益，与观原文无异"说

清末语言学家、翻译实践家马建忠在《拟投翻译书院议》一文中提出了"能使阅者所得之益，与观原文无异"说，可概括为"善译"，即为了使译文读者从译文中，能获得原文读者从原文中得到的尽可能相同的感受，

译者必须比较翻译中所用两种语言在语符、语义、语调、语用和文体等方面的异同，并充分调动译者的能动性，把握原文的思想、风格和语气，然后将它们重现在译文中。

4. 严复的"信、达、雅"说

1898 年，近代思想家、翻译家严复在发表的《天演论·译例言》一文中首次总结并提出了他的翻译理论，即"信、达、雅"三准则。所谓"信"指忠实原文，"达"指译文通顺流畅，"雅"则指译文要有文采、文字典雅。严复的"信、达、雅"准则，长期以来被公认为翻译理论的经典准则，对后世的翻译理论和实践的影响很大，被无数中国译者奉为圭臬。当然，在严复所提出的"信、达、雅"三准则中，"信"与"达"的观点最为译者们所认同，最具争议的是其对于"雅"的阐释。

5. 傅雷的"神似"说

1951 年，现代翻译家、文艺评论家傅雷在《〈高老头〉重译本序》中提出了"神似"说。"形似"大约指保留原作的形式，包括词语、体裁、句型和修辞手段等；而"神似"则更强调译出原作的神韵，不仅达意，而且传神，还要传达出隐含意义。傅雷"神似"说的内涵是化为我有、形神兼备，实际是追求形似和神似的和谐统一，同时，提醒译者将原作的风貌和气质表现出来是翻译的关键所在。傅雷的"神似"说提出后，成为中国传统翻译思想的重要学说之一，为繁荣新中国的翻译事业做出了巨大的贡献。

6. 钱钟书的"化境"说

1964 年，现代作家、文艺评论家钱钟书在《林纾的翻译》一文中提出了"化境"说。钱钟书认为"化"是文学翻译的最高准则，在将作品进行翻译转化的过程中，既没有因两种语言的使用习惯有所不同而露出生搬硬套的痕迹，又能保持原作的原汁原味，这才能称得上是"化境"。"化境"说是钱钟书翻译理论的核心，多年来一直为我国的翻译界关注，经常与严复的"信、达、雅"和傅雷的"神似"说相提并论。

（三）读者中心视角下的公示语翻译思考

读者是翻译过程中不可忽视的因素，这在中西翻译界已达成共识，但很少有文章从读者中心的角度去全面探究公示语的汉英翻译。公示语翻译理论和实践的根本问题之一就是，对译文读者公正、全面的认识和对读者地位的正确认识。从读者视角来看，当前国内公示语汉英翻译混乱堪忧的现状与发起人、译者、制作人对译文读者的需要和感受缺乏足够的关照密切相关。

公示语的设立是一项涉及作者、发起人、译者、制作人和读者的复杂工作，读者中心视角与公示语汉英翻译的结合，将是一个值得深入研究的课题。从以下两个方面加以思考。

1. 公示语翻译现状的读者视角归因

公示语翻译是一个整体理解到整体再现的过程，所以要对译文的生产和接受予以同样的重视，把作者、原文、译者、译文、读者等各个动态运作环节看作一个整体活动，忽视其中任何一个环节都不能保证翻译的效果。满足读者需求、服务于读者是译者翻译公示语文本最主要的任务和目的；反之，如果公示语译文没有了读者群，就会失去作用和生命力。

但是，多年来，中国翻译界并没有解决好翻译文本的服务对象，即译文读者这一问题。从读者视角来看，当前国内公示语汉英翻译混乱堪忧的现状与发起人、译者、制作人对译文读者的需要和感受缺乏足够的关照密切相关。他们（尤其是译者）常常没有服务对象、内外有别的应有意识，不考虑国外受众的语言表达方式、文化背景、思维共性、心理习惯和信息需求等因素，造成外国友人从心理上对许多错误或不当的公示语英语译文无法接受和认同，从而导致了对外交流和宣传的失败，不仅给外国友人的吃、穿、住、用、行带来了诸多麻烦和不便，也在某种程度上损害了中国的良好国际形象。

2. 公示语翻译应以译文读者为中心

公示语翻译理论和实践的根本问题之一就是对读者公正、全面的认识和对读者地位的正确认识。事实上，公示语汉英翻译的服务对象应是以英语为母语或者以英语作为交际语言的特殊人群，这些外国友人大多是不懂汉语或者不精通汉语的普通读者。

公示语是应用文体的一种，公示语与文献翻译、文学翻译、科技翻译在功能和目的方面有很大的不同，具有目的明确、功能性强的特点，其主要功能是信息功能、表达功能和祈使功能。由此可见，公示语文本理应属于信息型和呼唤型文本——能够感染读者并使其获得信息服务的所有文本。公示语英译是以成功交际为最终目的的应用文体翻译，应该摆脱认识上固守忠实性的"源语（或原文）中心论"，遵循以国外读者为中心的翻译原则，以可接受性作为公示语译文质量评价的最终标准。国外读者站在与译者平等的位置上，参与公示语翻译活动的全过程；译者将读者放在第一位，在公示语英译过程中充分考虑中西文化、语言和审美习惯的差异让读者正确理解公示语所要表达的意思。

贺学耘（2006）、牛新生（2007）、钟美华（2008）、廖树霞（2010）、杨蔚和贺劲松（2010）、潘兰兰（2012）、汪敏飞（2013）、谢柯（2014）、李丽春（2015）等在理论和实践的基础上，探讨了双语标识翻译中的读者需求问题，提出双语标识翻译必须以读者为中心，满足读者在语言、文化、审美、情感上的需求，确保跨文化交流的顺利开展。

这里有两点需要特别指出：第一，强调公示语翻译时对译文读者的关照，并不是要否定原文的本体地位，也不是否定译者在翻译过程中的主体作用。第二，迎合读者经常指无原则地迁就某些读者的低级趣味，这与对读者感受和需要的关照是两码事，但也要尽力防止掉进"为翻译而翻译"的功用主义陷阱。

第二节　公示语翻译的指导原则

一、翻译实质探讨

翻译是指把一种语言文字的意义转换成另一种语言文字的逻辑思维过程，是将一种相对陌生的表达方式，转换成相对熟悉的表达方式的行为或活动，其内容涉及语言、文字、图形、符号的翻译。其中，"翻"是指对交谈的语言转换，"译"是指对单向陈述的语言转换。"翻"是指对交谈中的两种语言进行即时的、一句对一句的转换，即先把一句甲语转换为一句乙语，然后再把一句乙语转换为甲语。这是一种轮流的、交替的语言或信息转换。"译"是指单向陈述，即说者只说不问，听者只听不答，他俩中间有一个双语人士，只为说者做语言转换。

整个翻译过程从逻辑上可以分为两个阶段。首先，必须从源语言中译码含义，其次，把信息重新编码成目标语言。所有的这些都要求对语言语义学的知识以及对语言使用者文化的了解。除了要保留原有的意思外，一个好的翻译，对于目标语言的使用者来说，应该能像母语使用者那般说或写得流畅，并符合译入语的习惯。

人们把常见到的翻译具体分类如下：

（1）按照翻译指向，可分为汉语译成外语（简称"汉译外"）和外语译成汉语（简称"外译汉"）。

（2）按照翻译客体性质或文体，可分为文学翻译和非文学翻译（专业文献翻译和一般性翻译，如语言学翻译等）。

（3）按照翻译工具形式，可分为口译、听译、手语翻译、视译和笔译。

（4）按照翻译主体，可分为人工翻译、机器翻译、机器辅助翻译、人机交互翻译和网络辅助翻译等。

（5）按照符号代码，可分为语内翻译、语际翻译和语符翻译。

（6）按照译文功能，可分为工具性翻译和纪实（文献）性翻译。

（7）按照译品形式主体，可分为全译、变译和校译，其中变译又可以指节译（选译）、译要（摘译）、编译、综译、转译、译述、改译、阐释、译写、改写等。

（8）按照对待翻译的态度，可分为抢译、伪译、死译、硬译、逐字译、定译、乱译、胡译、滥译。

（9）按照翻译的标准和手段，可分为功能翻译、科学翻译、专业翻译、功利性翻译和实用（语用）翻译。

（10）按照翻译的符号，可分为常用语种（如英语）翻译、非常用语种翻译和非文字翻译。

（11）按照翻译的符号，可分为练习性翻译、娱乐性翻译、学术性翻译、本地化翻译、技术翻译、商务翻译和服务性翻译。

（12）按照信息处理方式符号，可分为完美翻译、等值翻译、综合翻译和科技翻译。

翻译是以完全不同于原文形式的译文传达原文信息，必须尽可能准确无误。翻译是再创造，是创造等值，但只可能是相对的等值。翻译的等值是意义等值，是信息等位或语境等值，而不是字词句等值对等。翻译自身产生成果，这个成果就是译文，译文读者能否得到与原文读者大致相同的感受是衡量译文质量的重要标准。

二、翻译原则研究总结

所谓翻译标准，也称为"翻译原则"，是指导翻译活动必须遵循的准绳，是指导翻译实践、衡量译文质量、评判译作价值的尺度，也是翻译工作者不断努力以期达到的目标。翻译标准的确立，对于建立科学的翻译理论体系具有重要意义。随着东西方经济、文化交流的日益密切，翻译的纽带作用更加突出，这使以翻译标准为核心的翻译质量评价研究受到了相当的重视。

（一）西方翻译质量评价之引述

西方译学研究者对翻译理论、评价模式的研究建树颇丰，其翻译质量评价研究大致呈现出以翻译理论为依托、以功能语言学及语言功能理论为导向的趋势，这也为我国译学理论建设和翻译评价研究带来了新鲜视角。

（1）1790 年，英国翻译家、文艺理论家 Alexander Fraser Tytler（亚历山大·泰特勒）在其论著《论翻译的原则》（Essay on the Principle of Translation）中提出了著名的"翻译三原则"：①译文应完整地再现原文的思想内容；②译文的风格、笔调应与原文的性质相同；③译文应像原文一样自然流畅。

（2）1953 年，苏联翻译理论家 A.V.Fedorov（安德烈·费道罗夫）在其专著《翻译理论概要》中提出了"等值论"或"等值翻译"，他认为，等值翻译应完全准确地表达原文的思想内容，并在修辞、作用方面与原文完全一致。

（3）20 世纪 60 年代，Katharine Reiss 在建立文本类型模式基础上，提出针对不同文本的翻译和评判标准，把能否达到"最佳对等"作为评判译文优劣的标准，但它属于规定语言学范畴，忽略了翻译涉及的文化因素。

（4）20 世纪 60 年代，英国翻译家 Peter Newmark（彼得·纽马克）提出了"文本中心论"，把要翻译的对象看成文本，提出针对不同的文本类型应当采用不同的翻译方法、不同的评价标准、不同的"等效"要求。他把翻译方法分为语义翻译或交际翻译，前者强调忠实于原作"原作者"，后者强调忠实于译作"读者"。

（5）1981 年，美国翻译家 Juliane House（朱莉安·豪斯）在英国语言学家 M.A.K.Halliday（迈克尔·韩礼德）系统功能语言学的基础上，提出自己的翻译质量评估模式，即"翻译评价功能—语用模式"，这一模式弥补了"对等理论"没有明确提出如何指导翻译质量评价的缺憾，但却"质化"有余而"量化"不足。

（6）1986年，Eugene A.Nida 提出"功能对等"翻译理念，把译文读者反映作为评价译文质量的主要尺度，并指出一篇成功的译文应具备四个条件，讲得通、读得懂，传情达意、表达自然流畅，在目标语读者中产生与原文读者相同的反映。

应该指出的是，国内对西方翻译理论及评价模式多以引介、述评为主，并在其指导下开展实践研究，在其基础上进行的创新研究并不多见。此外，中西方语言属于不同的语系，有着很大的差异，故而中西语言的翻译方向及侧重也确有不同，照搬西方翻译理论及评价模式进行的实践研究有着很大的局限性。

（二）国内翻译质量评价之争

翻译质量评价研究在我国译学研究中已经走过了相当一段路程，并取得了不小的成绩。翻译标准作为译文质量评价的准则在众多译学研究者中已达成共识。人们将各种中外翻译原则归结为三大类别：①以作者或读者两方中某一方为主要着眼点的原则，如直译和意译、归化和异化等；②同时考虑作者和读者的翻译原则，比如 Newmark 的"文本中心论"、Nida 的"功能对等论"等；③从美学角度提出的翻译原则，如严复的"信、达、雅"、傅雷的"神似"、钱钟书的"化境"和许渊冲的"三美说"等。

不管如何，翻译必须有一个统一的、基本的标准，以衡量译文的优劣。一般来说，大多数当代人已经把翻译的标准概括为言简意赅的四个字："忠实、通顺"。从语义学层面讲，忠实首先指忠实于原作内容。译者必须把原作的内容完整而准确地表达出来，不得有任何篡改、歪曲、遗漏、阉割或任意增删的现象，使译文读者得到的信息与原文读者得到的信息大致相同；从文体学层面讲，忠实还指保持原作风格即原作的民族风格、时代风格、语体风格、作者个人风格等。所谓通顺，从内容来讲，是指译文必须是明白流畅的现代汉语，译文语言规范易懂，没有文理不通、结构混乱、逻辑不清、晦涩难懂等现象；从形式来讲，要求文理通畅，结构安排恰当，逻辑清晰。

忠实与通顺相辅相成，忠实是通顺的基础，通顺是忠实的保证。忠实而不通顺，读者看不懂，失去了翻译的意义；通顺而不忠实，脱离了原文的内容和风格，翻译成了无益之举。可见，忠实与通顺是对立的统一，两者的关系反映了内容与形式的一致性。所以，忠实是译文质量的基础，而通顺则是译文质量的保证。学者们反对信而不顺或顺而不言，主张既信且顺。

通过比对，笔者以为，各种时期和流派对翻译标准虽然说法不一，但多数学者在翻译标准的具体内容上达成了原则性的共识，这种共识用六个字加以概括，那就是："忠实、通顺、传神"，即优秀的译文要忠实于原文内容，文字要通顺，风格要与原文一致。

三、公示语翻译的指导原则

翻译就是转换承载信息的语际行为，它把一种语言承载的信息用另一种语言表达出来，通过两种语言的转换达到社会交际目的。翻译实践需要翻译理论的指导，这是绝大多数翻译工作者的共识。中国翻译界百余年来，一直在严复"信、达、雅"标准的指导下进行着翻译实践，这是有目共睹的事实。现今，"忠实、通顺"是大家都公认的翻译标准，这相当于严复的"信、达、雅"。实用英语翻译是一种目的性很强的翻译种类，实用英语翻译并不完全适用"信、达、雅"理论或"忠实、通顺"标准。近年来，实用英语翻译在中国是越来越重要了，不仅在数量上有了成倍的增长，而且用来指导包括公示语翻译在内的实用翻译理论也有了长足的发展。

公示语的翻译如何才能恰当、得体，自然也毫不例外地要从"怎么译"谈起。公示语翻译带有明显的实用性特征，它更多的属于应用性学科。就公示语的翻译原则，国内学者们已经进行了许多很有益的探讨。在吸收外国翻译理论的基础上，结合中国的实际情况，国内学者开始尝试着建立具有中国特色的实用翻译理论，这些理论实际上已经成为我国新世纪公示语翻译的指导性原则。

（一）"简洁、明了、语气得当、讲求规范化和注意适度诙谐"原则

1998年，倪传斌、刘洁在文章《标记语的英译原则及实例分析》中提出了"简洁、明了、语气得当、讲求规范化和注意适度诙谐"五项原则。

他们认为，标记语译文表达上的简洁是标记语英译时最基本的原则；

让普通读者一看就明了是标记语英译时最主要的原则；语气得当也是标记语英译时应该遵循的一条原则；在标记语的英译过程中还应注意译文的规范化；标记语在汉语中是一种比较严肃的应用文体，在译成英文后，适度的诙谐并不是完全不行。

2005 年，倪晶在《浅论标示语的翻译》一文中分析了常见标示语翻译的各方面的错误（拼音问题、语法问题、中式英语、错译和语义模糊、不了解文化内涵而导致的误译等），并提出标示语翻译要具备"简洁明了、语气得当、翻译规范和适度幽默"四原则。

（二）"看、易、写"原则

2003 年，林克难、籍明文在《应用英语翻译呼唤理论指导》一文中套用严复的"信、达、雅"模式，把应用英语翻译的指导原则总结为"看、译、写"（后来改为"看、易、写"，以区别"易"与传统意义上的"翻译"）。所谓"看"，就是让译者大量地阅读各种各样应用英语的真实材料。应用英语翻译三字诀中的第二字是"易"，必须指出的是，这个"易"不是逐字照搬，而是参照同样情景下英语同类材料的写作格式、专门用语以及表达方式，把想表达的内容恰当地表达出来。应用英语翻译三字诀的最后一个字是"写"。应用英语翻译是一种功能性很强的文体，比较理想的办法是，翻译发起人将需要翻译的主要内容告诉译者，然后，放手让译者根据掌握的相关文体的格式自己去写。译者有更多的自由发挥的机会，可以更加充分地运用自己对有关文体的知识，译出更加符合译入语读者欣赏习惯的文字来。

林克难（2007）、金其斌（2008）、燕玉芝（2011、2012、2013）等认为，"看、译、写"与"模仿—借用—创新"的理论打开了实用翻译理论建设的新局面，是实用翻译切实可行的一种指导原则，指出公示语的翻译应以"看、易、写"实用英语翻译理论为指导。

（三）"外宣三贴近"原则

2004 年，黄友义先生在文章《坚持外宣三贴近原则，处理好外宣翻译中的难点问题》中提出，外宣工作翻译中的中译外突出特点，决定了除去所有翻译工作都需要遵循的"信、达、雅"标准之外，外宣翻译更需要翻译工作者熟知并运用"外宣三贴近"（贴近中国发展的实际，贴近国外受众对中国信息的需求，贴近国外受众的思维习惯）的原则，具体汉译英时就必须在此基础上坚持两条原则：一是充分考虑文化差异，努力跨越文化鸿沟；二是熟知外国语言习俗，防止落入文字陷阱。

2010年，贺学耘、皮上玉在论文《中等城市公示语翻译规范化策略研究——以衡阳市为例》中指出，许多常用公示语已经被模式化，译者在翻译这类公示语的过程中则应当秉承"拿来主义"的原则，借用已有通则保证公示语翻译的统一性；在没有可资借鉴的译文情况下，为确保公示语翻译的正确性，译者应牢记"外宣三贴近原则"，必须掌握公示语语言特点，必须遵循公示语翻译原则。

（四）"约定俗成"原则

2004年，王银泉、陈新仁在《城市标识用语英译失误及其实例剖析》一文中，从标识用语交际信息失真、施为功能错位、语言礼貌蜕变、译文刻板不够贴切和地道等方面对标识用语英译失误进行了剖析，提出"约定俗成"是标识语英译中不可忽视的翻译原则。

池玫（2009）、黄德先和杜小军（2010）、赵红辉（2012）、吕翠娟和刘惠玲（2014）等提出，公示语的翻译应尽量参照约定俗成的国际惯例，对于个别具有中国特色的个例则需发挥译者的创造性兼顾文化差异。

（五）"单一罗马化"原则

2005年，郭建中在论文《街道名称的书写法》《再谈街道名称的书写法》中指出，国家公布的《汉语拼音方案》和第二届联合国地名标准化会议关于"单一罗马化"的决议，是统一路牌书写必须强制执行的标准，即遵循"单一罗马化"的原则。

王银泉（2007）、杨蕾（2007）、窦旭霞（2008）、张琼（2013）、刘义和李秀芳（2014）等强调，国家公布的《汉语拼音方案》和联合国地名标准化会议关于"单一罗马化"的决议，是统一路牌、街道名称书写应遵循的标准。

（六）"功能对等、情境相同、对象一致、目标明确、转换对应"原则

2005年，戴宗显、吕和发在《汉英翻译实践是再创作的过程》《公示语汉英翻译研究——以2012年奥运会主办城市伦敦为例》两文中认为，"功能对等、情境相同、对象一致、目标明确、转换对应"是在语境全球化条件下，公示语汉英翻译所应遵循的一般标准。"功能对等"强调的是静态和动态功能一对一的对等；"情境相同"是承认宏观环境差异情况下关照微观环境的趋势特点；"对象一致"是在宏观语境不同的条件下针对同质的受众；"转换对应"是"形式服从功能"，溯本追源，对应"相同对象"，将汉语公示语实现一对一准确"还原"源语的转换。

（七）"读者中心"原则

2006 年，王银泉在论文《王教授公示语翻译研究系列　再谈南京市商业场所的公示语垃圾译文》中指出，公示语显然属于呼唤型文本，它强调以读者为中心，号召读者根据作者意图做出反应，因此译文只需要传递一些关键信息，以引起读者兴趣做出预期积极反应即可，完全没有必要将原文逐一对应转换成译文。

牛新斗（2007）、徐志恒（2007）、牛新生（2008）、李玉良和于巧峰（2008）、王晓明和周之南（2011）、陈凤年和伍春霞（2011）、杨慧群（2013）等在国内外翻译理论的指导下提出，要以读者为中心的翻译原则，即公示语翻译必须要贴近源文本并具有可读性，最大限度地照顾读者的外语水平和信息需求、文化和接受能力。

（八）"准确、规范、简练"原则

2005 年，王银泉在《再谈南京市商业场所的公示语垃圾译文》一文中提出，标志用语的汉英翻译应符合"准确、规范、简练"这一基本要求。译文准确，是指译文应正确无误地表达原文意思，传递原文信息；译文规范，则要求采用英语国家读者普遍能接受的惯用语言表达方式来传递原文信息；译文简练，是指译文应简洁明了，言简意赅。

（九）"以文本主要功能决定翻译策略"原则

2006 年，张美芳的文章《澳门公共牌示语言及其翻译研究》以功能理论，尤其是德国功能翻译学派代表人物 Katharine Reiss 的文本类型理论作为研究的理论基础，对澳门公共牌示的文本类型及其功能进行深入分析，根据牌示的交际功能将其分为信息型、表情型和感染型三种文本类型，建议以文本主要功能决定翻译策略的原则。

皮德敏（2010）、申娜娜和李品（2011）、李婉丽（2012）、舒薇（2013）、陈曦（2014）等提出，不同文本类型的公示语应该采用与文本功能相适应的翻译原则，公示语翻译应该坚持以文本类型决定翻译策略这一主要原则，另外辅之以语境制约原则。

（十）"母语负迁移、交际翻译、语用翻译"原则

2007年，王银泉在文章《汉英公示语翻译及其译学理据》中指出，公示语翻译依据的翻译理论是，①母语"负迁移"：公示语是应用文体，英译应以读者为本，符合英语表达习惯和思维，可让外籍读者一看就懂，真正达到对外交流和宣传的效果。②交际翻译：根据交际翻译策略，在公示语翻译中，公示语的中文语言文化特征只作为参考就可以了，译者的重点是根据英语读者的需要传递公示语的内容。在公示语文本的翻译中，应该以照顾其主导功能（施为功能）为主，而牺牲部分公示语的次要功能（文化影响）。③语用翻译：公示语翻译是一种特殊的语言传播类型，应该要通过语用策略提高外国友人对公示语的可接受度。

（十一）"统一、简洁和易懂"原则

2008年，刘法公的学生徐蓓佳在其硕士论文《论公示语汉英翻译原则的建立》中提出了公示语汉英翻译三原则：统一、简洁和易懂。这三个翻译标准基本上能反映公示语独特的社会功能和语言特征，能满足公示语汉英翻译标准的特殊需要。

"统一"原则有三层含义：①如果英语国家有现成的、惯用的公示语，英译可以采用"拿来主义"，直接借鉴，统一到国际惯例；②如果有沿用至今、被广泛接受的译名，英译统一到固定译名；③如果既没有现成的英文公示语可以借鉴，也没有固定译名可以沿用，英译统一到权威性的官方网站、报刊和辞典。"简洁"原则是指译文精练、简洁明了，不含晦涩词语和复杂长句。"易懂"原则是指英译文的可读性，易被英语读者理解，尽量避免中式英语。这条翻译原则对具有中国特色的公示语的汉英翻译特别重要。公示语汉英翻译做到"忠实"还不够，还必须有"易懂"原则，使译文符合英语表达习惯和思维方式，只有让英语读者一看即懂，译文才能达到对外交流和宣传的效果。

刘法公和徐蓓佳（2008）、林燕（2010）、朱慧芬和厉义（2011）、张碧云（2014）等指出，公示语翻译应遵循"统一、简洁、易懂"的原则，并提出了相应的翻译策略。

（十二）"准确性、简洁性、语境优先、礼貌性、跨文化传统、警示性、保护性"原则

2008年，李玉良、于巧峰在文章《汉语标识语的英译原则》中阐明，

在标识语的英译过程中应遵循以下七个原则：①准确性原则；②简洁性原则；③语境优先原则；④礼貌性原则；⑤跨文化传统原则；⑥警示性原则；⑦保护性原则。

（十三）"礼貌"原则

2009 年，潘立、李苗在论文《英语公示语语域礼貌用语的转喻视角》中认为，公示语是一种较为独特的应用文体，有宣传和服务大众等作用，礼貌原则在公示语表达中具有重大意义，并摆脱传统的语用视角研究礼貌，转而采用转喻认知理论从间接言语行为、委婉语和语法转喻三个方面探讨了公示语中的礼貌用语。

他们认为，公示语作为施为性言语行为，通过话语来实现以言行事的意图或目的，包括警告、提醒、请求、指示或宣传等，顾及礼貌原则，不是所有施为性公示语都通过显性施为句实现，而是通过隐性或间接方式而实现；委婉语是当之无愧的转喻用法，委婉语转喻可以用来表达礼貌；词汇层面和句法层面发生的语义变化都可称为语法转喻，这样的公示语能表达礼貌。

李永红（2008）、潘立和李苗（2009）、李永红（2010）、侯小静（2011）、杨文欣和崔玉范（2012）、赵丽慧和邓晓明（2013）、唐兴红（2014）、杨颖（2015）等认为，公示语汉英翻译应遵循礼貌原则，并在此基础上总结了相应的翻译策略和适用方法来促进公示语翻译的顺利进行。

（十四）"交际 + 优化"原则

2009 年，邵有学在文章《公示语翻译的再思考》中提出，翻译原则的选择应强调对原文和译文功能的思考，即"交际 + 优化"的原则。

他认为，既然公示语的主要目的是为了达到特定的交际效果，那么衡量其翻译的标准也应立足于跨文化角度的交际功能。翻译应保留原公示语中的基本信息，准确地实现原语的交际功能，也要使译文符合目的语的表达习惯和文化。

（十五）"传意性、互文性、简洁性和移情性"原则

2010 年，岳中生、于增环在其著作《公示语生态翻译论纲》中阐述，汉语公示语英译应主要遵循传意性、互文性、简洁性和移情性四个原则，认为它们能够更好地顺应公示语交际翻译策略并充分关照目的语读者，对公示语汉英翻译实践有较强的理论指导作用。

（十六）"明示所指"原则

2011年，廖素云、杜春雷在论文《明示所指，提高公示语英译交际效率》中提出，以交际翻译理论为指导，从读者接受的角度出发，以"明示所指"为基本原则，充分关照读者的需求和文化背景，辅以恰当的翻译技巧，解决商业街公示语翻译中的诸多问题。他们认为，在商业街公示语的英译过程中，必须在清楚表明原文"所指"内容的基础上，充分考虑目的语读者的语言、文化、情感等因素，预测其需求及反映，进而采取相应的翻译策略，方能提高公示语英译的接受程度，实现公示语的基本功能。

（十七）"以我为准"原则

2011年，李贵升、张德福在《宣传中华文化应"以我为准"——对〈对十二生肖汉英翻译的思考〉一文的商榷》文章中提出"以我为准"的翻译原则，认为译名是否符合译入语的文化习惯不能作为绝对标准，宣传中华文化作为生肖翻译的主要目的，就应该将其放在首位，以中华文化作为判断译名褒、贬义的标准。译名的感情色彩随语境而变，生肖的现行译法中虽然有所谓贬义，但在介绍中国生肖文化的语篇中并不一定就会导致误解，为使世界了解中国文化，完全可以将中国文化作为标准，而且也应该这样做。

2013年，唐祥金在文章《公示语反译及其生态翻译学理据》中认为，汉语里一些习以为常的公示语，英译时从反面来传递其语言文化信息，往往更能传情达意，反之亦然。生态翻译学及其"三维"原则赋予公示语反译以理据，语言维的公示语反译，旨在以目的语为依托对语言形式进行适应性选择转换，力求语义信息的双向动态对等；文化维的公示语反译，则更加关注双语文化内涵的阐释并践行"以我为准"的翻译原则；交际维的公示语反译，格外关注双语交际意图的适应性选择转换，以提升"整合适应选择度"并忠实再现源语的功能意义。

（十八）"准确、得体、简洁易懂"原则

2011年，李伶俐等人的论文《汉语公示语英译的理论基础、基本原则和方法》在目的翻译论和文本类型说以及纽马克的交际翻译策略的共同指导下，研究了汉语公示语英译的三条基本原则，准确原则、得体原则和简洁易懂原则，并提出了三种汉语公示语的英译方法，借译、仿译和创译。

（十九）"规范性、一致性、功能性和简洁性"原则

2012 年，刘迎春、王海燕在《基于文本类型理论的公示语翻译研究》一文中，运用 Katharine Reiss 的文本类型理论，重新审视了国内公示语翻译研究，提出公示语文本类型的"二分法"，信息型和感染型公示语。通过对部分高校信息型公示语的翻译实证分析，提出信息型公示语翻译的"四原则"：规范性、一致性、功能性和简洁性。

他们认为，任何一种语言都有其特殊的规律和法则，信息型公示语的翻译首先要遵守目的语语言规范；信息型公示语应该保持"语体风格"的一致性（包括拼写、词语用法等），要么统一为英国英语用法，要么统一为美国英语用法，避免交叉使用；按照"功能性"原则翻译信息型公示语，能够最大限度地再现原公示语的信息内涵，向公众准确传递信息、服务公众；在确保信息型公示语译文准确完整的前提下，可以根据信息型公示语的实际内容，对译文语言进行适当整合处理，达到简洁的目的。

（二十）"遵从习惯、简洁醒目、译名从实、因况省译、通俗易懂、足够清晰、委婉礼貌"原则

2012 年，王树槐在论文《地铁公示语翻译：问题与原则》中提出，地铁公示语翻译应遵守习惯原则、简洁醒目原则、译名从实原则、因况省译原则、通俗易懂原则、足够清晰原则、委婉礼貌原则。

（二十一）"一致性、简洁性、易懂性和忽略性"原则

2014 年，刘雪的论文《公示语的分类及其翻译原则》在总结前人研究的基础上，根据公示语的文本类型和功能特色，试探性地归纳了公示语汉英翻译的一致性、简洁性、易懂性和忽略性四原则。

（二十二）"统一、简洁、不译、原味"原则

2015 年，栗东方在其文章《外宣公示语翻译原则》中根据公示语的文本类型和功能特色，在总结前人的研究基础上，试探性地提出了公示语汉英翻译的统一、简洁、不译、原味四原则。

综上所述，可以考虑将公示语汉英翻译的指导原则归纳为以下方面。

（1）总体指导原则："读者中心"原则，即以国外读者及其需求、习惯、阅读、反映、接受等为中心的总原则。

（2）具体指导原则：①准确一致；②简洁易懂；③规范得体。

事实上，公示语汉英翻译的服务对象是以英语为母语或者以英语作为交际语言的特殊人群，这些外国友人大多是不懂汉语或者不精通汉语的普通读者。满足读者需求、服务于读者是译者翻译公示语文本最主要的任务和目的，反之，如果公示语译文没有了这些真正的读者群，就会失去作用和生命力。

因此，英译公示语时，译者要在"读者中心"总原则的指导下，体现对读者语言、文化、情感层面的悉心关照，保证国外读者达到最佳的阅读效果，力图在保留汉语文化特色与译文可接受性之间寻求平衡，既避免欠额翻译，也防止超额翻译，争取翻译出准确地道的公示语译文和实现公示语翻译的目的，改善公示语翻译的不佳现状，净化我国的公示语语言环境。

这些由中国学者创建的指导实用翻译的理论，是中国学者根据中国语言文化特点、结合汉英互译的具体情况，以及自己在翻译过程中发现的问题和亲身经历的基础上总结概括出来的理论。与外国实用翻译理论相比较，实用性较强，对于热心于规范公示语翻译的各界人士而言，可谓如虎添翼，使他们大有作为。

第三节　公示语翻译的基本策略

一、翻译策略论述

（一）策略的定义

笔者经过多方检索发现，"策略"属于现代汉语词语，意为"将才"，原是军事用语，指大规模军事行动的计划和指挥。此外，策略有如下解释（其中第 4 条为基本解释）：①可以实现目标的方案集合；②根据形势发展而制定的行动方针和斗争方式；③有斗争艺术，能注意方式方法；④计谋，谋略；⑤在做当前决策时，将未来的决策考虑在内的一种计划。

2011 年，商务印书馆、牛津大学出版社联合推出的《牛津高阶英汉双解词典（第 8 版）》对 "strategy"（策略）的解释是 plan or policy designed for a particular purpose，意为针对性措施、对策或政策。

2012 年，商务印书馆出版的《现代汉语词典（第 6 版）》对"策略"的解释是"根据形势发展而制定的行动方针和斗争方式"。

整合以上概念的关键词，形成便于人们理解的新定义，策略就是为了实现某一个目标，根据可能出现的问题预先制定的若干对应的方案，是在一个大的过程中进行的一系列行动、思考或选择。

（二）翻译策略的界定

翻译策略是一个外来术语，于 20 世纪 90 年代中期开始出现在我国翻译研究中，差不多与"异化"概念同时引进（归化概念在我国译论中早已有之）。它是翻译研究链条上的中间环节。从翻译研究的角度看，翻译策略是宏观理论桥接翻译实践必由之路，贯穿于整个翻译过程；翻译策略可由宏观理论推衍出来，也可由实践经验和技巧集约化、概念化、范畴化而得。

翻译策略的争论由来已久，理论层面和实践层面的探讨从未停止过。在翻译研究中，策略选择是一个备受关注的问题，而中西方的译学研究者们没有对其作概念性的界定。1997 年，湖北教育出版社推出的大型工具书《中国翻译词典》（林煌天，1997）中也没有将"翻译策略"作为词条收录。

对于"翻译策略"的解释，笔者从相关文献中查到了下列六种说法，

（1）翻译策略的基本任务包括选择待译入的外国文本以及确定该文本的译入方法。（Lawrence Venuti，1998）

（2）翻译策略是指译者把源语文本转换为目标语文本时采纳的步骤，这种步骤可能、但不一定能导致最佳的译作。（Wolfram Wilss，2001）

（3）翻译策略是译者在翻译前，根据翻译的目的、原文的内容和文本功能制定的工作方针。（平洪，2002）

（4）翻译策略是翻译的方式方法，也就是翻译活动中的规律。（黄忠廉、李业舒，2003）

（5）就翻译而言，策略就是指译者在翻译过程中，针对源语文化和译入语文化发生冲突时所采取的具体措施。（李静，2005）

（6）翻译策略是指翻译过程中的思路、途径、方式和程序。（方梦之，2013）

以上对翻译策略的论述，虽然各不相同，但是几乎离不开方法、措施等内容。因此，翻译策略应是指译者在翻译过程中为解决特定问题而制定的方针。翻译策略与翻译方法（method）或技巧的关系，相当于目标和路径的关系，为实施某种翻译策略，译者可以选择具体的翻译方法或翻译技巧。把翻译过程中具体的操作方法、技巧和手段都归类为翻译"方法"，而把那

些能够包含多种方法的术语（如直译法、意译法、语义翻译法与交际翻译法、异化翻译法、归化翻译法等）归类为翻译"策略"。

任何翻译策略都有三个要素，理论因子、目的指向和技术手段。归纳起来，翻译策略的构成方式有三种，条件型、选择型和组合型。

翻译策略一般具有以下四个特征。

（1）衔接性：宏观理论通过对翻译本质的认识和价值判断来把握翻译，对具体的翻译操作通过策略层面传递下去，从而使理论与实践联系起来。

（2）实践性：翻译策略一方面由宏观理论自上而下地推衍出来，另一方而又可从翻译实践中不断滋生。从实践中产生的中观理论，与实践的关系与生俱来。

（3）开放性：翻译策略的发展随着宏观理论的发展而发展，同时随着翻译实践的丰富而丰富。翻译理论在不断发展，宏观原理下的翻译策略也在不断地发展。

（4）可复制件：翻译策略可以通过有意识地培养而得以发展和完善，从而形成翻译策略能力。翻译策略的接受、把握和灵活应用是一个渐进的过程。

翻译策略随着翻译研究的发展而不断丰富。译者在翻译过程中对翻译策略的选取并非完全是由自己决定的，而是要受到翻译的历史背景、当下译文读者的期待、译者的文化立场、社会环境等多个因素的影响和制约。

二、公示语英译基本策略

公示语翻译策略有着不同的分类方法。

（一）传统型翻译、理论型翻译和实践型翻译策略

根据历史积淀、理论渊源和实践指向，可将翻译策略分为三类：传统型翻译策略、理论型翻译策略和实践型翻译策略。（方梦之，2013）

1. 传统型翻译策略

传统型翻译策略历史形成由来已久，当中的直译、意译和音译古已有之，直译、意译之争和关于音译的讨论贯穿于中外翻译史。此外，变通、释义等亦属传统性翻译策略，而达旨、神似、化境等既是翻译思想，也是翻译策略。

（1）直译：现在主张直译的人一般也不完全逐词对译或照搬原文结构。

直译可允许改动词序、改变词类，在通顺达意的原则下，照顾到原文的结构形式。直译的优点是吸收外来有益的新因素，在反映异国客观存在的事物和情调上，比意译更能避免主观因素的干扰，表达形式上无须另辟蹊径，即可达到忠实于原文内容。

（2）意译：译文内容一致而形式不同谓之意译，即以原文形式为标准，译文表达形式上另辟蹊径。译者需要改变形式才能忠实地再现原文内容时，就采用意译。但在翻译史上，对于意译各说纷纭。

（3）音译：音译亦称"转写"，即用一种文字符号（如拉丁字母）来表示另一种系统的文字符号（如汉字）的过程或结果。当源语和目的语之间差异很大、存在语义空白的情况下，翻译者可能直接从形式或语义入手，此时，音译是主要的翻译手段。音译对象主要是人名、地名和新产生的术语。为了译音规范化，我国编制了多种语言的汉字译音表；此外，音译还要遵守名从主人的原则。

2. 理论型翻译策略

理论型翻译策略依附于特定的翻译原理，是系统理论的组成部分。理论型翻译策略产生于语言学翻译研究之后，以实践为指向的自成体系的翻译理论，都有配套的翻译策略，成为该理论的有机组成部分。

（1）语言学派的策略：语言学把译学从经验研究带上人文科学研究的轨道。近半个多世纪以来，语言学理论、语言学方法推动着翻译研究的进步。作为语言学的重要策略，语言学派的翻译策略除了 Eugene A.Nida 的"分析—转换—重组—检验"四步模式外，代表性策略还有忠实翻译和语用翻译、J.C.Catford 的完全翻译和受限翻译、Peter Newmark 的交际翻译和语义翻译等。

（2）文化学派的策略：Lawrence Venuti 将翻译策略界定为选择文本和拟定一种文化学派研究翻译方法。文化学派研究译文产生的文化渊源，主张翻译与政治、经济、社会、意识形态等多种文化因素联系起来，提出改写、归化、异化、阻抗、创译、义化移植、文化置换、同化等翻译策略。

3. 实践型翻译策略

实践型翻译策略来自实践，从大量翻译实践中提炼、归纳、概括，并得到翻译实践的验证，但实践型翻译策略并不属于某种系统理论或某个特定学派。

进入全球化、信息化时代后，翻译实务面广量大，翻译技术蓬勃发展，新经验日新月异，从大量翻译实践中不断萃取出实践型策略，诸如解释性翻译（段连成，1990）、深度翻译（Kwame Anthony Appiah，1993）、陌生化（刘英凯，1999）、"双向理解"（徐梅江，2000）、译前处理（李欣，2001）、"零翻译"（邱懋如，2001）、"看易写"（林克难，2003）、"壮辞淡化"（周领顺，2003）、"突出主题信息"（曾利沙，2005）等。

（1）1990年，段连成先生在其文章《呼吁：请译界同仁都来关心对外宣传段》中，正式提出了对外宣传材料翻译的矫正性策略——解释性翻译，即允许在保留原文信息前提下，译者可以而且应该对原文进行"镶补""减肥"和"重组"三种"手术式"加工，使之成为流畅的英语。

①"镶补手术"：即补充外国人不懂的背景，通常是加几个字或最多加一两句话就行。

②"减肥手木"：是对堆积辞藻的"美文"进行加工，删节"溢美之言"和"不实之词"。

③"重组手术"：就是按外文表达的需要，把原文的句子拆散，重新组合。

傅新宇（2005）、杨莉和曾剑平（2008）、陈芳蓉（2013）、黄晓林（2014）、王振平（2015）等认为，解释性翻译是克服语言之间不可直译问题的有效方法，而且它能使译文更加忠实于原文，更加符合译文语言的自身习惯和规律，减少注释，提高了译文的阅读性，从而使译文读者能够准确地理解和接受原文的旨意。

（2）1993年，美国翻译理论家Kwame Anthony Appiah（奎姆·阿皮尔）在其文《深度翻译》中提出了三个理论要点。

第一，强调意图的重要性。话语是行为的产物，因此和所有行为一样，都具有某种产生的理由，或者说是意图。

第二，强调语境的重要性。阿皮尔认为，要了解说话者的意图，就要把握语境，需要"thick contextualization"（深度语境化）。

第三，充分关注差异。阿皮尔认为，一部好的文学翻译作品，尤其是用于教学的作品，必须保留一切教学的特征。

他明确提出了"深度翻译"的方法。"深度翻译"指的是一种"学术"翻译，即通过注释将文本置于丰富的文化和语言环境中，使原语文化的特征得以保留。他明确指出，翻译必须在认识文化差异的基础上进行，并且应该帮助人们树立文化差异意识。只有直面差异，在知情的情况下，才会对其他文化真正产生敬意。"深度翻译"通过把文化特征鲜明的内容通过注释进行阐明，引领读者接近事物的本质。译者可能打断描述的流畅，译文可能读来无法达到酣畅淋漓，但是，这些阅读中的"停顿和障碍"正是为了消除文化差异产生的交流障碍。

段峰（2006）、孙宁宁（2010）、赵勇（2010）、章艳和胡卫平（2011）、王雪明和杨子（2012）、王岫庐（2013）、黄小芃（2014）等认为深度翻译给翻译研究以新的启示，具有重要的理论和实践价值。

（3）1999年，刘英凯先生在《信息时代翻译中"陌生化"的必要性和不可避免性》一文中指出，"defamiliarization"（陌生化）是翻译的重要原则，这一术语原文是1995年诺贝尔文学奖得主爱尔兰诗人西默斯·希尼在其著作中的一节"翻译的影响"中提出的。"陌生化"是指在翻译过程中译者适当抛弃语言的一般表达方式，将译入语的表达世界变得"陌生"，以增强读者对语言新鲜感的接受能力，使翻译确实地履行传播信息的功能，促进不同民族间相互理解和交流，并且在不同文化间架设桥梁的功能。他认为，人们已经迈入21世纪门槛，面临着文化加速度，世界已成为地球村的今天，译文陌生化已成为这一对矛盾的主要方面；陌生化是表达精确化的要求，陌生化是信息传达简洁化的要求，陌生化是信息交流直接性的要求，陌生化是语言新异原则的要求，陌生化是审美格局再现原则的要求，信息时代的陌生化具有不可避免性。

李静（2005）、彭治民（2009）、马会（2011）、胡庭树和郁仲莉（2012）等，以公示语为例分析了陌生化理论在公示语的创造上所起的作用，并指出经过陌生化手段创造的公示语同样具有较强的审美性，增强了审美的长度和难度。

（4）200年，徐梅江在文章《汉译英的双向理解和完美表达》中认为，在翻译过程中的理解包括对原文的理解和对译文用词的理解，人们应该注意"双向理解"，这对于汉译英尤其重要。他指出，双向理解的最后目的是实现尽可能完美的表达，为此，人们不宜拘泥于原文，逐字逐句地翻译；有时需加词，有时需减词，有时需改变词序，有时需改变句型，将原文的意思准确、通顺、优美地用英语体现出来。

2011年，刘佳在《汉译英的双向理解和完美表达》一文中指出，鉴于翻译是一个复杂动态的过程，涉及语言、文化和心理因素，包括语言知识、言外知识、译者的文化背景和基本素质、甚至译者的心理因素等，在汉英翻译的过程中，一定要注意双向理解；透彻的理解和完美的表达都是相对的，不是绝对的。只有完美地理解了原文所要表达的中心意义和作用，才能完美地在译文中表达出来，从而达成双方的共同的理解。

（5）2001年，邱懋如在论文《可译性及零翻译》中提出，为了适应翻译实务飞速增长的需要，作者认为有必要引进"零翻译"的概念，以证明一切都可以翻译；"零翻译"既提供了克服语言差异的翻译手段，又维护了可译性的普遍原则。所谓"零翻译"就是不用目的语中现成的词语译出源语中的词语，这里包含两层意思，①原文中的词语故意不译；②不用目的语中现成的词语译原文的词语。第一类零翻译现象出现在因两种语言句法结构差异须做调整时，这种零翻译是使目的文符合目的语句法结构，便于目的文读者理解所必需的。第二类零翻译表现在音译和移译上，音译是用汉语中谐音的字或字的组合翻译英语中的词语，而这些字或字的组合并不是汉语现成的，有意义的词；移译则是把源语中的词语原封不动地移到目的语中。

郭力嘉（2008）、甘翠平（2009）、张群星和顾红（2012）、蔡瑞珍（2013）、李凤英（2014）等认为，第一类特殊的公示语翻译，即"零翻译"，认为这对于汉英公示语的翻译具有重要的实践意义。

（6）2003年，周领顺在《试论企业外宣文字中壮辞的英译原则》一文中提出了"壮辞淡化"的说法。在以英语读者为阅读对象时，企业的外宣文字应遵守宁朴毋巧的原则，在方法上以归化为主，以期收到有效宣传企业、有效推销产品的目的。

在我国企业的外宣文字中，壮辞的使用屡见不鲜，这是有其文化根源的；企业外宣文字中的溢美之词偶尔为之并无不可，但就企业外宣文字中汉语壮辞的英译而言，忠实原作有时是徒劳之举。这里，翻译的目的论和读者对象问题显得尤其突出。毕竟，东西文化背景不同，审美倾向和接受心理也不尽相同。西方读者不仅排斥壮辞，还排斥其他一些他们不感兴趣的信息。

明珠（2007）、于敏（2013）、邓乐群（2013）等认为，由于语言文化背景及审美差异的障碍，我国对外宣传资料的英译中充满了过度渲染和夸张的表达方式，即壮辞使用频繁，英译时应采取相应的翻译方法。

（7）2005年，曾利沙在文章《论旅游指南翻译的主题信息突出策略原则》中提出了旅游指南翻译的"突出主题信息"策略原则。此原则的客观依据是，旅游业逐渐向主题化发展的趋势，其目的是为了唤起各种潜在旅游兴趣和需求，以便有效吸引更多的海外游客。他还将旅游指南的文字信息分为八大类型，事实性信息、描述性信息、评价性信息、文化信息、召唤性信息、美学信息、风格信息和提示性信息。

刘凤娇（2008）、李莹（2010）、张莲（2011）、余义兵（2012）等结合实例探讨了"突出主题信息"原则在公示语汉英翻译中的应用。

直译、意译在中国传统译论里讨论得最多。自20世纪60年代以来，在西方又出现了其他提法，例如，Eugene A.Nida（1964）提出的"形式对等"与"动态对等"，在本质上和意译与直译是一致的。还有其他学者提出了二分法，例如，Juliane House（1977）的"显性翻译"与"隐性翻译"，Ernst August Gutt（恩斯•特格特，1991）的"直接翻译"与"间接翻译"，Gideon Toury（吉登•图里，1980、1995）的"适当性"与"可接受性"，Peter Newmark（1981、1988）提出的"语义翻译"与"交际翻译"以及 Lawrence Venuti（1995）的"异化翻译"与"归化翻译"。以上所述的翻译的二分法既有共通的地方，也有不同的地方。

直评、语义翻译和异化翻译三者之间的共同之处是比较靠近原文，意译、交际翻译和归化翻译三者之间的共同点是比较靠近目的语或目的语读者。虽然有交叉、重叠的地方，但是也有区别。笔者认为，这三者之间最大的区别是，当人们讨论直译与意译时，他们的焦点是具体的操作方法；当人们讨论语义翻译与交际翻译时，他们的侧重点是语言的意义及其交际功能；而当人们讨论异化翻译与归化翻译时，他们的关注点是抵制外来文化，还是引入外来文化。

（三）语义翻译与交际翻译策略

语义翻译在译入语语义和句法结构允许的条件下，尽可能地准确再现原作上下文的意义。它重视的是原文的形式和原作者的原意，而不是目的语语境及其表达方式，更不是目的语文化情境。语义翻译通常适用于文学、科技文献和其他视原文语言与内容同等重要的语篇体裁。然而，由于语义翻译把原文的一词一句视为神圣，因此有时会产生前后矛盾、语义含糊，甚至是错误的译文。

交际翻译有两个重要的概念。第一，交际翻译（或交际途径）是把翻译视为"发生在某个社会情境中的交际过程"的任何一种翻译方法或途径；第二，交际翻译是 Peter Newmark 提出的两种翻译模式之一，其目的是"努力使译文对目的语读者所产生的效果与原文对源语读者所产生的效果相同"。交际翻译的重点是根据目的语的语言、文化和语用方式传递信息，而不是尽量忠实地复制原文的文字；译者在交际翻译中有较大的自由度去解释原文，调整文体，排除歧义，甚至是修正原作者的错误。通常采用交际翻译的文体类型包括新闻报道、教科书、公共告示和其他非文学作品。

交际翻译的关注点是目的语读者，尽量为读者排除阅读或交际的困难与障碍，使交际顺利进行。在语义翻译中，译者仍然以原文为基础，坚守源语文化的阵地，解释原文的含义，帮助目的语读者理解文本的意思。交际翻译强调的是译文的"效果"，而语义翻译强调的是保持原文的"内容"。

语义翻译所产生的译文通常比较复杂、累赘、啰唆和过于详尽；其间，译者尽力追踪原作者的思想过程，而不是努力阐释。交际翻译所产生的译文通常是通顺易懂，清晰直接，规范自然，符合特定的语域范畴。交际翻译常常是"欠额翻译"，即使翻译难度较大的语篇，交际翻译也会较多地使用通用的词汇。

贺学耘（2006）、牛新生（2007）、周彦君（2008）、张秀燕（2009）、张小红（2009）、郭建芳（2010）、廖素云和杜春雷（2011）、单文波（2012）、陈炼（2013）、谢寒星（2014）、赵宁（2015）等提出，公示语翻译时应当采用交际翻译法，把整个公示语文本作为一个翻译单位，实现文本与读者之间的互动。

（四）归化翻译与异化翻译策略

Lawrence Venuti 对归化翻译和异化翻译做出了以下定义，归化是在翻译过程中遵守目的语文化当前的主流价值观，对原文采用保守的同化手段，使其迎合本土的典律、出版潮流和政治需求。而异化在翻译过程中偏离本土主流价值观，保留原文的语言和文化差异。Venuti 认为，归化法源于"尽量不干扰读者，请作者向读者靠近"，而异化翻译策略可归因于"译者尽量不惊动原作者，让读者向他靠近"。

（1）归化翻译法的译文采用明白、流畅的风格，以使目标语读者对外来文本的陌生感降到最低。归化翻译法旨在尽量减少译文中的异国情调，为目的语读者提供一种自然流畅的译文。归化翻译法通常包含以下几个步骤，①谨慎地选择适合于归化翻译的文本；②有意识地采取一种自然流畅的目的语文体；③把译文调整成目的语语篇体裁；④插入解释性资料；⑤删去原文中的主观材料；⑥协调译文和原文中的观念与特征。

（2）异化翻译指生成目标文本时，通过保留原文中某些异国情调，打破目标语的惯例。具体来说，异化翻译法包括以下特点，①不完全遵循目的语语言与语篇规范；②在适当的时候选择不通顺、艰涩难懂的文体；③有意保留源语中的实观材料或采用目的语中的古词语；④目的是为目的语读者提供一次"前所未有的阅读经验"。

Vemiti 主要倡导异化翻译，即在翻译的过程中不是一味地追求译文的通顺，也不是要在翻译中消除语言与文化的差异，而是要在翻译中表达语言和文化的差异。

目前，中国翻译界虽然重新掀起归化异化之争，但在全球化语境下可以看出一个较大的取向，主张翻译应以异化为主，兼顾归化，达到两者的统一；"表达型文本"的翻译策略导向为彰显文本个性的"异化"趋势，而"信息型""呼唤型"文本的翻译策略导向则为突出读者效应的"归化"主流。

（3）杂合化。全球化时代要求建立流动复合的文化身份，与之相适应的是异化与归化有机结合的混杂策略。混杂策略强调翻译的具体文本和历史背景，认为翻译策略应随文本和历史的变化而变化，不能定位于任何极端。翻译策略中既有异化的成分，也有归化的成分，二者同时存在于一个翻译事件中，形成翻译策略的混杂性。翻译的混杂策略根据特定历史环境的价值尺度将归化与异化有机结合起来，批判性地吸收他者文化，让本土文化总是处于流动的"第三种文化"形态。

波斯裔美国学者 Homi K.Bhabha（霍米·巴巴）将"hybrid"（杂合）的概念引入了后殖民主义研究。"杂合化"指不同种族、种群、意识形态、文化和语言互相混合的过程。巴巴反对传统翻译理论研究中僵化的二元对立（归化／异化），认为在二元对立的两极之间存在着一个"第三空间"。当异域文化与本土文化进行交流时，双方如果不是在一个"第三空间"进行"谈判和翻译"的话，是不可能获得相互理解的。只有在这个空间里，话语的意义和文化的差异才能得到应有的阐释。这个"第三空间"的语言和文化产品就是经过杂合化的 产物。

只要异域文本进入本土文化，无论译者采用归化还是异化的翻译策略，其译文语言都不可避免地具有某种程度的杂合。归化和异化的差别只是杂合程度的不同而已。无论杂合程度有多低，都会将异族的语言文化价值观引入目标文化，而无论杂合程度有多高，也难以彻底摧毁目标文化的民族身份。不间断而有度的杂合可以提高文化机体的免疫力，降低排异性。

实际上，国外读者在公示语翻译中的地位绝对不容忽视，汉译英活动中归化和异化翻译策略同时存在。离开读者谈论归化与异化毫无意义，归化和异化的程度要看译文读者现有的接受程度，过分地归化或异化都行不通。低估读者接受性的过分归化，会导致源语信息不应有的损失，而过高估计读者的异化，也会增加译文的不透明度，使国外读者不能理解原文所表达的信息；在现时的国外读者能够接受的范围内，公示语英译应尽量保留中国风采，能异化尽量异化；一旦超出了国外读者的接受范围，则应放弃异化，选择归化。

（五）工具性翻译和纪实（文献）性翻译策略

从文本功能的角度来看，处在两个文本之间的译者在制定翻译策略时，最重要的是选择翻译的角度，是从原文作者的角度出发还是从译文读者的角度出发，服务对象的重点是原文的发送者还是译文的接受者。

Christiane Nord（1997）根据译者在翻译活动中的不同侧重点，总结出翻译的两大基本策略，①翻译是原文旧情景交际活动的"纪实"，在译文中再现原文发送者同原文接受者之间交际时的情景，强调原文文化。②翻译是译文新情景交际活动的"工具"，在译文中注重译文发送者同译文接受者之间交际时的情景，强调译文文化。

1. 纪实性翻译

"纪实性翻译"的重点是，用译文语言再现原文作者与原文读者交际的情景，包括原文的语言特征和文化特征。翻译后的交际语言虽然已改为译文语言，但交际情景却仍然是原文文化。

根据译文再现原文特征的程度，纪实翻译可以分为三类。①"逐字对译"：在翻译时只把原文的字词逐一对译成另一种语言，而不改变原文的语句结构。这种翻译的主要目的是让译文读者了解原文的语言结构。②"字面翻译"（也称为"语法翻译"）：按照译文语言的语法规则翻译出原文的字面意思，仍保持原文的文体风格和文化特征。这种翻译的重点在于改变原文的语法结构。③"注释翻译"（也称为"学术翻译"）：译者在翻译时考虑到译文读者的文化差异，在译文中用脚注或尾注的形式对译文中的一些难点加以解释，以便使译文读者更好地了解按字面意思直译出来的内容。这种翻译方法多用于学术文献翻译。

2. 工具性翻译

"工具性翻译"把"翻译"看成是译文读者与原文作者进行交际的工具，交际语言是译文语言，交际语言是译文文化。在交际过程中，原文的语言、文化特征只做参考，重点是根据译文读者的需要传递原文的交际内容。

根据不同的文本功能工具，翻译可以分为三类。①"等功能翻译"：译文与原文在功能上相等。这类译文读起来没有翻译的痕迹，感觉就像读原文一样。这种翻译主要出现在交通标志、警示牌、使用说明书、旅游介绍等翻译文本上。②"异功能翻译"：由于文化或时间上的差异，原文的功能没有在译文中再现，或者再现的程度不够。③"类体裁翻译"（也称为"符号转变"或"创造性变换"）：用译文文化中已有的文本格式（多为文学体裁）再现原文文本格式的功能，以获取类似的文本效果。这种方法多用于诗歌翻译。笔者认为，当以传播中国文化为目的时，译者宜主要采用文献型翻译策略；当以提高译文在西方读者中的可读性为目的时，宜同时结合具体情境、语境，主要使用工具型翻译策略，使英语国家的读者更清晰地了解中国文化。

2010年，田伟、岳玉庆在其论文《从诺德的"纪实翻译"和"工具翻译"看汉语特色词的英译》中提出，改革开放以来，中国经济迅速发展，汉语中出现了许多具有中国特色的词语，诺德提出的"纪实翻译"和"工具翻译"对汉语特色词的英译具有重要的指导作用；柯贤兵在《汉英校园标语的功能翻译批评》一文中试图以校园标语的英译为语料，在纪实翻译和工具翻译两种功能翻译策略指导下，通过对校园标语英译平行文本的分析和评述，探讨功能翻译策略对校园标语英译的作用和影响。

（六）全译和变译策略

2003年，黄忠廉、李亚舒在其论文《论翻译策略系统》中指出，翻译策略是翻译的方式方法，也就是翻译活动中的规律；翻译策略研究就是对全译和变译两大翻译现象的描述，也是翻译艺术的总结，全译策略系统与变译策略系统是翻译策略系统的两大子系统。

1. 全译策略

（1）全译策略：直译＋意译

①全译策略：全译是译者将原语文化信息转换成译语文化信息，求得风格极似的思维活动和语际活动。全译力求完整地传达原作的内容，兼顾原作的形式，求得风格的极似。

②全译策略包括直译策略与意译策略

直译的专业界定为：直译是既传达原作意义又照顾形式且为译入语读者所接受的翻译。意译的专业界定为：意译是传达原作意义而不拘于原作形式的翻译。

（2）全译策略系统

全译与变译是整个翻译策略的一对范畴，全译下属的直译与意译是二级范畴，直译与意译交织起来构成了全译的三级范畴，即全译手段，如增减、转换、分合，三级范畴中各对范畴还可分出四级范畴，即具体的全译方法。

2. 变译策略

（1）变译策略：变通＋（全译）

"变通＋（全译）"表示：第一，变译有时含有全译，即在变通原作之后再全译或进行局部全译，如摘译、编译、改译等；第二，有时根本不需全译，而是对原作整体的变通，如有些译述、缩译、仿作等。

①变译策略：变译是译者根据特定条件下特定读者的特殊需求，采用增、减、编、述、缩、并、改、仿等变通手段，摄取原作有关内容的思维活动和语际活动。变译力求变通原作的内容或形式，求得信息传播的极佳效果。

②变通策略：变译理论的核心就在于"变"——变通。变译者打破全译的常规，在原作和特殊译者之间达成互利和合作，办法是照顾和迁就读者的利益、志趣，于人方便，于己方便，减少为全译付出的劳动量，增加翻译的知识含量和智力投入，所以，变通是一种寻求双方和多方都能接受的妥协方案和折中办法。

③变通的特征：变通具有四大宏观特征和六种微观特征。

（2）变译策略系统

变译与全译是整个翻译策略的一对范畴，变译之下的变通与全译是二级范畴，变通又分出变译的三级范畴，即变通手段：增减编述缩并改仿；各三级范畴与（全）译交织起来构成变译的四级范畴，即具体的变译方法。

潘卫民（2005）、仇全菊（2009）、叶苗（2009）、胡洁（2010）、蔡玲、许国新（2011）、宋飞（2012）、赵娜娜（2012）、杨丽梅（2013）、罗建生、许菊和舒静（2014）、罗建生和李敏杰（2015）等结合实例探讨了在变译理论指导下汉语公示语翻译的原则和策略。

第四节　公示语翻译的一般方法

一、方法的界定

通过相关文献检索，笔者发现，方法是一个多义词，含义较广泛，在哲学、科学及生活中有着不同的解释与定义：

（1）古指量度方形的法则。

（2）现指为达到某种目的而采取的途径、步骤、手段等。

（3）特指现代科学方法。

（4）关于解决思想、说话、行动等问题的门路、程序等。

（5）方法是规律的应用，表现为方式、途径、步骤、手段等形式。

（6）与汉语中的"方法"相似，英语中的"method"一词，由"沿着"和"道路"两个词构成，意思是沿着正确的道路前进。

鉴于此，笔者尝试做出如下界定：所谓方法，就是人们在认识世界和改造世界的过程中，为获得某种东西或达到某种目的而采取的手段或方式。

方法通常具有下面的层次结构：

第一层次为哲学方法，是指运用哲学的原则解决具体的科学问题，是我们认识世界、改造世界、从事任何科学研究都必须遵循的最根本、最普遍的方法。当代哲学的三大方法是：①实证方法，即以人的感觉经验为基础的认识方法；②辩证方法，即以理智为基础的认识方法；③现象学方法，即以直觉为基础的认识方法。

第二层次为一般科学方法，是指人们在认识和改造世界中遵循或运用的、符合科学一般原则的各种途径和手段，包括理论研究、应用研究、开发推广等科学活动过程中所采用的思路、程序、规则、技巧和模式。简单地说，科学方法就是人类在所有认识和实践活动中所运用的全部正确方法，包括实验方法、理论方法和系统科学方法三个层次。

第三层次为具体的科学方法。这些科学方法也有其层次结构，按照方法适用的范围大致又可分为以下几个层次：第一，原则方法：起指导作用，规定了其他方法运用的方向、准则和要求；第二，具体方法：适用于思想政治教育各主要环节的方法，受原则方法的指导，又可分为基本方法、一般方法、特殊方法、综合方法等；第三，操作方式：具体方法的实际运用；第四，运用艺术和技巧：即运用方法的方式、经验概括，具有灵活性。

二、翻译方法叙述

人类自开始翻译活动，尤其是文字翻译活动以来，翻译研究便从未中断，对翻译过程中翻译方法的研究也在持续进行中。一般的翻译教材在讨论翻译问题时都离不开讨论翻译的方法与技巧。不同学者采取不同的术语阐释"翻译方法"，用以描述翻译过程中的一般处理方法。究竟哪些属方法、哪些属技巧、哪些属手段，恐怕是很难讲得清楚的。

在这里，我们仍然把翻译过程中具体的操作方法、技巧和手段都归类为"翻译方法"，它指的是通过两种语言特点的对比，分析其异同，阐述表达原文的一般规律。如果将翻译定义为一种语言符号的转换，翻译方法可以被视作译者认识源语文本、进行语言符号转换的具体途径（approach）。译者在其翻译过程中不会局限于某一种翻译方法，而是会根据实际问题采用不同的翻译方法。

1981 年，英国翻译理论家 Peter Newmark 在其论著《翻译问题探讨》中提出了六种翻译方法：直译、忠实翻译、语义翻译、交际翻译、地道翻译和意译。1988 年，Newmark 在其《翻译教程》一书中又增加了逐字翻译和归化翻译两种方法。这八种方法组成了一个平底 V 字图形，从侧重源语语言到侧重目标语言，依次为：逐字翻译、直译、忠实翻译、语义翻译、交际翻译、地道翻译、意译和归化翻译。它们对原文的忠实度依次递减，然而翻译的灵活度却依次递增。

中国学界当前对归化和异化的态度，大体可分为三种：主张异化是翻译的趋势，归化是"翻译的歧路"；主张归化和异化是翻译文本时，译者应采用的辩证统一的两种方法；主张翻译应从规范走向描写。

当然，我们也可以简单地把翻译方法分为两个类别：第一，译词法（语言纵向轴的处理）：即词语的翻译，大致包括直译、译其所指、虚译、实译、反译、迂回译、分解译、合并译抽象化和形象化等翻译法。第二，译句法（语言横向轴的处理）：即句子的翻译，包括切分、位移与增补三类操作。

影响翻译方法选择的因素不仅包括译者主观方面的思维、信仰、素质等，在客观方面影响翻译方法选择的因素，包括语言文化规范的相异性（即不同民族在语言表达方面的不同逻辑和结构方式、民族固有的文化或习语，以及原文作者特定的表达习惯）、不同语言规范的认同度和不同类型文体的表述方式和精确需要。

我国历史上曾出现过四次翻译高潮：

第一次翻译高潮：东汉至唐宋时期的佛经翻译。

东汉至唐宋时期的佛经翻译以意译为主，并含有少量的音译。在佛经翻译时期（即汉唐时期），主要采用意译方法。反映了这一时期人们积极主动地接受外来文化，对外来词有强大的吸收和接纳能力。

第二次翻译高潮：明清时期的科技翻译。

明清时期的科技翻译多采用归化翻译方法。明末清初，封建王朝盲目自大，闭关锁国。虽然国力渐衰，但士大夫仍然自恃清高，看不起外来文化，此时尽管有一定的翻译活动，主要采用的却是归化译法。

第三次翻译高潮：鸦片战争至五四运动时期的西学翻译。

鸦片战争至五四运动时期的西学翻译直译、意译争锋，兼具音译。鸦片战争时期，为了救国图存，中国一部分知识分子开始了向西方学习的艰难征程。这一时期人们对外来词的接受与其说积极，不如说是激进。这并不是他们不懂英语、崇洋媚外，而是为了输入新的表现方法，以改进中文文法。

第四次翻译高潮：改革开放至今的全方位翻译。

改革开放至今，翻译出现了多元共生、音译回潮的局面。改革开放以来，外来词语以前所未有的规模和速度进入了汉语词汇之中。外来词的翻译呈现出多元共生、音译为主的局面，体现了我国对外来语汇的宽容态度和吸收能力达到了前所未有的高度。

纵观我国历史上出现的四次翻译高潮，对外来词的翻译经历了意译、音译的相互转化。这不仅仅是翻译方法的一种变迁，更重要的是它体现了中国人在不同时期对外来词的接受态度和能力。外来词的音译趋势昭示着跨世纪的中国人对当代外来文化的广博胸襟和普遍认可。

三、公示语汉英翻译过程的解读

（一）关联理论对公示语翻译过程的解读

1. 关联理论翻译观

1986 年，英国语言学家 Dan Sperber 和 Deirdre Wilson 在其合著《关联性：交际与认知》（Relevance: Communication and Cognition）中提出了关联理论，从语言哲学、认知心理学、交际学等多学科的角度对语言交际做出了解释，它将认知与语用研究结合起来，将语用学研究的重点从话语的产出转移到了话语的理解，指出语言交际是一个认知——推理的互明过程，对话语的理解就是一种认知活动。

1991 年，英国学者 Ernst August Gutt（恩斯·特格特）在《翻译与关联：认知与语境》一书中进一步发展了关联理论，阐述了它对翻译研究的启示，提出了一种全新的关联翻译理论。

Gutt 认为，翻译是一种言语交际行为，是与大脑机制密切联系的推理过程，它不仅涉及语码，更重要的是根据动态的语境进行动态的推理，而推理所依据的就是关联性。作为交际的翻译，在源语的理解和翻译过程中，人们对语码的选择所依赖的也是关联性。最佳关联性是译者努力的目标，也是评价译文的标准。译者应尽量使原文作者的意图与译文读者的期待相符。要做到这一点，译者必须先通过原文的语音、句法、语义、语用、文体等各层面的交际线索体察出作者的交际意图，然后根据译文读者的潜在语境或认知环境，在有关联的数个答案中选取关联性最佳的那一个。

关联理论视角下，翻译是一种跨语言、跨文化的双重明示——推理的动态的阐释活动。

翻译过程如下图：

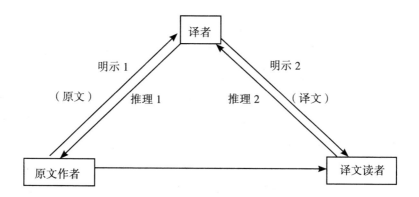

具体来说，翻译是原作者、译者和译文读者这三个交际者之间通过原作和译作进行的一种交流活动，其中具有双重身份的译者起到了桥梁的作用，以保证原作者和译文读者之间交际的成功。译者的责任就是努力做到使原文作者的意图与译文读者的企盼相吻合。

对于公示语汉英翻译的研究来说，对公示语汉英翻译过程的探讨就是对翻译过程中起核心作用的译者的认知推理交际过程的总结，公示语翻译过程的程序化，对于译者的翻译实践必然具有一定的指导意义。

根据关联理论的翻译观，我们可以将公示语的翻译过程看成是一个对原文进行阐释的明示——推理的活动。翻译的全过程实际上包含两个明示——推理过程，涉及三个交际者：原文作者、译者和译文读者。在第一个明示——推理过程中，译者首先需要在正确理解原文的基础上，明确原文作者的交际意图。然后，译者根据"最佳关联"的原则，并结合自己的认知语境，从原文语音、句法、语义、语用等多个角度进行推理分析。

随后，译者进入第二个明示——推理过程。译者必须了解译文读者与原文读者在认知语境上的差异，就是说原文作者企图传达给原文读者的语境假设，是否同样存在于译文读者的认知语境中，然后根据译文读者理解话语所付出的努力程度，选择出正确的最佳相关语境，并据此运用合适的翻译策略，进而选择恰当的语码完成整个翻译活动，将原文的意图和相关信息传递给译文读者。

举例如下：山林防火，人人有责，严禁吸烟（广州白云山的一处公示语）

原译文：Everyone is responsible for preventing fires.Please don't smoke.

改译文：No Smoking

原译的译者将原文的三个信息都看作原文作者的交际意图，事实上"山林防火，人人有责"并非与作者的交际意图密切相关，只有"严禁吸烟"与原文作者的交际意图密切相关，原译的译者未能对译文读者的认知环境作出正确的假设，未能正确估计译文读者的期待，只是一味地将原文所有的信息翻译成英语，这样的翻译是失败的，不仅不符合公示语语言精练、语境结合紧密的特点，也违背了关联理论的翻译观。因此，在第二个明示——推理交际过程中，首先要对译文读者的认知环境进行估计；其次筛选出与原文作者交际意图最为紧密相关的信息，充分利用情景语境，致力于用最少的笔墨，为译文读者提供最相关的语境假设，传达公示语的交际意图；最后选择套译的方法将此公示语改译为 No Smoking，由此完成原文与译文间的最佳关联转换，使译文读者能以最小的处理努力获取最大的语境效果，使原文作者的意图与译文读者的期盼相吻合。

2. 关联理论对公示语汉英翻译过程的解释

（1）译者通过推理，明确原文交际意图

准确理解原文，明确原文交际意图是翻译公示语的前提，这就要求译者从原作的语言特点、功能、作用等方面分析出原作者明说与暗含的双重意义，特别是原作的暗含意义，进而追求原作的真正的交际意图。这种对原作交际意图的探求，也必然要求译者对中国的社会政治、经济、历史、文化等各个方面有较为全面、深入的了解。

例1：国家号召全社会关注素质教育、发展素质教育的公示语"素质教育，利国利民""发展素质教育，创造美好明天"等，其中的"素质教育"常被翻译成" quality education"，可见译者并没有理解原文中"素质教育"的概念，仅从字面上把"素质"对译成"质量"，这与原文的真正含义相去甚远。通过这些公示语提出的背景，我们知道素质教育就是全面发展的教育，是以提高民族素质为宗旨的教育，通俗讲是指"高质量的教育"。所以，依据"素质教育"的真正内涵，它的正确翻译应该是"caliber-focused education"或"trait-centered education"。

例2：20 世纪 90 年代末，国家为了改善生态环境、保障国民经济可持续发展做出了"退耕还林"这项重大决策，因此在西部很多地方，人们可以看到"退耕还林，保护生态""退耕还林，发展经济"之类的公示语，鼓励有关政府和百姓积极响应，采取有效措施推进这项工作。然而，有人却将

"退耕还林"逐字对译成"return farmland to forest（把耕地退还给森林）"。不求甚解译出这种中式英语的主要原因，还是在于译者的认知背景中没有"退耕还林"这一概念的实质。其实，"退耕还林"是指从保护和改善生态环境出发，将易造成水土流失的坡耕地有计划、有步骤地停止耕种，并按照适地适树的原则，因地制宜地植树造林，恢复森林植被。因此，其正确译文应该是"restore woodland—converted farmplots back for afforesting"（把从林地开垦出来的耕地还原成林地，即重新进行植树造林）。

（2）译者对译文读者认知语境做出正确估计

在跨语言交际的公示语汉英翻译过程中，分析对比译文读者与原文读者在认知语境上的共享程度是非常重要的，它是进行最佳相关语境选择的基础。可以说，话语最佳相关语境的选择过程，将直接影响译入语的表达正确与否。在跨语言交际的过程中，人们所处的环境、各自的经历，以及他们的认知能力都各不相同，所以他们各自的认知环境就必然存在差异，对事物的认知也就不可能达到完全一致。这时，译者就要照顾到译文读者的认知能力和双方不同的社会文化习惯，扩大译文读者的认知环境，增加互明度，为译文读者创造最佳关联，使他们能够以最小的努力从译文中获取最好的语境效果。而原文交际意图和读者的期待越吻合，交际的互明度越高，成功率也越大。

例1: 有的地方将"请勿滑倒"译为"Don't Fall Down"，此译文给人的感觉是我们走得好好的，当然不想摔倒了。引起滑倒的原因很多，包括地板潮湿、地面不平、地面或台阶光滑。此译文忽视了安全提示的原因和译文读者的安全期待，无多大的交际意义，建议改为"Caution: Wet Floor""Caution: Uneven Surface""Slippery surface, Please Mind Your step""Caution: Becare of Step"等明示安全、提示原因的译文，加上国际通用的醒目橙色图片信息，实现原文和译文语境之间的最佳关联，实现公示语原文交际意图与译文读者期待的吻合。

例2: 国内许多火车站将软席、硬席这类文化特有词译为"Soft Seat"（软座）、"Hard Seat"（硬座）。在国外游客认知能力允许的范围内，无论耗费多大的推导努力，都无法理解其软硬程度。根据最佳关联原则，软席是指有垫子的座位，而硬席是指无垫子的普通座位，故"软座""硬座"的正确译文应为"Cushioned Seat"（有垫子的座位）、"Ordinary Seat"（普通座位）。

（3）译者选择适当的翻译方法和策略，完成原文与译文间的最佳关联转换

作为公示语翻译的最后环节，与原作交际意图能否被译文读者理解密切相关，是翻译最终成功表达的必然要求。译者选择的翻译方法和策略是多种因素制约的结果，它应是综合考虑原文交际意图、原文读者和译文读者的"相互认知环境"，以及最佳相关语境而得出的最终结论。

例如：某客运站有一则温馨提示的公示语"为了您的安全，请走人行道，勿在站场随意穿梭"。原译文为：For your safety, please walk on the sidewalk, Do not cross the busline at will！原译文的作者虽然很完美地翻译出了作者的交际意图，但从公示语的句式和语言风格的层面来分析，仍值得改进。对汉语公示语的英译而言，句式一般以简练为主，并且尽量使之凝练，符合英语公示语的语言风格，帮助读者以较小的推理努力获得较好的语境效果。原译虽然没有任何语法错误，但人们还是有理解障碍。译者可以借译英语公示语惯用的句式和语言来表达，如" Keep Clear Bus Lane"。因为英语公示语惯用" Keep Fire Away"来表示"远离火源"" Keep Off the Grass"表示"勿践踏草地"。这样一来，译者通过句式选择，帮助读者朝" Keep +……"这个耳熟能详的句式所引导的方向调用相关的语境假设，以较小的推理努力获得了很好的语境效果，完成了原文与译文间的最佳关联转换。

（二）功能理论对公示语翻译过程的解读

2000 年，德国功能翻译理论家 Katharine Reiss 在其著作《翻译批评：潜力与制约》（Translation Criticism：Potential and Limitation）中认为，翻译过程可分为下面两个阶段：

（1）分析阶段：译者可以从三方面入手来确定原文的功能，一是确定原文的功能类别，看其属于哪种文本类型，信息类、表情类还是操作类；二是确定原文的体裁，看其是否属于超越个体的言语或写作行为，如告示、社会新闻、产品说明书等；三是分析语言风格，重点分析语言的搭配方式和语言符号等。

（2）重述阶段：在这一阶段，译者需要考虑目标文化中的特定情境，并以此为基础考虑译文所要满足的功能和目的，这样就可以在信息迁移和转换中采取适当的策略，将信息的流失尽可能降低，以达到语言的再现。

　　笔者认为，功能理论可以指导公示语翻译的全过程，包括翻译前的准备阶段、翻译中的具体实施阶段，以及翻译后的译文校正阶段。

　　1. 翻译前

　　在翻译准备阶段，译者必须做好充足的准备，除了查询相关资料外，还要分析翻译的目的、原文的文本类别，以及语言特点。

　　（1）对于翻译目的的分析：翻译目的被认为是控制整个翻译过程的关键要素。无论汉语还是英语公示语，其目的都是为读者提供信息，任何对目的的忽视都会导致翻译错误的产生。比如，"游客止步"会被误译为"Tourist Stops"，表面上看符合语法和语义的要求，却是并没有达到限制游客进入的目的。同时，译文的语气太过强硬，使人读后感到不舒服，译文应修改成"Staff Only"（仅限员工进入），不仅表达出对于进入人员身份的要求，同时更加符合英语的表达方式，更有利于实现该公示语的功能。

　　（2）对于原文的分析：分析原文是公示语翻译中不可缺少的步骤。根据文本类型理论，对原文的分析包括了以下几个步骤：首先，辨别原文的文本类型，是信息类、表情类还是操作类。其次，分析原文的语言风格，一般包括搭配、修辞，以及其他语言特点。和其他文本相比，公示语具有独特的语言特点：简练、直接，并易于理解。所有这些都应在翻译准备阶段进行。

　　2. 翻译中

　　根据功能理论可知，任何文本都是一个复杂的结构，由多个小部分组合而成，具有一定的功能并能达到一定的目的。不同的语言表达方式可以用来表示同一个意思，因此对于译者来说，具有很大的灵活性。这种灵活性给了译者很大的发挥空间，并可自由决定使用何种翻译方法。对于原文中一些不容易翻译的内容，译者可选用能表达相同意思的词或短语来代替，对一些不适合翻译的内容也可以省略。

　　比如："宁静的环境常常能洗去尘世的喧哗"，该公示语用一种婉转的方式表达出"请保持安静"这样的一个内容，但是却被翻译成了"The Quiet Environment Can Usually Wash the Material Life Noisy"。作者认为，直接将其翻译成"Keep Quiet"就可以了，既简单明了，又容易理解。

　　3. 翻译后

　　当译文完成时，译者的工作还没有结束，还要检查译文的正确性及可接受性。根据功能论，翻译是根据翻译目的进行的活动，是为了让目标读者更好地了解原文内容的活动。一个成功的翻译作品可以充分行使原文的功能，而一个错误百出的译文却不能。因此，在这个阶段，译者应该对译文做一个全面且详细的自我评估。

对于译文的评估，可分为以下几个步骤进行：修改翻译错误、进行自我评价和收集反馈信息。修改翻译错误是确保翻译质量的不可或缺的一个环节，那些容易出现的翻译错误应该引起译者足够的重视。同时，译者还应该对译文进行自我评价，看其是否达到了翻译要求。如果条件许可，最好可以找目标语读者，收集其对译文的看法，这不仅能够提高翻译质量，而且能够提高译者自身的翻译水平。

四、公示语汉英翻译的一般方法

（一）公示语翻译方法的整体状况

2002 年至 2010 年间发表的 527 篇公示语翻译的研究文章中，国内学者们在论文中提及或建议采用的公示语翻译策略（注：这里实为"公示语翻译方法"之误）包括 29 类 / 种，其中前 16 位分别为借用、省译、意译法、交际翻译法、改译 / 写、创译、零翻译、直译法、增译、仿译、转译、音译法、回译、释义、反译、音译加注法。其他建议采用的公示语翻译方法包括图文法、化虚为实、音译加直译、概括编译法、音译加意译、直译加注法、调序编译法、转述编译法、合并法、类比、概念形式翻译法、拆译等。

学者们提及或建议采纳的公示语翻译方法也随时间的变化和研究的深入而发生着变化，对上述前十位翻译方法的提及情况所进行的重点分析中发现，"交际翻译法""仿译"和"直译法"三种翻译方法的提及次数在2010 年都有下降的趋势，而其余七种翻译方法的提及次数在 2010 年均有上升趋势，其中，"借用"的提及次数每年均有较大幅度的增长。（邹彦群、满颖、孟艳梅，2011）

（二）公示语翻译方法研究现状描述

近来，笔者在 CNKT 数据库的中国期刊网上，对我国公示语翻译研究论文进行了"公示语 * 方法"的主题和关键词搜索后，对收集结果梳理后发现：

（1）2006 年至 2015 年 7 月底的九年间，在国内期刊上公开发表并收入中国学术期刊数据库的、关于公示语翻译方法研究的文章共有 239 篇，约占 1861 篇研究论文总量的 12.8%。

（2）第一篇公示语翻译方法研究论文为王雪琴、斐正方发表于《科教文汇（下半月）》2006 年第 10 期的《从功能翻译的角度看公示语的翻译》。

（二）公示语汉英翻译一般方法研讨

公示语汉英翻译看起来只有区区几个字，似乎是个"小问题"，可是要做好它，就会发现里面是"大有文章"的，所以这个"小题"应该"大做"，也必须"大做"；不仅可为，而且大有可为。

指出问题、分析问题都是为了解决问题，因此，我们在查阅相关文献时发现，自 20 世纪 90 年代以来，几乎所有的公示语英译研究论文都要涉及翻译的策略和方法，且多数颇为清晰、具体，许多学者对公示语的翻译方法进行了多方面的实证研究和探讨。

（1）2001 年，李欣老师在论文《外宣翻译中的"译前处理"——天津电视台国际部＜中国·天津＞的个案分析》中认为，对外宣传翻译有其特定受众与特殊目的，为实现更好的外宣效果，有必要对中文稿的语言进行适当的"译前处理"——从词句到风格、从局部到整体，对原文进行调整、增删、编辑和加工，并结合从事《中国·天津》栏目英文翻译的体会，探讨了对外宣翻译材料进行"译前处理"的原则和方法。

（2）2002 年，黄忠廉教授通过《变译理论》一书在中国译学界第一次提出了变译理论，并指出变译（也称为"变通翻译"或"非完整性翻译"）是相对于全译提出来的，指译者根据特定条件下特定读者的特殊需求采用增（可分为释、评、写）、减、编（包括编选、编排、编写、调整等）、述（包括转述或定向复述）、缩、并、改等变通手段，摄取原作有关内容的翻译活动，至少可以构织成摘译、编译、译述、缩译、综述、述评、译评、改译、阐译、译写和参译 11 种变译方法。

这种"变通"或"通融"有六种：①因读者而变，表明变译的动机和目标；②由译者来变，表明变译的主体是人，极少的情况下是机器；③对原作施变，必须是在变通原作之后或同时进行的翻译活动；④摄取的战略，表明变译是站在文化传播这一全局角度实施的摄取战略，而非完整地输入读者所需信息的策略；⑤变通的战术，表明战略由战术实现；⑥信息的集约，表明变译追求少投入多产出。

吴云（2004）、王凤林（2008）、王颖（2011）、赵娜娜（2012）、杨丽梅（2013）、周梅（2015）、罗建生和李敏杰（2015）等认为，变译理论为服务行业公示语的英译提供了一个全新的理论基础，探讨了具体变译策略在公示语汉英翻译中的应用。

（3）2003 年，林克难、籍明文两位教授在《应用英语翻译呼唤观论指导》一文中套用严复的"信、达、雅"模式，把应用英语翻译的指导原则总结为三个字"看、译、写"（Read，Translate and Write）。

所谓"看"，就是让译者大量地阅读各种各样应用英语的真实材料。应用英语翻译三字诀中的第二字是"译"。必须指出的是，这个"译"不是逐字照搬，而是参照同样情景下英语同类材料的写作格式、专门用语以及表达方式，把想表达的内容恰当地表达出来。应用翻译三字诀的最后一个字是"写"。应用英语翻译是一种功能性很强的文体，比较理想的办法是，翻译发起人将需要翻译的主要内容告诉译者，然后，放手地让译者根据掌握的相关文体的格式自己去写，这比第一种办法"译"还要好。译者有更多自由发挥的机会，可以更加充分地运用自己对有关文体的知识，译出更加符合译入语读者欣赏习惯的文字来。

（4）2004 年，吕和发教授在文章《公示语的汉英翻译》中指出：

①英语公示语具有严格的规范性、标准性、沿袭性，因此进行公示语的汉英翻译必须在汉英两种文化中，对相同使用场合中具有相同功能的规范和标准公示语进行一对一的汉英对译。

②国家技术监督局编制、翻译、发布的国家公共标志与标志语，提供了广泛应用于道路、旅行、安全、环保、储运等方面的标准汉英翻译规范，翻译人员应严格参照执行。然而，目前国内的一些通用汉语公示语在英语国家是找不到任何踪迹的，这部分公示语又完全是针对本地、本国公民需求和行为特点而设置的。在这种情况下，翻译工作者首先不应考虑如何译，而是考虑是否译。

③一些具有中国本土意义的公示信息经确认实有必要保留，在暂时无法找到对应译法的情况下，应当参照实际功能需要，选择适宜形式风格进行试译，然后在部分海外旅游者中进行检验，在确认不会产生任何误解的情况下才可广泛应用。

④汉英公示语的翻译还应注意特定语汇在英、美、澳等将英语作为母

语国家使用中的差异性，使用国际通行、惯用的对等语汇进行汉英翻译，避免使用生僻语汇可能造成的不便和误解。

⑤那些霸道的"公示"信息不是我们的民族文化遗产，也不是现行国内法律规范认可的实践，因此就不可能为世界所接受。为此，汉英翻译人员不仅要翻译汉语公示语的意义，还要考虑其实际应用环境，以及委托机构的法律权限。任何机构和个人没有法律依据，没有司法机构授权，无论是指示性还是提示性，无论是限制性还是强制性功能的公示语，都不能在公开场合"公示"或"翻译"。

（5）李怀奎和李怀宏（2004）、刘建刚和闫建华（2005）、陈淑莹（2006）把公示语翻译置于语用学的理论范畴中进行探讨，认为公示语翻译必须注重语用语言等效和社交语用等效，应采取语用翻译的方法。语用语言等效关注内容在表达上最切近自然对等；社交语用等效注重文化、语言交际的社会语用含义的对等。

李怀奎和李怀宏在谈及景观标识名称的翻译时指出，除了用音译的手段外，用直译的方法翻译景观标识名称时，应充分考虑语用等效的问题。

（6）2005 年，卞正东老师在论文《论标示语的翻译》中指出，认为标示语的翻译应以提高读者接受性、变通表达方式为重点。说明类标示语通常用于图片或雕塑等的主题说明，通常采用以下几种手段加以处理：①改写：在掌握大量背景资料的基础上，有时需要对原文进行改写；②增补；③重组；④释义；⑤借鉴：有时译员可直接借鉴一些成功的译法。

（7）2005 年，戴宗显和吕和发两位教授在其文《公示语汉英翻译研究——以 2012 年奥运会主办城市伦敦为例》中还提出了公示语翻译的"省力原则"，即语言使用者要尽量选取简洁、省力的表达方式。

（8）2006 年，丁衡祁教授在论文《汉英翻译实践是再创作的过程》中认为，为了保证对外宣传的效果，就必须提高汉英翻译的质量，使译文具有可读性。要从多层次、多角度来构思，做到"精心设计，精心施工"，这里涉及先调整、梳理、归纳、提炼、调研，然后再翻译的复杂加工过程；改写或重写型的翻译、调整或梳理型的翻译、深加工或精加工式的翻译，以及根据原文另行创作等都是复杂的再创作过程。

（9）2006 年，丁衡祁教授又在《努力完善城市公示语逐步确定参照性译文》一文中指出，公示语可以采取三种不同的翻译方法：如果英语中有现成的对应表达，我们就可以直接照搬（Borrow）；如果英语中有类似的表达，我们就可以参照它加以改造（Adapt）；如果前两种情况都不存在，那么我们就按照英语的习惯和思路进行创译（Create，即创造性的翻译：creative translation）。他把这三种翻译方法归纳为 A—B—C 模式（"Adapt—Borrow—Create" approach），即"模仿—借用—创新"的模式。对于公示语的英译，有一条十分重要的原则必须遵循，那就是要充分考虑英语的表达习惯。

（10）2006 年，贺学耘教授在《汉英公示语翻译的现状及其交际翻译策略》一文中，在探讨公示语文本类型的基础上，提出了公示语的交际翻译策略。作者认为翻译公示语时，译者应该熟知公示语的语言特点和功能意义，了解汉英公示语的文化差异，并将译文读者的文化习惯放在首位，才能得出正确的译文。

（11）2007 年，牛新生副教授在文章《从感召功能看汉语公示语英译：以宁波城市公示语为例》中提出，汉语公示语英译应从感召功能入手，注重交际翻译法的应用，把整个公示语文本作为一个翻译单位，以读者为中心、以效果为目的，实现文本与读者之间的互动，常用方法有借译、仿译和创译三种。

借译即在翻译时尽量借用英语中已有的规范公示语。仿译有两种方法：一种是仿照英语现有的公示语，使译文尽量贴近地道的英语；另一种仿译的方法是仿拟英语谚语、诗歌或者名句，常用于翻译汉语广告。在汉语公示语英译过程中，很多时候英语中没有现成的公示语可取，也没有类似的可供模仿。这类公示语通常具有中国文化色彩，尤其是一些告示、广告、标语口号等。翻译这类公示语要敢于打破汉语原有的语言形式，重新创作，这就是创译。

（12）2007 年，林克难教授在论文《从信达雅、看易写到模仿—借用—创新——必须重视实用翻译理论建设》中总结了自严复提出"信达雅"翻译理论之后，实用翻译研究与理论发展情况远远落后于实用翻译实践，认为"看易写"与"模仿—借用—创新"的理论打开了实用翻译理论建设的新局面，是实用翻译切实可行的一种指导原则。

（13）2007 年，龙江华老师的文章《武汉城市形象建设与公示语汉英翻译》指出，公示语翻译应遵循两个主要的原则：①以目的语为归宿，注重译语读者的可接受性，及目的语的文本类型和交际目的；②遵循公示语翻译的规范性（包括法律规范）、标准性和沿袭性。

在以上原则的指导下，译者可根据具体情况决定翻译的策略或方法。一般来说，公示语翻译应尽可能采用"回译"（Back Translation）和"借用"（Borrowing）的方法，因为英语国家的经贸生活和经济活动远比我国更发达，在这方面已存在大量的词汇供我们参考和使用。那些不能采用"回译"和"借用"方法的公示语，大多是有中国特色或文化特色的标语、口号、简介等。对于此类公示语，我们通常可采用三种变通的翻译方法：①增译：对于公示语中一些文化信息很浓郁的重要信息，通常要在译文中增添必要的解释，以再现语篇中的指示功能。②减译：删除低价值文化信息，从而使译文读者更易于理解。③改写：在掌握大量背景资料的基础上，有时需要对原文进行改写，以使译文更符合目的语的规范和风格。

（14）2007年，林庆扬副教授的论文《我国公示语翻译研究述评》中认为，对那些中外都使用的标示语，完全可以采取"拿来主义"的态度，洋为中用，大可不必再费时费力，钻牛角尖；对于那些具有中国特色而又有必要翻译的公示语，则由国内专家翻译、中外专家合议，若没有异议，即投入使用。使用过程中若发现问题，及时进行修改。对于那些纯粹是给国人看的公示语，完全可以不译。

除了以英语读者为中心来考虑译文外，可否从中国英语这一语言变体的角度来考虑翻译，以及译文的合理性和可接受性呢？当然，译文必须符合英语表达习惯，体现文体色彩，才不会产生误解，并达到原文想要达到的目的。此外，我们也可以学习借鉴一些邻国的做法。

（15）2007年，王颖、吕和发两位教授在《公示语汉英翻译》一书中指出，从公示语的传播、转化、回译的全过程来看，译入语的接受者也是译出语发出者所传达信息最原始的"源语"信息传播者。回过头来，将汉语公示语"回译"为功能相同、情景对等、对象一致的英语公示语，要远比进行复杂的"读者研究""语境分析""文化导向"来得精确，可操作性也更强。

（16）2008年，牛新生副教授又在论文《公示语文本类型与翻译探析》中指出，公示语应当属于感召型文本，即是说公示语是一种具有指示、提示、警示、告示、劝导和宣传等感召功能的文本。在翻译汉语公示语时，首先应当明确公示语是一种感召型文本，译出公示语的感召功能是翻译的首要任务；翻译时不必拘泥于汉语原文的语言结构，应当遵从英语语言的文化习惯，这样才能使译文取得公示语文本的预期效果。在具体的翻译方法上，我们可以根据不同情况，分别采取借译、仿译和创译等方法。

（17）2008年，夏康明教授在《公共标牌和标识英译指瑕》一文中指出，公共标牌和标识英译时多借用英语标牌和标识中类似的表达方式，采用"借用"（borrowing）和"回译"（back translation）的方法来进行翻译，同时还应尽量避免翻译时出现语法、用法、搭配及常识性错误。

（18）2009年，刘美岩副教授、胡毅硕士在文章《公示语英译错误分析及对策》中提出了三条公示语翻译策略：

①模仿、借用、创新：语言学界对公示语通常采用三种不同的翻译方法，即如果英语中有现成的对应表达可以直接照搬；如果英语里有类似的表达，可以参照它，并采取嫁接改译的方法。如果前面两种情况都不存在，那么就按照英语的习惯和思路进行创造性的翻译。

②目的决定方法：公示语的翻译是一个复杂的过程，受文化习惯、应用场合等多方面的影响。从目的论的角度分析，原文文本在翻译中只是起到了"提供信息"的作用，为适应新的交际环境和译文读者的需求，更加有效地实现译文的功能，译者在翻译过程中可以根据译文预期的交际功能，结合译文读者对译文的期待或交际需要，来决定具体的翻译策略和方法，而不必拘泥于与原文形式"对等"，而影响译文在译语文化环境中的交际功能，这样就能减少母语的负迁移错误。

③意义领先、形式恰当：翻译时，译者必须对原文的表象、概念进行分析、综合、判断和推理，研究其语用意义，即原语的功能意义，判定其语言风格，正确理解原文，注意意义转换与表层形式转换相互交错，切不可简单地用对应词语代替释义。如果这样，往往会由于母语的干扰而导致意义的歪曲。

（19）2010年，薛红果老师在《公示语的英译错误分析及其矫治》一文中提出了两种恰当的公示语翻译策略：

①借用法。最简单的公示语翻译方法是借用法，即套用国外现有的公示语。首先，采用宏观思维的视角，广泛查阅、仔细甄别、瞄准前沿、结合实际、选定主流的翻译，主要参阅北美的公示语；其次，站在译入语接受者的视角，将那些原汁原味的英语翻译借用到具体的汉语公示语中。

②创译法。若是国外没有的公示语，可以根据公示语的翻译原则，并遵循英语思维表达习惯进行翻译，不必一一对应。

（20）2011年，李伶俐老师等人编撰的论文《汉语公示语英译的理论基础、基本原则和方法》中提出了一些可行的汉语公示语英译的主要方法：

①借译：所谓借译就是"拿来主义"，即不加任何改造地照搬英语中现有的公示语。公示语的应用是全球性的，很多汉语公示语基本上都能找到相应的英文公示语。所以借译应当是汉语公示语英译的首选方法，这样可以避免逐字的机械翻译和生涩难懂的译文，以更好地实现交际目的。

②仿译：仿译就是参照英语里类似的说法，如谚语、歇后语、诗歌或名句等，改造性地拿来，即用英语中已有的表达方式表现新的内容，从而使译文尽量地道自然，以更好地发挥其功能。

③创译：一些汉语公示语在英语国家找不到对等的表达，也没有类似的译法可供模仿，在这种情况下，译者要创造性地翻译。创译是指译者在正确理解原文信息意图的基础上，在翻译的时候酌情变通，使译文符合英语公示语在结构和表达上的特点，可以很好地完成从原语到译入语的转换。创译必须讲究章法，既要准确传达原文之意和特点，又要使译文具有可读性。前者需要译者领会汉语所属之意，后者则要求译者尽可能运用英语现成的成语或句型，绝对不要毫无顾忌地逐字翻译来完成创译任务。创译的结果一定不是唯一的，要不断地修改和斟酌、比较和遴选，或许就能够发现令人拍案叫绝的、能够让人普遍接受的译文。

当然，并非所有汉语公示语都要译成英文。那些完全针对本地公民需求和行为特点设置的公示语，如"当好东道主，办好赛马节""小商小贩禁止在此摆摊""军车免费""大力提倡晚婚晚育，优生优育"等就没有必要翻译。

（21）2011年，王晓明、周之南老师在《汉英公共标示语翻译探究与示范》一书中提出了五种公示语汉英翻译的基本方法：

①完全对应法，又可称为完全替代法：英语中已有的公示语可以直接与汉语公示语搭配，做成双语标识。这样既节省了时间和精力，提高了翻译的效率，译文又地道，符合英语的习惯表达方式，容易被外国受众理解。

②部分对应法：许许多多具有国家特色、地方特色、民族特色，在特定的时间场合针对特定人群颁布的公示语，一个较为简单而且容易操作的

翻译方法就是部分对应。简言之，部分对应就是在翻译公示语时套用英语公示语中常见的句型结构和短语，只翻译无法对应的部分。

③创造新译法（属于直译的范畴）：在公示语的翻译过程中，如果前面的两种方法都不奏效，没有现成的范例可以参照，就只好译者自己翻译了。这种情况多见于有中国特色的商品、土特产、旅游景点、食物菜品等翻译，以及广告语、标语等具有时效性和地域性的公示语翻译。要独立做好公示语的英译，必须了解汉英两种语言文化的差异以及它们体现在公示语中的差异，当然还有公示语英译的一般原则。

④功能对等法，亦称意译法：指译者在确认原文的性质和交际功能后，用相应的英文表达类似的内容，完成与原文相同的功能，达到原文所要达到的交际目的。根据此法完成的译文可以不对应汉语的原文。

⑤不译法：在中国，有些公示语的交际对象只限于中国人，与外宾没有多少关系，那就不需要译成英文。

（22）2012年，潘月明、郭秀芝两位老师在《高校译名回译难 春风难度"大学"关——以国内理工大学校名英译为例》一文中强调，在我国仅"理工大学"的校名就有十种翻译方法。通过对全国"理工大学"译名的查阅、梳理和分析，同时借鉴国外高校的英文校名，并通过"回译"的检验手法"还原翻译"，进而提出和规范了"理工大学"校名的译法。

（23）2012年，夏康明教授的文章《基于旅游公示语英译国际化原则的"回译"和"借用"策略》中，基于旅游公示语英译国际化原则的必要性和重要性，从跨文化交际的角度研究了英译国际化的两条重要原则，即符合英语公示语使用的国际语言惯例和国际语境，提出了在英译国际化的主要翻译策略"回译"和"借用"视角下，若干行之有效的翻译方法：

①回译：指把已经翻译成某一语言的文本再译回至源语中。这一方法对旅游公示语的英译尤其适用，因为目前在中国使用的许多旅游公示语是首先从英语译入汉语的，包括词语的回译、句子的回译。

②借用：这是一种常见的翻译策略，指借用目的语中相似的语言成分来取代源语中的成分。鉴于旅游公示语突出的国际化特点和国际语境，借用不失为一种公示语英译的好方法。我们可以借用英语中使用场合和语境相似的旅游公示语，来英译与之对应的汉语公式语，包括借用说法基本一致的旅游英语公式语；借用说法类似的旅游英语公示语；直接借用英语中

描述中国的旅游文化词语。

（24）2013年，虞旷怡老师的论文《目的论指导下的西湖景区公示语英译评析》中提出了目的论指导下的公示语英译的三种常用翻译方法：

①省译：由于汉英文化的差异，在旅游景点的介绍中，汉语常引用古诗词句和历史典故，但这些中国文化特有的产物对外国游客来说就显得晦涩难懂了，一味地死译硬译只会违背原文的优美意境，给读者带来理解上的困难。此时应采用省译法，对这些内容进行适当的省略和删减，使译文更加符合读者的阅读习惯。

②增译：增译是指对原文中一些信息进行必要的解释和补充，比如人名、地名、历史朝代，以及具有中国特色的词汇俗语等。在翻译时，对这些信息进行适当的增译，有利于增进读者对原文的理解，也促进了中国文化的对外宣传。

③改译：汉语在描写景色时常使用大量优美的四字短语或对偶句式，使表达更具文采和抒情性。然而，英语则更注重简洁客观。改译法就是对于不符合译文语言表达习惯的词句、语序进行必要的结构性改动和调整，从而更好地为译文读者所接受。

（25）2014年，顾红、丁晓蔚和张群星三位老师在《从功能翻译理论看汉语公示语的英译》一文中将汉语公示语分为两大类：一类是在英语中可找到对应的公示语，另一类是具有中国文化特色的公示语。由此提出了恰当的翻译策略及方法：译入语中有对等的公示语，应采用对等功能工具翻译，具体可使用借译、转化和增译等翻译方法；具有中国文化特色的公示语，译者可以做出删减或改写，甚至采用"零翻译"的策略。

（26）2015年，李丽春老师在其文章《功能文本类型理论视角下的公示语翻译——以广西公示语为例》中提出，作为一种具备感召功能的文本，对公示语翻译时要做到以读者为核心，以文本效果为目的，并在此基础上根据具体情况采用灵活多变的翻译方法：①套译；②改译；③创译；④零翻译。

不难看出，公示语翻译并不只是简单的文意传递。因此，翻译时不管采取何种方法，都必须对源语和译入语做深刻的研究，抓住公示语的语体特点，以通顺易解的文字向公众传递信息，在两种语言之间做到融会贯通，公示语的应用效果才可得以完整的体现。

以上研究多集中在研究某一城市或者某一景点公示语的英译，对其中的失误、错误进行分类，提出了公示语翻译的各种方法与对策，但彼此说法各异，策略、原则、方法等概念不免混为一谈。仍然需要指出的是，这些成果大都是以个案的形式来分析公示语翻译的实践，未免有些单薄，给人以管窥豹的感觉。其中最值得一提的是丁衡祁教授的A—B—C模式，即"模仿－借用－创新"（Adapt—Borrow—Create）。这个模式几乎可以被视为公示语翻译方法的经典或权威，因为这之后的很多方法却是以此为基础提出的。当然，黄忠廉教授2002年提出的变译理论对我们也很富有启发性，完全可以成为汉语公示语翻译的一个整体实践思路。

综上所述，我们能够在"读者中心视角下的准确一致、简洁易懂、规范得体"的指导原则基础上，大体提炼出五大汉语公示语英译的一般方法：

（1）直接照搬法：对公示语的翻译，最简便而实用的办法莫过于直接照搬国外的惯用说法，即把英语中已有的和汉语公示语在内容和功能方法对等的公示语直接拿来为我所用，这应当是公示语规范化的最佳途径，也是汉语公示语英译的首选方法。其具体方法包括回译和借译。

①回译，又称为翻译还原：将A语言中的译文B翻译成A语言。回译的原语本质上为译文，译语则本质上为原文。

例1："VIP/Very Important Person"（贵宾）、"P/Parking"（停车场）、"ATM/Automatic Teller Machine"（自动取款机）、"AVM/Automatic Vending Machine"（自动售货机）、"YHA/ Youth Hotels Association"（青年招待所协会）、"Conference Center"（会议中心）、"Push Here"（按此）、"Automatic Door"（自动门）、"Use Sidewalk"（使用边道）、"Road Closed"（道路封闭）、"Waterloo International Station"（滑铁卢国际车站）、"One World One Dream"（同一个世界 同一个梦想）、"Army Property No Trespassing"（军事设施严禁穿行）等等。

例2："Be aware of dogs!"（小心烈犬！）、"Don't drink and drive!"（严禁酒后驾车！）、"Please keep off the grass!"（请勿践踏草地！）、"Take care, don't leave things behind."（当心不要丢失东西）、"Must wear life jacket."（必须穿救生衣）、"Tickets and Guide Books on Sale Here for Tower of London"（本处销售伦敦塔门票与导游手册）、"Sorry, No Children Strictly Over 21's Only"（对不起，不对儿童出售仅售21岁以上顾客）、"Cafe Open Breakfast and Lunch 7 a.m.— 5 p.m."（小吃店营业时间：早餐、午餐早7点

至下午 5 点）、"No Parking"（严禁停车）、"Do Not Disturb"（请勿打扰）、"Do Not Use Elevators"（勿用电梯）、"Do Not Block Intersection"（切勿阻塞交叉路口）等等。

例 3："小心碰头"这句公示语在不少地方被逐字硬译成：Take Care of Head/ Beware Collide。其实，英语里早有现成的说法，借来使用即可：Watch Your Head（美国）/ Mind Your Head（英国）/Caution: Low Ceiling/ Caution: Over head Hazard。

例 4："顾客投诉热线"不能译作 Customer Complaint Hotline，而要根据英语国家的语言习惯回译成 Customer Service Hotline。因为英语中说"顾客投诉"这一意思时，常使用的词语就是"Customer service"。

例 5："油漆未干！"应译作"Wet Paint!"，这样既简洁明了，又符合互文性的原则。虽然"The paint is wet."从语法上来讲完全正确，但并不符合互文性的回译原则，易造成理解上的不便。

例 6：某商场的告示"顾客止步"翻译成"Customers are stopped"，即使没有任何语法错误，但还是存在理解障碍，原因就在于不符合互文性回译原则。根据西方国家的话语规则及文化规约，"Staff Only"更易被读者接受，且能更好地将原文的感召力传达出来，从而真正实现其交际目的。

例 7：在南京中山陵风景区，"禁止车辆通行"译为了"Vehicles Not Permitted"，而根据国际惯例，正确表达应为"Closed to Traffic"。

例 8：2005 年 9 月 6 日，为了检测英文缩略语"WC"的准确意义，北京晨报的记者周萍采访了来自美国的杰克。杰克认为这样的标识用在公共场合非常不雅，因为在英国英语中，"WC"类似中文所说"茅厕"，是比较粗俗的说法，而在外国表示厕所时多用"Restroom"，意思为"洗手间"。然而，戴宗显、吕和发（2005）在伦敦实地调研得出的结论却恰恰与此相反。在 London Tower 附近，他们就拍摄了一个 24 小时开放的"WC"的公示语牌。他们还询问了长驻英国、不久前归来的外交人员，得到的回答是"WC"在伦敦较少使用，但外国人多的地方却反而在使用。戴宗显、吕和发 2004 年在对北欧和南欧八国的实地考察中发现，国际化程度高的旅游城市"WC"都昭然悬挂。在某种意义上来说，"WC"已经不再是传统意义的"茅房"，已经更新、"中介化"了。

②借译：在翻译汉语公示语时尽量借用英语中已有的规范公示语。

例1：一个最为典型的例子就是吴伟雄教授把"桂林山水甲天下"这一旅游推广公示语名句译为了"East or west, Guilin Landscape is best"。该译文巧妙地借用了英语中的类似说法"East or west, home is best"。该译文不仅言简意赅，而且朗朗上口，令人回味无穷，会给国际旅游者留下深刻的印象。这句翻译做到了原文和译文在功能上，包括语义、文体和文化上的最佳对等，是汉英旅游公示语翻译的佳作，其翻译方法和思路值得广大翻译工作者学习和借鉴。

例2："The Bund"（外滩）、"The Summer Palace"（颐和园）、"Kitchen God"（灶神）、"Goddess of the Sea"（妈祖）、"Confucian Temple"（孔庙 / 文庙）、"The Ming Tombs"（十三陵）、"Town God Temple"（城隍庙）、"Temple of Goddess of Mercy"（观音寺）、"The Forbidden City"（紫禁城 / 故宫）、"The Ruins of Old Summer Palace"（圆明园遗址）等等。

例3："Your opinions matter"（请提宝贵意见）、"CCTV in Operation"（闭路电视监控区）、"The more you shop The bigger the reward"（购物越多回报越大）、"Thank you for visiting Chengdu."（谢谢您来到成都）等等。

（2）借鉴模仿法：对一些公示语的翻译，译者可以比照现有的英文公示语的表达方式和结构进行模仿，即运用已有英语表达方式尽量更地道自然地表现新的内容。

例1：下面这句汉语公示语富有诗意，读起来朗朗上口，警示作用也很明确："碧水清清，却亦无情，河湍势险，请勿戏水。"然而，英语译文却拘泥于汉语的原文结构，仍然译成了四个小句，并且几乎把原文的每一个字都译了出来，结果反而导致译文丧失了公示语原有的警示功能，成了"死译"：So blue water, but also no good will.So rushing current, Please no play the water. 其实，这句公示语所要传达的意思不过是"水深危险"，翻译时应当把整条公示语当作一个翻译单位来处理，不必逐字逐句地译。仿照"Danger: Explosives!"（危险，易爆物品！），我们可以把它译作：Danger: Deep Water! 其警示功能一览无余，同时也符合英语公示语言简意赅的特点。

例2：碧丽牌健美苗条霜的广告"与其道听途说，不如亲身体验"的译文为：Billi Slimming Cream—Using Is Believing。本句广告英译仿拟家喻户晓的英语谚语 Seeing Is Believing，不仅让消费者感到亲切熟悉，留下了深刻印象，而且还表达出了原文的潜台词："使用本产品，方知效果好"，其劝导功能跃然纸上。

例3: 在高速公路的道路交通提示牌上常有这样一句公示语"宁停一分，不抢一秒"，以提醒司机珍惜生命，注意行车安全，结构十分工整对称。而在英语中也有这样一句西方妇孺皆知的劝世名言"Better late than never!"因而，翻译时就可进行模仿套用，仿写成"Better late than the latest!"，这样的译文不仅有效地传达了原文的信息，较好地实现了原文的警示和劝导功能，同时也符合简洁明了的原则和译语读者的文化习惯，而且译文令人耳目一新，使人印象深刻、难以忘怀。

例4: 在千岛湖五星级宾馆开元大酒店的游泳池，有这么一句公示语："为了安全和游泳池的卫生，请游客止步。多谢！"然而，其英语译文"No-swimming persons stop here please for your safety and the pool's cleanness. Thanks."完全拘泥于汉语原文结构，是机械性地逐字翻译，结果导致了译文冗长、啰唆且晦涩难懂，最终影响了交际目的的实现。在翻译这个公示语时，我们可以仿照 Staff Only（顾客止步），把它译作"Swimmers Only"。这样的译文更符合公示语简洁明了的原则，也更符合译语的语言和文化习惯。

（3）谨慎创译法：对于那些既无法借用也无法模仿的汉语公示语，尤其是那些带有中华民族文化特色的、用来规范人们行为的宣传教育公示语，就需要译者调动自己的想象力和语言文化知识，创造性地翻译，即译者可以打破原有的语言形式进行重新创作。创译当然必须讲究章法，既要准确传达原文之意和特点，又要使译文具有可读性。创译的结果一定不是唯一的，要不断地修改和斟酌、比较和遴选，或许就能够发现令人叫绝的、能够让人普遍接受的译文。

当然，这也是国内翻译界至今争论最多的地方，那就是当公示语涉及具有中国特色的文化信息，尤其是通过直接翻译、增减词句或直接借用的方法来完成翻译工作时，应如何考虑国外受众的不同义化心理，做出不同的翻译调整，而当下最主要的两个方法就是改译或不译。

例1: 不少宾馆里都可见到"创建绿色饭店，倡导绿色消费"的标语，其英语译文也各不相同: Establishing the Green Hotel, Green Consumption Initiative ; Establishing Green Hotel, Initiating Green Consumption ; Establishing Green Hotel and green Consumption Intiative ; Establish Green

Hotel, Pomote Green Consumption。这几句译文基本上是逐字对译，此外，有三句译文使用了表示伴随状态的分词结构，致使译文毫无生气，不具感召功能。另外一句虽然用了祈使句，但是照搬原文结构，导致译文过分生硬。这句公示语似可改译为：（Strive）For a Green Hotel and Green Consumption，介词 for 表示目的，恰好可以体现出原文的目的性和感召功能。

例2："前方是十字路口"这样的道路交通公示语通常设置在十字路口附近，以提醒司机朋友慢速行驶，注意行车安全。若直译就是"Here is an intersection ahead."，译文是一个完整的句子，从语法上看不存在问题，但我们知道，简洁是公示语翻译的第一原则，更何况这是在开车的时刻，司机通常只能眼睛一扫而过，所以就更加要求简洁明了，此处，就可以提取最关键的信息实词，只保留表语"Intersection Ahead"即可，而将其他部分进行省略。

例3：网师园位于江苏苏州市，原为南宋史正志万卷堂故址，号称渔隐。此园住宅与花园结合、贯穿紧密，建筑的木结构与门窗隔扇都有精细的雕刻。园中有小山、池水、石桥、长廊等。此园虽占地面积不大，但亭台轩榭与池水相互衬托，路径处处贯通，曲折自然，精巧幽深。

拙政园位于江苏竹苏州市，初为唐代诗人陆龟蒙的住宅。明正德年间御史王献臣辞职回乡，买下此产，改建成宅园，后又经多次整修。除正宅外，园内有31景，占地面积60亩，水面占五分之三，建筑群多临水。此园设计、布局别致而清秀，远看重廊复阁、山峦起伏，近看雕梁画栋、七彩辉映，真乃独具江南特色的典型园林。

通读全文后，确定取舍，可译为：Wangshi Carden, in Suzhou, was a private residence of a Southern Song Dynasty official.Not large in size, it was designed to provide a feeling of serenity and seclusion with changing scenes every few steps.It was typical southern style gardening exerting far-reaching influence for the following centuries.Zhuozheng Garden, like Wangshi Garden, was built even earlier in the Tang Dynasty.

例4：如果不顾文化差异，不考虑译语读者的语言和文化习惯，将一则流行的交通提示语"司机一滴酒，亲人两行泪"直译为"A drop of wine for the driver, two lines of tears for the family!"是无法传达出原文的真实信息和感染功能的。这则公示语的意图是提醒司机们注意安全，不要酒后驾车。为了更好地实现交际目的，丁衡祁（2006）打破了原有的语言形式，进行了重新创作，完成了"Drink and drive costs your life"的译文，达到了一种言简意赅的效果，从而将原文的感召力成功地传递了出来。

（4）参照执行法：国家技术监督局编制、翻译、发布的国家公共标志与标志语提供了广泛应用于道路、旅行、安全、环保、储运等方面的标准汉英翻译规范，所有翻译人员理应严格参照执行。

（5）内外有别法：目前国内的一些通用汉语公示语在英语国家是找不到任何踪迹的，在这种情况下，翻译工作者首先不应考虑怎么译，而是分析是否有必要译。一些具有中国本土民族文化意义的公示信息经确认确实有必要保留，在暂时无法找到对应译法的情况下，应当参照实际功能需要选择适宜的形式风格进行试译，然后在部分海外旅游者中进行检验，在确认不会产生任何误解的情况下才可广泛应用；对外宣传要内外有别，对规范本国市民的行为，或通过呼吁的方式诉诸市民的有关社会公德意识和道德觉悟的公示语，尤其是一些针对国人陋习或警示国人的公示语，将它们翻译出来只会画蛇添足，让外国人困惑不解，影响中国的对外交往形象，不利于文化交流，所以在翻译时必须变译，甚至最好不翻译或仅配以图形。

由于中国传统文化及社会意识形态的影响，汉语公示语中经常出现大量的口号类公示语，具有鲜明的中国文化特色。这类公示语在维护社会稳定、构建和谐社会方面起到了积极的作用。但是，由于其具有典型的中国本土化特点，这些公示语极不易被外国读者所理解。这些汉语口号类公示语往往只针对本国或本地民众设置，目的在于宣传、教育、感染大众，满足其行为或心埋的需求，大多数情况下对外国读者没有实际意义，也不期望他们做出任何反应或行动。因此，一些只具有中国本土意义，并且经确认对外国读者没有指示意义的公示语，建议采用"零翻译策略"，不必翻译成英语：

①某些汉语公示语在对异域文化没有搞清楚或把握不大之前，与其错译为英语，不如暂时不译在标牌上。

②不具备普遍意义的公示信息就没有必要翻译为英语，比如学校、医院、商场、企业等社会机构的无关部门就可不译。

③各个国家文化风俗、生活习惯，以及公共场所商品陈列、服务机构、

公示程序等总有相同之处，有些一目了然的地方也没有必要翻译为英文。

④公共场所有些与涉外活动关系不大的、只对专业人员才能有用的汉语公示语也没有必要翻译为英语。

⑤已经存有国际通用的图形、标线，并且清楚地传递了相关信息的汉语公示语不必再增加英文译写。

⑥车站、商场、医院、宾馆等公共场所带有限制性、强制性，且有损当地"窗口"形象、文明程度和文明素质的英文译写，应该尽量少一些，最好杜绝。

⑦英文评写材料也不应该包含那些只符合中国国情，而不具备普遍性的内容。

例1：下面是某旅游景区一则"游客须知"中的一句告示语：游客必须每人持票入内，废票、伪造票不得入内。在参观过程中，请自觉接受工作人员检查。其英译文" Please holds your ticket in your own hands，when you enter in the scenery spot.Please note you will be rejected entering in the scenery spot，if you use invalidated ticket or imitative tickets.Please accept checkup of our missionary consciously." 可以说译文是一字不差地译出了原文，却处处都是漏洞。外国游客看了，心里一定会纳闷：我千里迢迢来到中国旅游，难道还会持废票、假票入内？为什么在参观过程中还要自觉接受"传教士（missionary）"的检查？这样的译文毫无告示功能可言，反面会把外国游客给弄得稀里糊涂，满心欢喜也会化作一腔积怨。其实，只需译作"Admission by valid tickets only"就足矣！这种告示应当注意内外有别。

例2：苏小小地墓的景点介绍：苏小小，南齐时（479 年 –502 年）钱塘名妓，才貌出众。曾作诗"妾乘油壁车，郎跨青骢马。何处结同心？西陵松柏下"，此诗句至今脍炙人口。原文中苏小小所做的诗对于外国游客来说是难以理解的，若全部译出，则可能会增加读者负担，使他们倍感疑惑，所以译文采用了省译方式，简洁明了，便于读者理解：Su Xiaoxiao, a famous singsong girl in Hangzhou during the Southern Qi Dynasty（479—502），was endowed with both beauty and talent.Her poems have enjoyed great popularity.

例3：苏堤景点介绍：绿荫夹道，虹桥映波，四季胜景，如诗如画。原文四个四字短语罗列，如果逐字逐句翻译，则显得生硬繁复，违背了英文公示语追求简洁练达的原则。此处译文只用了一句话概括，变译用得恰到好处：Su Causeway has trees on the two sides and the views are poetic and picturesque thougrout the year.

例4：有人把"文明单位"译为了"Civilized Unit"。在汉语文化中，该称号主要授予精神文明建设好的模范单位，"文明单位"使人联想到该单位"有较高的文明素质和成就"，值得学习。而在西方文化中，civilized 或 civilization 则使人联想到"从野蛮过渡到文明"的用意，"Civilized Unit"更使人联想到这是一个"被教化了的，已开化了"的单位。当然未获此称号的单位就是"uncivilized（不文明的）"了。这样的英译显然与原文意思不吻合。其实，该称号该译作"Model Unit"就可以了。

例5：车站码头上的"小心扒手"，随处可见的"违者罚款"，公厕中的"来也匆匆，去也冲冲"，公共场所的"请勿随地吐痰""禁止随地大小便""禁止乱刻乱画""禁止乱扔杂物""天桥上禁止摆摊设点""严禁赌博""严禁卖淫嫖娼""有您的参与，垃圾不会无家可归""小商小贩禁止上栈桥""只生一个好""计划生育人人有责""要想富少生孩子多种树""本地人半价"等公示语纯粹是针对那些有陋习的国人或为警示（规范）国人，行为而设置的，译成英文只会画蛇添足，反而让外国人士觉得滑稽可笑，影响到中国的对外交往形象，非常不利于文化交流，所以不译才可维护国家形象。

第五节 公示语翻译的规范管理

一、公示语误译的成因分析

当前国内公示语翻译与使用的错乱现状，是和公示语身份不明、缺乏法律法规保障、没有明确的翻译标准，以及管理归属和属性多头等成因有关，要从根本上改进和提高公示语的英译水平，就需要查找出错误和失误的原因所在。公示语误译的成因很多，从公示语的制作使用流程方面进行分析，主要是由以下三个方面造成的。

（一）译者本身原因

中国自改革开放以来，外语教育虽然取得了很大的成果，但是由于教育体制等多方面的原因，人们学英语的主要目的仍是为了获得所谓的大学英语四级证书、大学英语六级证书，或者是英语专业证书，英语实际应用能力比较欠缺，缺乏跨文化交际意识，考虑简单，译文主要是对照字典和工具书，再加上有些翻译人员责任心不足、态度不认真等，导致了英语公示语从产生的源头开始就存在诸多的问题。

1. 语言文化差异

孙静（2014）在其论文《公示语汉英翻译中的民族文化心理》中，从实用翻译角度探讨了公示语汉英翻译与民族文化心理的关系，通过分析实地搜集的资料揭示了公示语翻译中译者的五种民族文化心理：重视和谐的人际关系、重视人与自然的和谐、爱面子、重悟性，以及民族主体意识逐渐增强，并认为把握这些民族文化心理将有助于指导公示语的翻译实践，促进跨文化交流。

由于不同民族的社会文化背景、生活风俗习惯、思维方式存在着巨大差异，因而在语言表达上也必然存在差异。在公示语汉译英的过程中，如果译者忽视了这种差异，照搬自己民族的价值观，而不考虑译文读者的民族文化心理和价值观，就必然使交际发生障碍。由于中文和英文之间存在着历史、文化、社会和风俗等方面的差异，不少汉语公示语难以找到相对等的英语。于是，很多译者不能很好地意识到汉语对翻译的干扰和英语读者的文化接受能力，把汉语公示语机械僵硬地翻译成英语，从而影响了英语读者对英文公示语的理解。

2. 译者水平有限

译者本身的问题主要体现在以下四个方面：首先，译者在公示语翻译过程中缺乏强烈的社会责任感和严谨务实的态度。比如，那些公示语翻译中的拼写和语法错误本来是很容易避免的，却因为译者不负责任的态度，很容易出现这类"硬伤"。其次，译者本身两种语言转换的能力有限，像词汇层面的错误、语法层面的错误、语篇层面的错误，都有可能是译者本身的语言能力薄弱造成的。再者，译者对公示语翻译的具体要求缺乏了解。公示语翻译具有其独特的特点和要求，并不是每个学了点英语的人都可以把公示语翻译做好，作为译者不仅要有良好的语言能力，还必须对公示语翻译具有专业的认识和把握，才可以做到翻译准确、地道。最后，译者缺乏对中西文化差异的把握，也是造成错误的一个重要原因。汉英公示语的翻译中，译者由于受中国文化的影响，不可避免地在翻译的过程中会用中文的思维方式，从而可能会忽略了两种文化的差异。如果在此过程中，译者过分地把汉语的因素带入到翻译之中，就可能会导致文化层面的错误。

很多进行公示语翻译的人员都不是专业的翻译工作者，甚至有的仅仅是懂一点英语而已，他们往往不备足够的专业知识，难以胜任公示语的翻译。笔者发现，一部分旅游景点会让懂英语的内部工作人员，或亲戚朋友熟人，或让广告公司代劳对新的公示语进行翻译，以减少成本，节约时间。这些非专业译者的英语水平参差不齐，译法也十分混乱，翻译出来的公示语自然错误百出。

3. 翻译标准缺失

由于多方面的原因，公示语翻译的国家标准至今未能颁布，相关地方性翻译标准也有缺失。因此，译者在对公示语进行翻译时没有具体的权威性、示范性参照标准，不能对某些特定场所（如街道、商场、医院、银行、景区等）的行业用语提供正确而统一的英文翻译，导致公示语译文错误泛滥，甚至产生了"纠错出错错更错"的现象。

（二）政府管理层面

政府在社会公共事务管理中应该发挥主导作用，而在国内城市经济和社会飞速发展的同时，政府部门在把城市推向国际化发展道路的对外宣传方面却做得很不够，特别是政府在公示语翻译的管理工作上做得极少，往往是头痛医头、脚痛医脚，没有一个完善的管理章程、制度，也没有一个专门的管理组织。这表明相关的政府部门对这一问题的认识不足，公共服务意识不强，公示语双语建设步伐缓慢。另外，在公示语的制作过程中相关部门的工作不到位，缺乏对公示语牌翻译、制作、维护工作的监督和管理，所以，在这整个过程中，大量的错误翻译也就不可避免了。

1. 管理形同虚设

由于相关政府职能管理部门制度不健全、管理不到位，规划者、翻译者、制作者、使用者、管理者分属不同的行业，文化、旅游、交通、卫生、服务和外事等部门各自为政，各项监督机制形同虚设，翻译评审机构呈现空洞化趋势，这是造成公示语翻译市场混乱、误译频发的公示牌大量存在的最主要原因。

100% 的调查者从未听说有政府相关部门提供公示语翻译与使用的管

理、审查工作，特别是街头路牌、宣传语、警示语、旅游简介等的英译与使用，没有经过任何管理部门审批。

此外，在调查过的 15 个主要旅游景点中，仅有一处景点表示会每月对公示语进行一次检查和更新，一处景点每年对公示语更新一次，两处景点对公示语不定期进行更新，而固定展览从不更新，11 处景点则从来不更新景区内的公示语。然而，当外国游客反映（投诉）公示语的错误时，大部分旅游景点表示会向上级反映，但由于成本、时间、条件的制约，加之缺乏相关管理机构的监管，最终往往不了了之。

2. 重视程度不够

上至政府管理部门下到普通市民，大家对公示语汉英翻译的必要性普遍认同，但对其重要性和规范性的认识还不到位。各政府机关、社会媒体、广大市民对此大都较少关注，只有少数有心人偶尔感兴趣，这样就难以依靠群体的力量纠正公示语英译和使用中的错误。公示语在使用过程中，相信很多人都会发现不妥和错误的地方，但由于缺乏社会意识或者公众意识，很少有人向公示语使用单位反应，这个也是公示语存在大量错误的一个原因所在。

笔者曾采用访谈的方式对某市的 100 名普通市民进行了英文公示语的关注度调查，结果表明：对于"请问您在我市公共场所发现过公示语翻译的错误吗？"这一问题，19.7% 的普通民众认为"经常发现"，65.8% 的人表示"有，偶尔发现"，回答"几乎没有发现"的占 14.5%，其中本科以上学历的市民关注程度高达 79.3%；在年龄层次上，年轻人普遍更多关注英文公示语，40 岁以下的受试人群中达到了 75.7%。在"您对张家口市公示语的英语翻译现状有何看法？"的调查中，最终统计数据为："满意"的占14.5%，"有许多错误，不满意"的占 48.7%，"没有意见"的占 36.8%。

3. 翻译市场混乱

许多地方尚缺乏健全的翻译市场，现有情况较为混乱，"皮包公司"满天飞，专业翻译机构少，整体英译水平远远赶不上沿海发达地区，公示语翻译专业人才和信息资源严重匮乏。

4. 文化交流滞后

改革开放以来，国内的多数中小城市在外语语言环境建设方面尽管取得了一定的成绩，但由于其对外开放时间较短，外语语言环境建设起步较晚，建设速度较慢，还远远不能满足改革开放、经济发展的客观要求，对新的外来文化的传播和接受相对滞后，在公示语翻译这一领域尤其落后，很多公共场所公示语的英译并不能满足外籍人士的现实生活需求。

（三）制作、使用单位层面

1. 制牌人文化素质低

公示语的制作并没有专业的制作单位，多是找一些广告公司制作，他们多是根据公示语用户提供的资料直接进行制作。另外，不可否认的是，这些公司缺乏专业人才，再加上在制作过程中的不仔细，很容易导致公示语错误的产生。公示语的制作应该由具备专业人才的专业公司进行，才能够尽量减少错误。不少地方的公示语标牌制作人往往不会英语，呈现出英盲化，所以不仅未能发现并纠正公示语翻译中的错误，还经常因为粗心大意、不负责任等原因造成更多的拼写错误和粗制滥造。

现在，制作标识牌的店铺多如牛毛，满大街都是。笔者曾对20名来自某市不同标牌（招牌）制作店的工作人员做了访谈调查，结果显示：在这些人员中，只有1人的达到了大学英语四级水平，其他19人均为中小学英语水平，所有人都没有接受或自修过公示语汉英翻译的专项训练，只懂标牌的设计制作；每次有客户要求制作标牌时，客户一般都会自己附上英文说明，如需要店里帮忙翻译，店里英文好的制作人员就会试试，或者请上过大学的亲戚朋友帮忙。

2. 制作人责任心不强

公示语标牌一般都是由公示语制作单位完成。有些公示语制作单位本身缺乏一定资质，有的是通过各种渠道揽到了公示语制作的业务，唯利是图，对公示语的制作不负责任，只是根据客户要求依葫芦画瓢，没有人关注公示语的翻译质量。具体表现如下：首先，没有及时和公示语的客户进行沟通，不能按照客户的要求进行制作，盲目地进行公示语的制作，完成任务了事。其次，客户如果有公示语的翻译材料，制作人员可以借用，但由于某些制作人员的责任心很差，在编排的过程中把所提供的翻译材料进行了篡改，导致了公示语翻译的错误。再者，有的公示语客户没有提供翻译材料，把工作全权交给制作单位，工作人员也没有请教专业的翻译人员，大多数以常用软件翻译敷衍了事，当然会出现大量的各种翻译错误。

3. 使用单位审核监督工作不到位

公示语经过翻译制作，最后送达公示语使用单位使用。在公示语送达后，公示语使用单位没有对公示语进行审核，收到了就立即使用。或者是在公示语的使用过程中，缺乏对公示语使用的必要监督。

二、公示语误译的对策探讨

公示语及其翻译涉及一个城市的对外形象，是语言生态环境的重要组成部分。中英文双语公示语作为人文环境和语言环境的重要组成部分，是尝试实现国际化的重要标志，是对外开放水平的一个缩影。形式、内容俱佳的公示语宣传效果好，有助于规范人们的言行；不良公示语危害社会，有损城市形象，造成了不良国际影响。对公示语翻译问题进行深入、细致的研究有着重要的现实意义和深远的历史意义，理应引起全社会的高度重视。由于种种原因，我国公示语翻译存在着语言运用混乱和语言污染严重等不和谐现象，成为语言生态环境建设的障碍之一。虽然国内双语公示语的整治工作起步较晚，却足以在借鉴成功做法的前提下，高起点地规范公示语的翻译与使用。

（一）译者本身层面

提高译者的翻译水平和公示语翻译的实际能力，是改善城市公示语翻译现状的关键，公示语翻译质量的好坏，往往在很大程度上取决于译者的水平。我们知道，在国内有很多知名的高校，大多数高校里都有外语专业，这对于城市公示语的翻译工作是一个得天独厚的优势。这些高校外语专业的教授可以开设有关公示语翻译方面的课程，并做一项实践性研究，从而指导更多的人了解公示语，并加入到公示语的翻译工作中来。

对于译者而言，要做好公示语的翻译，需要注意以下几个问题：

1. 熟悉公示语的语言特点

公示语有其自身的特点，大体表现在：词汇上讲究简单，句法上注重简洁，表达意思必须清楚直接，同时要遵循公示语本身的规约性和惯例。译者必须熟悉公示语的这些特点，才能使公众最有效地获得公示语的相关信息。

2. 借用对等译文

有些公示语虽然在我国有很强的自身特点，其实却与国外的很多具有类似意义的公示语是相通的，因此我们可以在翻译这类公示语时，直接借鉴国外的公示语，这样的公示语翻译地道达意，也给我们的公示语翻译工作带来了高效率。因此，我们在公示语的翻译中，不可以想当然地去翻译，必须以严谨的态度去对待，要反复研读各种相关资料，虚心地向外国朋友请教，尽最大努力把对等的译文借用过来。

3. 注意对文化背景的理解

公示语的翻译涉及两种语言和两种文化，如果我们不了解不同语言下的文化差异，就有可能在公示语的翻译中犯下错误，甚至闹出笑话。从这个意义上讲，译者仅仅懂一点翻译是不够的，还必须满足公示语翻译本身的特殊要求，特别是在翻译的过程中，务必充分考虑公示语信息接受者的文化环境、思维习惯、生活背景等诸多因素，否则可能非但起不到公示语应有的作用，还有可能引起不必要的麻烦，或造成某种严重的后果。

4. 大力开展学术研究

公示语翻译实践不仅涉及语言因素，而且与非语言因素有关，后者甚至起着决定性的作用。理论与实践互动是翻译事业发展的必要条件，实践需要理论指导，并归纳成理论，而造成公示语翻译错误泛滥的部分原因，正是国内学术界对此项新领域的研究还很不够。鉴于之前公示语翻译无标准、使用无规范、参考无依据、应用无对照、错误无人管的现实复杂性，我们认为公示语翻译研究不仅要有语言学者的参与，还应该有相关行政手段的有效介入。

有关行政部门理应根据本地的经济社会发展需要，强化对公示语英译研究的扶持和引导，不断加大人财物等方面的投入；各个学术机构责无旁贷，理应牵头抓紧对中英文公示语系统化、规范化、多样化的专题研究，尝试制定城市公示语翻译使用的规范和标准，并开通多种服务渠道免费或有偿为公示语需求者提供指导和服务；组织开展学术讲座和座谈会，为各级城市领导、工作人员和广大市民普及公示语翻译与使用方面的知识，以提升大家对英文公示语的认知度。

5. 加强公示语翻译沟通

国内各个高校与公示语翻译的相关专家，还有许多从事公示语翻译工作的相关人员应加强沟通，互通有无，不断学习，共同提高，从而为城市公示语的翻译工作上一个崭新的台阶打下坚实的基础。各级各类大中小学应该把公示语的翻译与使用贯穿于英语教学内容当中，讲授公示语标牌英译的策略和技巧，并且通过组织"公共场所中英文标识啄木鸟纠错活动"，开展灵活的实地教学，鼓励学生利用所学知识发现、报告和纠正学校内外出现的各类中英文使用错误，为整顿地方语言环境、提升城市对外形象贡献自己的力量。

（二）政府管理层面

公示语的管理是一个大工程，其译写工作已成为政府公共服务的一项重要内容。政府职能管理部门应对城市公示语的翻译工作从思想上高度重视，建立管理和服务的长效机制，从行动上切实加强管理，落实各项具体工作，同时要注意上下协调一致，否则就会造成政出多门、各行其是，公示语翻译各部门不统一的混乱状态。其中，政府在公示语的翻译管理过程中应该重点突出，全面逐步铺开，特别是针对城市各大旅游景点、主要街道和公共设施、对外宣传册的公示语翻译工作重点展开，尤其是从财力和人力上给予大力支持。

笔者认为，具体可以从以下几个方面着手：

1. 成立专门机构与专家委员会

各地迅速组建由政府主持和领导的专门公示语翻译管理部门，同时联合专业的翻译人员和专家组成公示语翻译专业委员会。政府为先导，公示语翻译委员会提供坚实的技术支持，双方共同配合，把具体的工作切实落实到各单位、各个部门，专门负责城市公示语英文翻译最后的审核验收、校对纠正工作，规定城市公共场所的公示语译文必须提交该专家委员会审校把关后方可公开使用。当然，假如大家对某些公示语译文争议较多而无法做出决断时，可以考虑提请"公示语翻译专家委员会"进行最后审定。

这方面有几个具体的工作需要做好：首先，政府要敦促各个相关的部门在公示语翻译委员会提供的技术支持下进行自查自纠，迅速改变城市公示语翻译的混乱状况。其次，政府的专门机构和公示语汉英翻译委员会共同研究探讨，制定相应的法律规定，组织编写汉英公示语翻译地方标准，从制度上确保公示语翻译工作的深入发展，让公示语翻译有章可循，使公示语标牌的设计、制作、上岗有法可依。最后，公示语翻译委员会成员应该制定相应的学习和培训计划，以确保在公示语翻译的过程中能够提供可靠的技术支持。

2. 加强对公示语标牌生产流程的监管

公示语的完成是一个涉及作者、发起人、翻译者、制作人和读者的复杂生产流程，其中每一个环节都有可能出现疏漏和错误。公示语翻译与使用情况不仅仅是一个学术性问题，而且是一个政策性问题，牵涉许多方面的因素，这表明行政参与是做好公示语翻译工作的有力保证。所以，政府公示语翻译的主要部门在选择制作单位时，一定要慎重考虑制作单位的资质，选择高水准、负责任的制作单位完成公示语翻译标牌的制作，制作过程中注意外语专业人士和公示牌制作人员的工作配合。属于制作单位技术层面的，制作单位务必切实保障，责任到人；政府主管部门对制作过程进行监管，公示语汉英翻译专业委员会提供最上乘的翻译材料，并派专人跟踪制作过程，共同配合，确保公示语翻译整个系统工程的万无一失。

具体来说，可以分别针对以下三个层面做好监管工作：

（1）明确发起人职责。发起人，又称为赞助人或委托人，是指促进或阻止作品阅读、写作或改写的各种权力、人或机构，诸如宗教集团、阶级、政府部门、出版社、大众传媒机构，也可以是个人势力。公示语的发起人主要是政府和宗教机构、企事业单位和个体经营者这三类，它通过对翻译者和制作人的选择操纵着公示语翻译活动的全过程。当前城市公示语英译错误泛滥的一个重要原因就是，公示语翻译过程中发起人职责不明确，发起人的重视程度明显不够，公示语的翻译质量自然就无法保证。

因此，有关行政单位、执法部门和社会机构理应责无旁贷地承担起公示语翻译的审查和监督职责，通过行政性指令和规范化立法督管公共场所的双语公示牌，并且要做到"有法可依，有法必依"。针对我国目前公示语管理混乱的情况和各部门认识上的偏差，政府应该将其纳入法制化轨道，有必要牵头成立公示语专门管理机构，各部门协调配合和高度重视，依据国家、省市的有关政策法规和技术规范进行统一管理，明确规定"谁发起，谁负责"，发现错误要限令发起人予以改正，逾期不改正的要给予相应的处罚，就如工商广告的审批管理一样，未经审核把关一律不得自行发布英文公示语，擅自发布者要一律严肃处理，并加大行政或经济处罚力度，以净化汉英公示语的生存空间。

（2）实施市场准入制。由于整体翻译质量不高、译者不负责任、翻译公司滥竽充数、缺乏市场准入机制、行业管理缺位等原因，公示语翻译质量的好坏在很大程度上取决于翻译人员的职业素质和专业水平，有什么样的译者便会有什么样的翻译质量。

为此，政府主管部门应根据本地实际情况设法建立并严格实施相应的翻译市场准入制度，要对整个翻译行业和相关人员施行准入机制，按照《中国翻译服务规范》《翻译服务译文质量要求》和《外国语言文字使用管理规定》等进行职业化行业管理，对现有翻译机构进行全面的资格审查，坚决取缔不合格的翻译公司。公示语翻译机构在政府督促和管理方面，推行专业程序管理和译员资质认证，严把翻译人员质量关，选聘既熟知公示语翻译，又充分了解地方特色的英语专业人员，并不断加强专业学习和培训，保证提供规范、周到的翻译服务，从源头上杜绝因乱译、误译而造成的英文错误，提高公示语翻译与使用的质量。

（3）完善制作人业务流程。印刷制作企业是公示语翻译文稿最后成型的关键部门，美工设计、制版印刷都应该做到准确无误，符合英语印刷规范，在印制过程中要完善制作人业务流程，注意英语专业人士与公示牌制作机构的密切配合，以便有效地避免大量低级错误。

鉴于此，政府主管部门应结合本地实际情况将生产制作公示语标牌的企业纳入统一管理，制订严密的强制性资质要求，采用相应的参照规范和资格认证，强化对相关印制机构的业务监督，授权有实力、守信用的制作企业专门生产各类汉英公示语，同时也应做出如下硬性规定：①公示语标牌制作企业平时应该加强员工的职业道德教育，提高从业人员的业务水平和工作责任心，加强工作中的检查、校对，从而减少和避免在制作过程中产生不应有的错误；②印制机构在正式印刷公示语前，必须聘英语专业人士帮忙审校印刷文稿，查漏补缺，最终使成型的翻译文稿符合英语的正确表达形式；③公示牌样品出来后，应该有英语权威专家对最后成品进行"质检"，检验合格后才能允许批量生产或"正式上岗"。

3.建立开放、完善的修正体系

一个城市的公示语涉及社会生活的方方面面，纷繁复杂的公示语翻译存在失误或错误在所难免，这在客观上是可以理解的。另外，我国公示语翻译起步也较晚，目前英文公示语的使用规范尚不成熟，最开始也只在北京、上海、广州、深圳积累了一些实践经验，就是到现在，这些一线城市的公示语翻译仍然存在很多问题，所以更不用说后发展起来的中小城市公示语翻译的现状了。因此，我们必须在今后一定时期内建立一个开放、完善的公示语翻译修正体系，对公示语翻译工作进行动态跟踪。

政府主管部门必须对公示语的翻译与使用实施全方位的监督检查，号召全体市民、社会媒体、译协、高校和科研机构积极参与，对所有不规范、不准确的标示牌进行有偿性投诉举报，平时要认真观察，勇于指出错误，凡是有疑惑的公示语翻译要做到立即上报有关负责部门，做到一经发现马上核实，在专家集体研讨后限期纠正，确保准确无误，并做好相关的记录，以便在城市公示语的发展过程中不断借鉴经验，吸取教训。唯有发动人民群众共同参与，集思广益、有错必纠、有错必改、常抓不懈，把公示语规范活动形成长效机制，才能共同创建一个健康、和谐、规范的英语公示语文化环境，才能把公示语翻译工作不断向前推进。

（1）公示语发起人理应加强公示牌的后期维护工作，对由于各种原因而导致部分字母脱落的文本要及时修补，对不同时期制作的双语标牌务必做到译文统一。

（2）政府职能部门应该委派英语专家干预性地对公示语的翻译与使用情况进行定期检查，发现错误后采用会诊的方式提出相应的修订方案，经"公示语翻译专家委员会"加以审查论证后及时更换，以使其更加规范、标准，为外国朋友的学习、生活和工作提供更多的便利。

（3）"公示语翻译规范工作领导小组"应尽快牵头组织攻关小组，偕同广大市民统一开展城市公示语翻译与使用清理整顿工作，对整个城市公共场所（尤其是商业区、旅游景点和涉外场所）的公示语标牌进行彻底的普查和纠错，并形成有效的奖励与及时反馈机制，发现错误后提出整改方案，并责令有关单位限期改正，一举改变城市公示语英译标牌使用不规范的现状。

三、公示语翻译的标准建设

（一）国内公示语翻译标准建设近况

语言文字的规范化，首先有赖于一系列语言文字及其在方方面面运用的规范和标准的确立。这些规范和标准的制定与推行，是信息化时代语言文字工作的中心任务。和谐的外语语言环境建设是一个全民动员的系统工程，需要政府全面规划：外语环境状况调查是语言规划的前提，制定公示翻译标准、确保公示语标牌制作流程的规范化是语言规划的体现；完善城市外语服务体系，使语言规划内容丰富化；要正确处理汉语和外语的关系，树立"母语为体、外语为用"的语言规划地位。

1. 公示语翻译地方标准建设情况

随着社会各界对大量触目惊心的公示语翻译错误的议论日渐升温，以及公示语翻译研究引起了日益广泛的重视，制定相关标准的呼声日益高涨。官方发布的翻译标准对于保证公示语翻译质量非常重要，然而，我国目前只有少数省市区陆续编制或发布了公示语翻译地方标准。它们通常罗列了很多常见的公示语及其译文，同时还对较常出现问题的一些公示语翻译做出了明确规定，提出了公示语的翻译方法和要求。在地方标准或规范建设机制上也基本形成了北京模式（以奥林匹克运动会为例）、上海模式（以世界博览会为例）、深圳模式（以世界大学生运动会——世界城市建设为例）和西安模式（以世界花卉博览会为例）。

（1）2006年8月15日，成都市质量技术监督局批准发布了地方标准（DB510100/T 009）：《公共场所双语标志英文译法第1部分：道路交通和旅游景点》。

（2）2006年11月3日，以迎接2008年北京奥运会为契机，北京市率先颁布了中国第一个完整的《公共场所双语标识英文译法及实施指南》（DB11/T 334）。

（3）2006年12月26日，青岛市旅游局也着手制定了该市的《旅游外文标识英语译法与通用图形符号规范》。

（4）2007年6月18日，北京奥运会分赛场之一的青岛市，由当地质量技术监督监局发布了《青岛市公共标识英文译法》（DB3072/T 094）。

（5）2008年8月26日，成都市质量技术监督监局再次发布《公共场所双语标志英文译法第2部分：商业零售业》（DB510100/T 017）、《公共场所双语标志英文译法第3部分：运动健身》（DB510100/T 018）、《公共场所双语标志英文译法第4部分：医疗卫生》（DB510100/T019）。

（6）2008年10月1日，为了迎接第十一届全运会，山东省质量技术监督监局发布了《公共场所双语标识英文译法》地方标准（DB37/T XXX）。

（7）2009年3月1日，为举办中国——东盟博览会和中国——东盟商务与投资峰会，广西壮族自治区质量技术监督监局发布了《公共场所汉英标识英文译法》（DB45/T 578）。

（8）2009年3月25日，以迎接2010年亚运会为契机，广东省质量技术监督监局发布了《公共场所双语标志英文译法规范》（DB44/T 603）。

（9）2009年8月24日，以迎接2010上海世博会为契机，上海市联合江苏和浙江两省，着手起草了长三角地区《公共场所英文译写规范》（沪苏浙版分别为DB31/T 457.1、DB32/T 1446.1、DB33/T 755.1）。

（10）2010年8月26日，深圳市人民政府外事办公室、深圳市翻译协会发布了《深圳市公共场所双语标志英文翻译规则及实施指南》。

（11）2011年1月24日，为配合西安第41届世界园艺博览会，陕西省质量技术监督局发布了《公共场所公示语英文译写规范》（DB61/T510.1）。

2. 公示语翻译国家和行业标准的建设进展

（1）2003年11月27日，根据翻译服务工作的具体特点，以2000版GB、T 19000/ISO 9000质量标准体系为指引，参考德国DIN 2345标准，经国家标准化管理委员会批准，国家质量监督检验检疫总局发布了我国历史上第一部专门对翻译行业制定的推荐性国家标准《翻译服务规范第1部分：笔译》（GB/T 19363.1），以规范行业行为，提高翻译服务质量，更好地为顾客服务。

（2）2005年3月24日，国家质量监督检验检疫总局、国家标准化管理委员会发布了我国翻译服务行业第二部推荐性国家标准《翻译服务译文质量要求》（GB/T 19682），就译文质量的一般要求、翻译译文中允许的变通、译文质量评定做出了规定，具体规定了翻译服务译文质量的基本要求、特殊要求、其他要求、译文质量评定和检测方法等。

（3）2006年9月4日，国家质量监督检验检疫总局、国家标准化管理委员会发布了我国翻译服务行业第三部推荐性国家标准《翻译服务规范第2部分：口译》，确立了翻译服务方提供口译服务的过程及规范，适用于翻译服务（口译）业务。

（4）2011年7月26日，教育部语言文字应用管理司组织起草并修改了了《外国语言文字使用管理规定》。

（5）2011年5月19日，为实现我国公共服务领域外文译写的规范化，教育部、国家语委正式启动了《公共服务领域外文译写规范》国家标准的研制工作，该规范将涉及英、俄、日、韩四个语种，涵盖交通、旅游、文化娱乐、体育、教育、医疗卫生、邮政电信、餐饮住宿、商业金融等领域，内容包括公共服务领域外文译写的规则、示例等；8月29日，在《公共服务领域外文译写规范·英文》专家委员会成立仪式上，教育部副部长、国家语委主任李卫红指出，建立全国统一的标准，规范我国公共服务领域的外文译写，是即将颁布的《国家中长期语言文字事业改革和发展规划纲要》中规定的重要任务，需求迫切，意义重大；12月7日至8日，教育部语信司在上海组织召开了国家标准《公共服务领域外文译写规范·英文（通则）》研制工作会，审议通过了《公共服务领域外文译写规范·英文（通则）》（草案）、《〈公共服务领域外文译写规范·英文〉专家委员会章程》和《〈公共服务领域外文译写规范·英文〉课题组章程》。

（6）2012年9月8日至9日，《公共服务领域外文译写规范·英文（分则）》研制第一次工作会议在上海外国语大学召开，会议标志着《分则》研制工作的全面启动。

（7）2013年11月9日至10日，《公共服务领域英文译写规范（分则）》研制第二次工作会议在上海师范大学召开，会议回顾了前一阶段研制工作的进展情况，并表决通过了《课题组关于设立统稿小组的决议》《课题组关于分则条目英译若干问题处理原则的决议》，以及《交通》《旅游》《文化娱乐》《教育》《餐饮住宿》《商业金融》六个分则的"征求意见稿（草案）"；12月31日，经国家质量监督检验检疫总局、国家标准化管理委员会批准，《公共服务领域英文译写规范第1部分：通则》发布，自2014年7月15日起实施，已由中国标准出版社于2014年4月出版。

据了解，《公共服务领域英文译写规范第1部分：通则》发布后，涉及交通、旅游等领域的九个分则即将研制完成，并将启动俄、日、韩三个语种译写规范研制的调研工作，以最终形成公共服务领域外文译写的系列国家标准。

（8）2014年3月7日至9日，《公共服务领域英文译写规范》国家标准分则研制统稿组会议在南京农业大学学术交流中心召开。与会的外语和翻译专家、标准化专家、地名专家15人一同审议并修订了《交通》《旅游》《文化娱乐》《教育》《餐饮》《商业金融》六个分则的正文内容和附录存疑条目的英文译文；《医疗卫生》《邮政电信》《体育》三个分则的起草小组就各分则附录条目网络审议意见的处理做出了说明，并对相关条目的英文译法做了修订和调整。会议还讨论了《通则》发布后的推广宣传、实施落实、《通则》和各分则《使用说明》的编写、各分则研制工作的进一步推进等重要事项。

（9）2014年11月21日，教育部语言文字信息管理司在黑龙江省哈尔滨市召开公共服务领域俄、日、韩文译写规范研制调研座谈会。会议对《公共服务领域英文译写规范》研制工作进行了全面总结，就俄、日、韩文译写规范的框架结构、起草思路、研制原则等进行了广深入研讨。

（10）2015年4月15日，国家标准《公共服务领域英文译写规范》（第2—10部分）专家鉴定会在北京召开。与会的专家委员会成员研阅了《公共服务领域英文译写规范》（第2—10部分）的鉴定稿，听取了课题组研究情况的报告，与课题组成员进行了座谈、答辩，经集体讨论，以实名投票的方式，同意《公共服务领域英文译写规范》（第2—10部分）通过鉴定。同时，建议课题组根据会议意见做出进一步修订，报国家语委语言文字规范标准审定委员会和国家标准委进一步审核后尽快发布实施，并协助语言文字主管部门做好标准的宣传普及和更新修订工作。同时，专家委建议课题组就相关理论问题继续深入研究，为推动我国语言政策与规划理论、语言文字应用理论和翻译理论的发展做出应有的学术贡献。

3.公共场所双语标识的地方标准分析

在学术界众所周知的是，公共服务领域外文译写规范起源于公示语翻译（汉英双语标识）存在的问题，以及由此而来的学术研究和政府规范行为。

（1）各地双语标识英文翻译规范的名称问题

如同公示语翻译这一名称诞生之前，与其相关的学术研究层面曾被定义为"公共场所英语""标志语""标识语""标示语""标语""标牌用语""公共告示用语""公共场所用语"等各有千秋的称呼一样，迄今为止已出台公共场所双语标识英文译法的有关地市，对自己地方性标准的命名也略有不同。

从它们的名称来看，一个明显的共性就是，除了陕西以外，其他已出台地方标准的有关省市区都没有使用在学术界已被广泛接受的"公示语翻译"的名称。第二个共性是，"公共场所"不约而同地被有关省市区用来作为前置的限定成分，也就是说，首先明确了这个英文译法标准适用于公共场所的英语，其中广东省有所不同，其名称中在"公共"后面没有出现"场所"二字。第三个完全相同之处就是都使用了"英文"这一更加口语化的说法，而不是"英语"这一比较正式的用语。第四点，沪苏浙与陕西使用了"译写"这一说法，其余的则使用了"译法"，而不是"翻译"字眼。

总的来说，对上述英文翻译规范标准进行前置限定的成分都是"双语标识"，而不是"公示语翻译"，仅有陕西使用了"公示语英文译写"这一说法。事实上，"公示语"只是一个新近开始流行的词汇，除了翻译界和学术界，其公众知晓度相对较低，在其他一些行业和领域，"标志语""标识语""标示语""标语"等与"公示语"意义相近的语汇仍然被广泛运用，而且它们的最大特点是很容易被公众理解。当然，多种概念意义相近的语汇并存，必定会对语言生活带来一定的混乱，同时也会让公众感到一定程度的困惑。但是在另一方面，除了"公示语"能够包容下"标志语""标识语""标示语""标语"的内涵和外延外，目前尚难以选择其他语汇概而括之。于是，"公示语"就成为"标志语""标识语""标示语""标语"等概念意义与功能作用相近词语的集合名词，成为最新的通用流行语汇。2011年8月，教育部和国家语委确立的《公共服务领域外文译写规范·英文》国家标准则涵盖了更加广泛的最新说法，标志着该领域的学术研究与政府规范行为进入了一个新的阶段和高度。

4. 各地双语标识英文翻译规范组成部分的异同

不言而喻，北京市因其制定了中国第一个公共场所双语标识英文译法的地方标准，而成为后来者学习的榜样和参考的样板，在此之后制定双语标识英文翻译规范的其他省市区显然参考了北京的做法。而在实际制定过程中，各地拟定的规范组成部分又有所不同。

5. 各地双语标识英文翻译规范通则部分的异同

大多省市区制定的双语标识英文翻译规范的第一部分完全相同，都是通则部分，但其实际内容无论在措辞还是解释方面，都存在一定程度的不同。

不难看出，有关省市区对其通则适用范围的说明，以及具体的措辞是有所不同的。比如，沪苏浙的通则指出其适用范围为"公共场所英文译写"，未突出"标识"这一主题词。对于这样的措辞，在江浙沪通则的终审会上，与会者的看法分歧较大。因此，笔者认为，理应在"公共场所"与"英文"之间添加一个限定成分，如标识或标志。

再看通则中第三部分"术语和定义"的解释，其中对"功能设施"（Functional Facilities）的解释部分，北京、山东和广西几乎完全相同。很显然，率先制定标准的北京成为后来者的参考样板。但是，与北京和广西不同的是，山东又对其"功能设施"细化为 11 个小类目，并且分别进行了界定。广东的通则第三部分则不是"术语和定义"，而是"总则"，对公共场所各类英文的翻译提出了总则性的规定。苏沪浙对"术语和定义"部分的解释再次体现出很大的创造性，其内容包括了实体名称信息、设施及功能信息、警示和提示信息。

在翻译方法的规定和要求方面，北京、山东和广西的版本之间几乎没有差异，北京再次成了蓝本。广东的通则对翻译方法的规定和要求并没有成为一个大项，而是如上文所述出现在其总则属下的一个小项"英文译法的一般要求"中。苏沪浙的翻译方法和要求则与其他省有很大不同，首先是如上文所述首创了一个"译写原则"（第四部分），然后在第五部分翻译方法和要求中对实体名称信息、设施及功能信息、警示和提示信息的翻译方法提出了要求，随后还说明了词语选用和拼写方法单复数的书写要求和字体等问题。

以"功能设施信息"的总体翻译规定和要求为例，可以看出各地在这方面的解释大体一致，北京、山东和广东一模一样，广西则比较简明扼要，而沪苏浙之所以没有提出这方面的总体翻译规定和要求，是因为其通则第四部分"译写原则"里已有总览性说明，即译写必须符合合法性原则、规范性原则、准确性原则、通俗性原则和文明性原则，该部分为其首创。

6. 规范性附录的译例问题

规范性附录是大多省市区通则部分的必备项，但其具体名称也有所不同，北京、广西、山东都使用了《公共场所通用标识的英文译法》这一名称，广东则略有不同，名为《公共场所通用标志的英文译法》，不过，"标识"和"标志"为互通字。江浙沪的规范性附录名称则干脆叫作《通用类设施及功能信息、警示提示信息译法》。

在规范性附录的组成部分，上述几家又显现出不同，而与北京基本相同的是广西，共有两个表，分别各有 56 个警示提示信息译法和 50 个功能设施信息译法。山东和广东则又一次比较相似，把通则以外的五个组成部分的各类文字信息的译法全部列出。苏沪浙的规范性附录则再次体现出了其创新性，首先是其信息没有分类，只是一张总表，列举了337条通用类设施及功能信息、警示提示信息的标准译法。而其最大的创新之处在于：条目一律按照中文音序排列，而其他省市区的信息条目排列没有任何规律可循。

规范性附录中的各条目及其译例，由于各地的表述无一完全对应，条目数量也各有不同，因而在此就不做比较。但需要说明的是，这些条目所提供的译文并非尽善尽美，有的甚至还存在不小的问题。

上述比较和分析表明，我国对公示语翻译的关注和研究已经上了一个台阶，从纠错和一般性的错误分析研究上升到了制定地方性标准的阶段，再从地方标准发展到了国家标准的研制阶段。目前已出台相关规范性标准的省市区在这方面进行了积极有效的探索，收获了丰硕的成果，产生了很好的社会反响，促进了公示语的翻译研究工作，提高了全社会对于双语标识英语译文规范化重要性的认识，尤为重要的是为《公共服务领域外文译写规范·英文》国家标准的研制工作奠定了扎实的基础，提供了重要的参考依据。

与此同时，公示语翻译的学术研究工作，今后努力的方向也要从纠错和一般性的错误分析研究，上升到总结归纳若干重要问题的层面，厘清一些重要概念也很有必要，如公示语的功能究竟有哪些、公示语究竟指哪些方面等。只有通过更高、更深入层面的探索与研究，公示语翻译研究才能更上一层楼，我国公共场所双语标识翻译工作才能更加规范完善。公示语翻译离不开专家学者的群体努力，以求探索翻译的基本模式和规律。公示语翻译离开了规范、统一和管理，只会乱上加乱。

四、公示语翻译质量管理

公示语双语化甚至多语化，是我国城市走向国际化、现代化的必然趋势，公示语翻译质量是树立国内城市形象和国家形象的一个重要窗口。应对公示语翻译质量承担责任的多方是委托人、译者、译协、高校和研究机构、目标文本使用者、政府相关管理部门及媒体，各方应明确自身责任，履行职责，并加强合作和互动，共同创造良好的翻译外部环境，减少劣质译文的产生。

翻译管理研究既包括产业翻译服务提供机构的管理，也包括翻译服务需求机构的管理。作为翻译人员，无论是接受任何一方的直接管理，还是间接管理，都应对翻译的质量标准、翻译的运作程序、翻译的遴选培训、翻译的技术保障等与翻译管理相关的环节要点有较为透彻的了解，以便在翻译实践中贯彻、执行，以高效、优质地完成翻译任务。

（一）翻译的过程管理

教科书里描述的翻译过程可以分为两个方面：理解过程和表达过程。如果按照总论的原则，可分为编码、传送和解码三个过程，即将原文的语码进行加工理解，转换成译语语码，再根据译语表达规律，组织语言进行表达。

翻译服务机构根据翻译内容的特点，组织适当的翻译力量，确定正确的翻译方法，通过正确的翻译流程管理保障服务的质量。翻译质量管理的流程一般包括一译、二改、三校、四审，而每个环节又包括许多内容。翻译过程管理是优质翻译产生的摇篮，根据 ISO9000 质量标准体系和国家标准《翻译服务规范》，高质量的翻译服务需要通过一套完整严密的翻译程序给予保证。

1. 文本分类与相应操作标准

调查了解国内知名翻译服务机构的翻译流程管理体系，可以看到一个科学合理的翻译流程管理所具备的一些共同特征，即译前首先要对翻译文本按照性质予以分类，这是非常重要的。因此，根据文本性质的不同首先应该对文本进行分类，根据文本类型选择合适的译员，或者针对文本的专业领域首先阅读有关专业书籍，掌握该专业基础知识，再利用双语和翻译方面的实力认真地去翻译，这是确保公示语翻译质量的前提。

公示语翻译的类别划分显示出明确的跨行业、跨专业的特点，其文本类型区分基本有两种：一为语境区分，二为功能划分。目前北京、上海、深圳制定的地方规范基本是以语境划分为主，兼及功能。中国标准化研究院制定的国家公共信息图形标识的划分则比较细，往往是依据具体功能和微观语境来分类。

2. 调查研究和信息检索

公示语是应用文体，译者不仅要按常规方式来考虑文本本身的语言特点，更要认真对待传播的目的、接受者的特点、文本应用的语境、"雇主"的要求、译文传播的媒介特点等要素。为此，实证调研和信息检索是精确确定译本的文体风格、词汇选择、翻译策略，甚至译员选择的必经程序。

3. 审校保障制度

根据项目类别和性质，确立项目负责人，按照项目翻译流程挑选合适的译员，确定校对、审核专家，合理分工，译审层级逐步递进，级级严格负责。通过这样一级一级地校对、检查、审核、综合校对，翻译质量可以得到最大限度地保证。翻译只有在这种情形下才可以体现出自己的特色——集体行为，消除个人行为能够从根本上改变目前公示语翻译质量低劣的窘境。

4.完善的业务流程

合理有效的翻译流程表现在其既可以涵盖翻译的每一个环节，又可以最大限度地体现出各个环节之间的制约和协作关系，因此，完善的翻译流程既应该体现出分工明确，又要体现各环节之间的协调互动，翻译质量在动态的平衡中得到最大限度地保证。

这样的翻译审核和过程管理制度，涉及了翻译过程的每一个环节，是一套完整的质量控制体系。这些质量控制措施又通过一些具体流程予以落实，既体现出宏观上的管理，又确保微观方面的质量。在翻译实践中，翻译方或译员可以参照该控制流程，确立自己的翻译质量保证流程，遵循流程从事翻译，保证翻译质量。目前，公示语翻译服务采购方的翻译项目都具有超规模、高标准、短周期特征，这就要求译员不仅要团队运作，更需要进行高效的项目管理。

合适的翻译文本分配于合适的译员，制订统一的词汇表，规定明确的进度，时刻抽查翻译质量，修改、审核都有相应的登记和完善手续，还可以与客户顺畅地交流，这样的流程可以避免翻译口径不统一、术语不一致，有什么错误还可以及时得到纠正。译员之间分工协作、群策群力，与客户保持沟通，最大限度地保证翻译质量，长此以往可以提高翻译服务水平，提升企业形象。

双语公示语标牌的英语翻译质量与其工作流程的规范性有着很大关系，双语公示语标牌中的许多翻译错误均是由于招标时对资质要求不严、制作过程中缺乏监管、后期验收时马虎大意等工作流程中存在的问题造成的。所以指定统一监管机构、提供翻译标准、加强公示语标牌外工作流程的控制和监管，才能有效地改进双语公示语标牌的翻译质量。从对制作者的资质进行审核，到制作过程的监督，再到认真验收，直至落实后期整改等质保措施，只有从源头上重视，强化工作流程中的监管和质量控制，才能确保最终设立的双语公示语标牌中的翻译内容正确无误，提升城市的国际形象，方便外语使用者理解，发挥双语公示语标牌应有的作用。

（二）翻译人员的资质评定与考核

中国翻译市场的翻译参与者，既有中国对外翻译出版公司这样的译界"航母"，也有大量持有或未获得"翻译资格考试和认证"证书的自由职业译者。那些没有"单位"的自由译员，那些在其他行业从事翻译实践的译员，那些在新经济体系中存在的中小翻译服务企业的译员，都需要"社会的承认"，于是翻译专业资格认证和全国翻译专业资格考试（China Aptitude Test for Translation and Interpreters，CATTI）应运而生。

目前，全国翻译专业资格考试由国家人事部统一规划，中国外文局组织实施。翻译专业资格（水平）考试合格，由国家人事部颁发分为笔译和口译的两种中华人民共和国翻译专业资格（水平）证书，口译证和笔译证书都又分为四个等级：①资深翻译，此级别不考试，只是在通过一级考试后，参加评审（相当于正高职称）；②一级笔译、口译；③二级笔译、口译；④三级笔译、口译。此考试没有年龄、学历和资历的限制，对全社会开放，应试者要根据自身的水平和优势选择考笔译或口译，也可以两种兼选。

该证书是中华人民共和国境内从事翻译工作的人员必须持有的职业资格证书，已纳入国家职业资格证书制度，与职称挂钩，在全国范围内有效，是翻译人员必备的资格证书，并在与我国签署了互认证协议的国家有效，是目前最具权威的翻译资格证书。

（三）翻译服务行业职业道德规范

为规范翻译服务市场，促进翻译服务行业诚信体系建设，中国翻译协会还特别制定了《翻译服务行业职业道德规范》，对提供翻译服务的机构和个人提出了规范性要求、规定：提供翻译服务的机构和个人必须遵纪守法，模范执行有关标准和法规，恪守职业道德，诚信为本；在满足顾客需求方面，要不断完善质量保证体系，把好质量关。

此外，中国翻译协会翻译服务委员会发起、制定了《翻译服务行业诚信经营公约》，目的是规范翻译服务市场，维护顾客权益，推动全行业树立诚信为本、自律为重的经营观念，维护行业的整体形象，要求本公约的签署方以诚信为自己的责任与行为准则，对社会做出依法经营、信守承诺、维护顾客利益、遵守国家标准、执行标准、促进翻译服务的规范化和标准化、尊重顾客、杜绝欺诈的承诺。

第二部分 河北县域经济发展与公示语汉英翻译标准化战略关系

第五章 河北县域经济发展现状与公示语翻译状况分析

随着市场化改革的推进，地方政府开始谋求自己的利益，同时也承担起当地经济发展的责任。地方经济采取何种发展战略，采用何种发展模式，如何与周边地区以及国民经济协调发展，如何与资源环境和谐共处，成为地方经济发展的关键。国家的"十五"计划把"实施城镇化战略，促进城乡共同进步"摆在了十分重要的位置，党的"十六大"提出"发展农产品加工业，壮大县域经济"，统筹城乡，"全面建设小康社会"；党的十七大报告提出要进一步"发展和壮大县域经济"、解决"三农"问题、"建设社会主义新农村"；党的十八大报告提出要"全面建成小康社会"，建设幸福县域。建设幸福县域关键是提升县域内公民的幸福指数，目标是满足县域内绝大多数公民的满意度。推动县域经济良性发展，建成经济富裕、绿色发展、安居惠民的幸福家园是国之所需，民之所盼，居之所旨。由此可见，县域经济是地方经济的重要组成部分，县域发展是地方发展、国家发展的战略需要。

而国际市场是一个相互联系和相互影响的有机体。县域经济作为我国国民经济的基本构成单位，它的发展也必然与国际市场密切相关。改革开放以来，对外贸易作为外向型经济发展的重要内容之一，为县域经济的发展做出了贡献。为加快城镇化发展步伐、改变我国现有的二元经济结构和促进我国县域经济的发展，本书以河北省县域经济发展为例进行实证研究，论述了发展对外贸易对县域经济的重要作用。随着对外贸易的不断深入，英语作为交流语言无处不在，而给外国友人留下的第一道印象的就是公示语，公示语的汉英翻译将直接影响外国投资人或是游客对一个地区的好感度，而这个好感度是未来一切发展的基石。无疑，公示语的翻译是否标准化将会对县域经济的发展产生重大影响。

第一节　"两型社会"背景下河北县域经济转型升级

县域经济的发展和壮大，关系到国民经济的健康、快速发展，而且关系到社会安定、政治稳定，关系到全面建设小康社会的实践及城乡统筹目标的实现。河北县域经济已取得长足发展，但与全国沿海县域经济强省相比，差距仍很明显，特别是县域经济发展过程中，与人口、资源、环境的矛盾日益突出，因此，应积极转变其发展方式，调整经济结构。在湖南长株潭城市群、湖北武汉城市圈先行先试的"两型社会"试验区，对河北县域经济的转型有着重要意义。

一、河北省县域经济发展现状及存在问题

1. 县域经济发展现状

（1）纵向来看，河北省县域经济整体呈现出较好的发展态势。河北省县域包括 22 个县级市、108 个县、6 个自治县，据中郡县域经济研究所县域经济基本竞争力评价中心的数据统计，2008 年河北省县域人口占全省总人口的 83.72%，GDP 占到全省 GDP 的 71.54%，地方财政预算一般预算收入占全省的 31.63%。各县市立足自身优势，围绕项目建设、开放招商、培育主导产业、园区建设和创建文明生态村等重点工作，增强机遇意识，创新工作思路，强化工作措施，县域经济的发展速度加快，发展质量提高，支撑能力增强。

（2）县域经济结构战略性调整取得重要进展，新的特色产业形成。河北省县域经济已经具有了相当的规模，初步形成了资源型、农产品及其深加工型、科技型和市场带动型等多种类型的特色经济格局，近年来，河北省形成了如清河羊绒、辛集皮革、安国药材、蠡县皮毛等一批特色产业群，全省乡镇企业营业收入 5 亿元以上的区域特色产业群 104 个，10 亿元以上的产业群 62 个，20 亿元以上的 27 个。这些县特色产业都有力地促进了县域经济结构的调整与升级，增加了农民收入，加快了城镇化和工业化步伐，促进了县域经济竞争力稳步增强。

（3）横向来看，河北省县域经济发展差异显著、发展极不平衡。由于

自然资源条件、区位条件、经济发展环境等方面的差异，从全省经济强县的分布来看，河北省县域经济强县大部分分布在资源集中地区，经济弱县大多分布在远离大中城市的边远山区。据中郡县域经济研究所的数据统计，在第四届县域经济基本竞争力评价中，河北省136个县（市）在全国县域经济基本竞争力的等级分布为：A级13个，B级21个，C级18个，D级14个，E级22个，F级20个，G级12个，H级10个，I级6个，J级0个。经济较发达县与欠发达县、贫困县之间，还有较大差距。

2.县域经济发展存在的问题

由于河北省城乡二元结构状况并没有得到根本改变，与沿海县域经济强省相比，目前仍存在较大问题，具体表现在：

（1）县域特色产业集群规模小，一直停留在低层次扩张和低水平重复建设阶段，高科技含量、高附加值、高市场空间的优势项目很少，产业升级步履维艰。

（2）从河北县域产业构成来看，县域特色经济以农业为主，其中以种植业为主，第二、三产业发展比较滞后。

（3）随着县域经济的加速发展，由高投入低产出、资源能源不足、生态环境破坏、人地关系恶化而导致的人口、资源、环境与发展的矛盾日益突出，成为河北县域经济发展的重要限制因素。

二、"两型社会"下河北省县域经济转型升级的思路

2007 年 12 月，国家提出实施中部崛起战略，将武汉城市圈和长株潭城市群确定为"两型社会"试验区，并在此基础上向全国推广。"两型社会"指资源节约型和环境友好型，"两型社会"是一个涉及资源、环境、经济、社会等诸多方面的复杂系统，必须从总体上进行把握。应当把"两型社会"和县域经济可持续发展结合起来，以"两型社会"的理论研究引导县域经济可持续发展。

"两型社会"背景下河北省县域经济的发展总体上应重视规划、强调集约、追求和谐、注重节能减排。县域经济的发展应有利于人口、资源、环境相互协调，实现经济、社会的可持续发展，摆脱以资源开发型产业为主导的产业结构的制约，切实改善城镇居民生活质量和提高幸福指数，有效增加农民收入，最终实现经济社会可持续发展。

三、"两型社会"下河北省县域经济转型升级的具体对策

1. "环境友好型社会"下县域主体功能区的规划及发展重点

环境友好型社会是一种人与自然和谐共生的社会形态，其核心内涵是人类的生产和消费活动与自然生态系统的协调可持续发展。主体功能区是国家"十一五"规划中提出的国土空间区域发展战略。"主体"就是一个地区承担的主要功能，或者是发展经济，或者是保护环境。

主体功能区是指基于不同区域的资源环境承载能力、现有开发密度和发展潜力等，统筹谋划未来人口分布、经济产业布局、国土利用和城镇化格局，将特定区域确定为特定主体功能定位类型的一种空间单元，要突出主要功能和主导作用，同时不排斥附属功能。

根据河北省县域发展现状、发展要求及承载能力，河北省县域的 22 个县级市、108 个县、6 个自治县应按主体功能区的要求划分禁止开发、限制开发、远景开发、规划期内可建设和已建成五类区域进行有序开发，按优化开发区、重点开发区、限制开发区和禁止开发区进行分类管理。优化发展区是经济比较发达，人口比较密集，开发强度比较大，对资源环境要求高的区域；重点发展区应有一定的经济基础，资源环境承载能力较强，发展潜力较大，集聚经济和人口条件较好，主要实行工业化和城镇化优先的绩效评价，综合评价其经济增长率、吸纳人口、质量效益、产业结构、资源消耗和环境保护，以及外来人口公共服务水平等；限制开发区关系到全省的环境生态安全，不适宜大规模、高强度工业化和城镇化开发，应对其实行生态保护优先绩效评价，重点评价水质、水土流失治理、森林覆盖率等生态环境状况。

2. "资源节约型社会"下优化县域经济产业结构

（1）大力发展现代农业。近几年来，河北省的农业结构调整步伐明显加快，农业结构的战略性调整取得了显著成效，但与先进省份相比，还存在着较大差距。

河北县域经济优化战略首先应积极调整第一产业，从实际出发，发挥资源优势，突出本地特色，将农业和牧业作为河北县域经济发展的重点和基本方向，将其作为京津地区的"米袋子"和"菜篮子"。河北各地县域经济的发展还应合理配置资源，发展各具特色、布局合理的优势产业和优势产

品，形成区域性主导产业，从而将区域优势转化为产业优势。各地还要主动适应市场，按照"一村一品""一乡一业"的要求，精心培植各具特色的产品，优化结构、增加产量。

（2）积极推动新型工业型县域经济转型对接。发展河北县域经济应坚持以循环经济为主导，走以"两型产业"为支撑的特色新型工业化道路，不断壮大规模经济，优化产业结构。

其一，应以社会对科技的需求和国家的科技产业化政策为指引，确定各地的产业发展重点。据了解，按照国家相关产业调整振兴规划和我省的有关政策，河北省 11 地市的县域经济发展应发挥土地、劳动力的优势，比如河北省石家庄、保定、廊坊等地与京津主城区有着相近的产业发展条件，应将其打造成为相关联的高技术产业和先进制造业。河北秦皇岛、唐山地区有着丰富的港口资源，应以天津、秦皇岛、唐山、黄骅四大港口为依托，以临港开发（工业）区为载体，与天津共建临港经济区打造都市圈沿海经济隆起带。河北邯郸市应重点发展精品钢材、装备制造、现代物流三大支柱产业，积极培育以新材料为主的高新技术、纺织服装、文化旅游三大后备产业，努力提升电力、煤炭、化工三大传统优势产业，努力形成产业布局更加合理、经济结构进一步优化，经济效益显著提高的良好局面。

其二，推进县域工业科技成果的转化。目前河北省的科研成果转化率很低，企业应有意识地与高校、科研机构联系，通过出资购买、聘请科研人员担当技术顾问，或到企业兼职等手段，把高校的科研成果转化为企业的技术能力。还要大力发展科技中介组织，为企业和高校、科研院所牵线搭桥，从而有力地推进科技成果的转化。

其三，发挥河北旅游资源丰富的优势，积极推动河北县域文化型经济的转型对接。河北省旅游资源丰富，在明确定位的基础上，整合旅游资源，以红色旅游、历史文化旅游和生态旅游为旅游开发的突破口，充分利用距离京津冀位置较近的优势及特色，重点打造生态休闲周末游，成为京津冀地区休闲度假的后花园。将旅游作为第三产业的龙头，积极将旅游区纳入省级或国家级精品旅游的线路之中，推动河北省生态旅游业的快速发展。

可见，推动河北县域旅游产业的转型，应充分发挥其独特的区位优势，以独特的文化特色为突破口，打造一批主题鲜明、极具个性、特色明显的精品景区，在各县市形成多条人文景点与自然景点相互交织的旅游精品线路。同时，通过规范的旅游市场管理和对外宣传促销，使河北各市县旅游业在国内外的知名度不断提高，并逐步发展成为县域经济和社会发展的支柱产业。在这个过程中要想扩大市场，公示语的汉英翻译准备无疑会为其顺利发展增加砝码。

第二节　京津冀协同发展对河北县域经济的促进

京津冀协同发展战略是统筹跨省综合经济区、大都市经济圈、城市经济和生态环境协调发展的战略性决定，是疏解北京非首都功能，调整经济结构和空间结构，促进区域协调发展，形成新增长极，走内涵集约发展的新道路。招商引资是指地方政府（或开发区政府）通过加强自身建设，利用各种合法手段吸收投资的活动，并通过这种方式发展当地经济，提升综合竞争力。

对于河北省的发展来说，京津冀协同发展是一个重大历史机遇，因此要结合国家这一战略决定，找准目标，明确功能定位，用好内部资源和外部资源，通过招商引资这一推动经济发展的重要手段，承接北京的部分产业转移，加快传统产业的升级改造，提升总体竞争力，实现区域经济的协同发展。

以河北涿州为例，河北涿州位于北京市西南部，与北京房山区、大兴区接壤，属于京津冀协同发展区域的紧密层，特别是作为涿州经济发展先锋队的各个开发区，更应该做好招商引资工作，推动涿州融入京津冀一体化，为河北经济社会的发展起到示范带头作用，而这其中公示语的翻译看似不起眼，却无处不在，可谓是外国人在此地的第一向导。

一、京津冀协同发展战略概述

习近平主席在 2014 年 2 月主持召开专题听取京津冀协同发展工作汇报座谈会时强调了实现京津冀协同发展的重要性，同年，李克强总理提出"加强环渤海及京津冀地区经济协作，努力形成京津冀目标同向、措施一致、优势互补、互利共赢的协同发展新格局"，即通过详尽的城市发展规划，协调发展、合理安排、统筹分工，提高资源的利用率，提升整体的管理运营效率。以招商引资作为调节工具，实现 1+1+1>3 的效果。随后，国务院和各部委相继出台了一系列政策性文件，意味着京津冀协同发展战略的发展实施。

京津冀协同发展战略是一项涉及产业升级、区域稳定、机制创新、管理改革的综合性全面改革，在政治、经济、生态环境，以及社会等方面均有涉及，是一个全方位、多层次的综合性系统工程。在解决京津冀地区的经济发展问题上要创新思路，中央加强顶层设计，地方积极配合，促进京津冀地区经济的持续、健康、全面发展，推动区域经济的发展，促进生态环境的稳定，实现京津冀局部地区经济的可持续发展，开辟出更加适合地区经济发展的道路。

1. 京津冀协同发展战略的内涵

近年来，随着城市规模的不断扩大，以及城市经济的迅速发展，城市内部的各类问题越来越突出，严重制约着城市的进一步发展，城市在发展过程之中必须要及时地进行产业结构调整，因此也迫切需要与附近地区进行合作，促进区域经济的大力发展。

京津冀协同发展战略不只是地区经济发展的需要，更是国家战略发展的需要。以北京、天津，以及河北三个行政区域为核心，实现该地区产业结构的不断升级，以及地经济的不断优化，弱化北京的非首都职能，通过这一措施有效治理大城市病，优化城市空间的结构布局，不断加强城市基础设施建设，完善社会公共服务，构建更加完善的交通体系，促进该区域经济的一体化进程，建立现代化世界经济圈，促进该地区经济的共同发展，实现互利共赢。当前，京津冀发展战略情况如下：

在北京市之中，进行区域经济的融合与发展，就必须要进行产业结构的升级以及生产的分工。合理的规划以及互利共赢的模式，对于京津冀地区经济的持续发展发挥着重要的影响。

在天津市之中，要充分发挥其北方经济重地的作用。在河北省内，各城市规模都比较小，这样就无法带动周边城市的发展，不能形成较有规模的城市集聚群，急需发展扩散能力强，以及集聚能力强的大中型城市，以促进区域经济协调发展。

三个地区的协同发展建立在三地在功能与产业互利互惠的基础之上。加强河北省、天津市，以及北京市三个行政区之间的相互合作，相互吸收对方的优点以弥补自身的缺点，促进三地之间经济的共同进步，寻找出三地之间的经济契合点，通过三地之间的经济相互合作，优化三地的资源配置，在三个地区之间形成合理的产业结构布局，避免出现相同职能的城市建设，规避浪费资源的现象，通过合作共赢的方式促进该地区产业结构的合理优化，实现京津冀地区经济的全面、协调、可持续发展。尤其是河北，应对此充分重视、善加利用，在京津冀区域经济协调的发展过程中，努力缩小与北京、天津之间的发展差距，努力提高自身质量。在省内经济的发展过程中，制定更加严格的标准，促进企业的升级以及产业结构的调整。

2. 京津冀协同发展战略的意义

京津冀协同发展成为国家战略，标志着我国把区域经济协调发展作为结构调整的重大任务，目的是使该地区的经济走向均衡发展的道路，有效地促进该地区的经济发展、资源优化，不断提高区域经济的综合竞争力。此举对于国家的整体发展及社会布局都产生了十分重要的影响。

第一，缓解人口资源环境压力。京津冀地区人口与资源环境的关系脆弱，资源环境的压力很大。近年来，随着区域内经济社会的快速发展，产业大量集聚，人口高度集中，资源环境的问题更加突出，负面影响日益显现。这些问题仅仅依靠单个省级行政单位是难以解决的，必须以区域性省级行政单位为目标，通过共同努力，加强相互之间的合作。加快建设京津冀区域多层次、多样化、立体化便捷快速的交通网络，是一体化发展最基础、最容易在短期内启动并取得突破的地方。一方面，要尽快研究、制定京津冀一体化大交通网络发展规划，尽快实现北京、天津、石家庄等京津与周边大城市间城际地铁、快轨的互连互通，不断完善相关的基础设施建设，优化产业结构布局。另一方面，在加强生态环境保护合作领域，要在已经启动大气污染防治协作机制的基础上，完善防护林建设、水资源保护、水环境治理、清洁能源使用等领域的合作机制。在提高环境承载力、扩大环境容量和生态空间方面，加强规划和合作，从而实现人与自然的和谐发展，确保人口能够合理地流动，不断地为广大居民营造出更加适合居住与生活的环境，同时还能够为广大剩余劳动力提供更多的就业环境以及创业空间，有效缓解城市面临的交通、人口以及住房等压力，促进了经济的进步、社会的稳定，以及国家的发展。

第二，推动区域经济优化升级。现阶段我国的经济发展呈现出增速放缓的趋势，这就需要寻找新的经济增长点，因此，开发区政府在经济发展的过程之中应该进行产业结构的调整，并将此转变为经济增长的动力。在我国的区域经济中，以京津冀为核心的环渤海地区的经济发展潜力仅次于珠三角地区和长三角地区，这就要求从政府层面出发，在京津冀这个区域的经济发展过程之中，将重点转移到环京津地区，有效地促进该地区经济一体化的进程。在京津冀地区之中，其面临着很大的产业转型压力与产能过剩问题。开发区政府需要在区域经济发展的过程之中，转变传统思想，树立新型区域经济协调发展的思路，破除行政区划的体制障碍，通过市场进行调节，优化企业的资源配置，形成区域经济发展的体制创新，实现合理的分工、合作，并最终实现产业结构的转型与升级，促进区域经济的协同发展。

第三，京津冀协同发展是实现京津冀融合、促进环渤海经济区发展、带动北方腹地发展的需要。在京津冀地区，区域内部的经济能够实现互补，而且该地区人口众多，作为我国三大城市群之一，在该地区共有一亿多人口，占地面积更是达到了 21.6 万平方公里，拥有广阔的市场，可以进行充分的区域合作。该地区拥有发展潜力巨大，以及梯度明显的区域经济，据《河北省 2015 年国民经济主要数据》显示，2015 年河北省产业结构为：第一产业产值占河北省地区 GDP 比重为 11.5%，第二产业产值占比为 48.2%，第三产业产值占比为 40.3%，第二产业依然是推动河北省经济发展的重要力量。与此相比，2015 年北京第一产业的比重较低，只占到 0.6%，第二产业占比 19.6%，而第三产业比重却高达 79.8%。对比两地，产业梯度的差异为产业转移提供了条件。河北省应该以此为契机，借助京津冀一体化的机遇，发展招商引资，破解经济发展的瓶颈。

3. 京津冀协同发展战略的重点

第一，从市场角度出发，优化资源配置。发挥市场在资源配置和要素流动方面的决定性作用，破除资本、技术、产权和劳动力等生产要素自由流动和优化配置的各种体制机制障碍，建立健全和完善市场体系，着力加快推进市场一体化进程。这涉及城市管理、资源管理等在内的一系列不适应市场经济发展的问题，需要由国家综合规划和管理部门联合京津冀，共同制定京津冀区域市场一体化发展规划，根据京津冀各自不同的特点，统一规划建设高级、中级和初级要素市场和消费品市场，联合建设各类生产要素市场和消费品市场，推动各种要素在区域内自由流动和优化配置，充分发挥市场机制和市场调节在京津冀协同发展方面的作用。第二，从提高区域城市一体化水平角度来看。优化城市空间利用，促进城市的内部分工。通过对大型城市的功能定位，促进附近小城市的发展，优化城市布局。针对所能辐射的卫星城市，要不断进行引导，形成全面、系统的区域经济发展新格局。建立三级城市分布格局，其中第一层次的中心城市包含北京与天津，第二层次的城市主要包含石家庄、保定、秦皇岛、承德、唐山、沧州、张家以及廊坊等，第三层次则包含了其他小城镇以及三级小城市。国家通过制定相应的政策优惠，实现经济带动的目的，针对北京市，将其非首都职能进行转移，不断强化对第三层次城市的政策优惠以及资金支持，促进区域经济的协调全面发展。

第三，从优化产业结构角度来看。对产业结构进行调整，及时淘汰部分高耗能、高排放的企业，有效解决污染问题和能源紧缺问题，并且以区域为单位进行产业结构的调整，以及对资源的优化利用，大力发展第三产业；提高资源利用率，避免出现资源浪费的现象。在区域经济发展的过程中，充分结合当地的实际情况，建设各具特色的合作园区，为其他地区的区域经济发展提供模板。总之，京津冀三方要共同研究制定利用京津人才、技术、资金优势帮扶河北，带动河北产业和技术升级换代，提升区域整体现代化发展水平的政策措施，并制定行之有效的办法。

二、协同战略背景下招商引资的情况介绍——以河北涿州为例

（一）开发区及招商引资介绍

1. 开发区简介

涿州位于河北省中部，北京西南部，东北及北侧毗邻北京市大兴区及房山区，地处京、津、保三角地带，隶属于河北保定市，2005 年涿州市被河北省政府确定为首批扩权县（市），被赋予与设区市相同的经济和社会管理权限，涿州城区距北京天安门广场的直线距离仅 55 公里，处于京津冀协同发展的紧密相关地带，是许多京津产业转移的理想地。

开发区是地方政府开展招商引资活动的主要载体，是地方政府推动经济发展的重要增长极。完善开发区产业链条，优化开发区的运行机制，加强开发区的配套服务，可以有效地提升经济园区的社会效益以及经济效益。

涿州省级、市级开发区众多，在对接京津冀发展中大同小异，主要开发区有三个，分别为：涿州经济技术开发区、河北涿州新兴产业示范区、松林店开发区。各开发区在规划中，主要以建成新技术成果转化基地为目标，发展总部经济、金融服务、医疗健康、文创艺术等现代服务业和电子信息、新能源、节能环保等战略性新兴产业，努力打造特色园区，形成以大型骨干企业为主导、中小企业相配套的良性循环发展新格局，全面提升园区的综合发展水平。

2. 开发区招商引资简介

涿州开发区招商引资的最大优势是紧邻首都北京，这是区位优势，但这种优势也不是独一无二的，周边与此相似的地区也有很多，由此必将形成竞争态势，所以要想比竞争对手发展得更快，除了发挥自身优势外，还需要创造有别于他人的竞争优势。

在招商工作中，把北京作为主要目标市场，作为全力开展招商引资的主攻方向，就需要在北京这个巨大的要素市场里，有所取舍，选择符合当地实际发展需要的信息和项目。明确主攻方向，找到与北京的对接点，互为补充、互为协作。

（二）开发区招商引资规划和思路

1. 招商引资工作规划

涿州市域内的开发区虽然根据不同的区位、基础，侧重方向不尽相同，但在招商引资方面却存在着一定的共通性，在发展规划方面可以分为以下三类：

第一，依托涿州高铁站所处的位置，借助区位交通和商务成本优势，结合北京的人才资源和市场信息优势，积极对接北京及周边区域的市场需求，打造京南"生态、智慧、高效"的现代服务产业新城。通过积极开展与各大金融机构的合作，充分挖掘他们自身的大客户资源，吸引相关企业入驻开发区；加强与央企、世界500强等大型企业集团和各基金会、基金管理公司等股权基金协会组织等建立合作关系，借助他们的影响力和资源潜力，为开发区引进项目。重点发展医疗产业、医药产业、健康管理产业和健康养老产业等四大产业，形成全产业链的发展格局。重点发展区域总部基地、金融结算后台、网络信息处理中心、文化创意中心、工业设计中心、高端物流等。

第二，依托重大医疗项目，打造一个集"医、教、养"与"产、学、研"为一体的国际健康产业园。如加强与解放军301医院涿州合作医院、中医药大学东直门医院涿州分院和保定第二中心医院等医疗服务资源的合作；加强带动与北京其他医疗机构、医药企业、研发单位和相关协会组织等机构的联系，建立合作关系。重点引进和建设专科医院、医药院校、养生养老和健康保险等医疗、养生、养老等服务机构，以及生物制药、医疗器械、健康食品、保健用品等产业项目。

第三，依托境内的河流、生态环境，结合涿州的历史文化资源和现有的文化设施，积极弘扬"厚德重义、崇德守信"的涿州德信文化，深化对接首都北京对文化消费的强大需求，建设集"历史、文化、艺术、消费"于一体的文化产业发展带。做好与北京市文化教育机构的联系，千方百计寻找和探索双方的合作对接点，重点发展文化旅游、文化产品体验中心、影视动漫教育培训设计及体验中心、艺术品产业及交易中心、职业教育与产业对接平台及网络新媒体产业等。重点引进和建设文化创意、教育培训、新闻出版、网络传媒、影视广告、休闲体育、商务会展，以及网络文化产品开发和相关历史文化工艺品的生产销售等产业项目。

2. 招商引资工作思路

从政府角度来看，涿州市开发区的基本发展思路是：以科学发展观为指导，以转变经济发展方式为主线，充分发挥毗邻北京的区位优势，紧紧抓住河北大力推进环首都经济圈建设的重大机遇，以京津冀协同发展为契机，着力抓好产业升级，积极推进战略性新兴产业的发展，实现跨越式发展。

涿州开发区在促进地区经济发展的过程之中，充分发挥其自身的优势，结合交通、政策、城市以及资源等要素，努力建设开发区，通过招商引资有效地吸引了更多企业入驻；确定了区域内的产业规划，以优势产业为基础，严格按照"工业集中、产业集聚、园区集约"的原则进行区域经济引导，形成区域经济的核心竞争力。

（1）宣传推介工作

做好招商引资的形象设计、宣传和推介，组织召开宣传推介会、投资说明会或举办相关推介活动，树立了良好的区域品牌形象，同时加大了媒体宣传的推介力度，充分利用户外广告、报纸、新闻电视及网络等，介绍开发区的区位、环境、发展空间，以及比较优势。

（2）招商重点突出

一是突出"招大商"理念。紧盯国家部委、央企、全球500强、国内顶尖大集团等一流企业，吸引一批具有带动和示范效应的项目入区发展。二是突出产业链招商理念。加大龙头企业、配套企业和上下游企业的引进力度，在延长产业链上做文章，争取在开发区范围内形成特色产业集聚，实现支柱产业优化升级，配套产业集聚发展，形成"高精尖"科技引领、"大中小"优势互补、"主辅"产业配套发展的新型招商格局。三是突出市场化招商理念。加强与中介招商单位的沟通与联系，走市场化招商之路，开展委托招商。

（3）项目跟踪服务工作

政务服务方面，开发区设立了行政审批服务大厅，对入区项目实行联审联批和无偿领办制。按照首问责任制、项目代办制、服务承诺制、限时办结制、责任追究制的要求，提供优质高效的服务，切实保护投资者的合法权益，保证项目的顺利运行。配套服务方面，建设1~2个服务和发展平台，为企业提供市场化服务。金融支持方面，对符合园区发展定位的项目，优先给予融资支持。

可见，招商引资促进经济发展不可避免地要树立地区形象，而作为"脸面"的公示语汉英翻译是否标准，对于地区形象的树立有着重要作用。

三、开发区招商引资工作措施和成绩

1. 招商引资工作措施

随着市场经济的不断发展，市场竞争也日趋激烈，在市场化、社会化以及企业化的背景条件下，开发区即是"特区"，要依托园区招商，应迅速拉开建设框架，完善配套设施，营造"特区"环境，促进外来投资者聚合式、裂变式发展，使园区规模迅速扩张，形成气候，打响品牌，实现招商的良性循环。

第一，为优化投资环境，提高服务项目的工作效率，积极营造"亲商、安商、富商"的投资氛围，全区各部门结合工作职能，明确了开发区项目工作的相关审批事项，为入区项目建设提供"一站式"审批服务；起草了《关于加强招商引资工作的意见》《产业发展意见》等多项规章制度；对入区建设项目实行"两个代办"制和"承诺审批"制等服务制度，为做好招商引资工作，提供了有力的政策保障和制度支持。

第二，开展务实对接，促进交流合作。重点聚焦京津冀地区，与具有投资意向的相关企业进行洽谈对接，积极邀请相关企业开展调研论证、考察洽谈，为全面拓展河北涿州开发区招商引资的合作空间奠定了良好基础。实行主要领导领办，相关部门全力推进，从项目洽谈、签约、落地、建设、运营，实行全方位跟踪服务，做到一个项目、一位领导、一路服务、一抓到底。用真情感动客商，促进有意向项目早日签约，已签约项目早日落地，落地项目早日开工建设，建设项目早日投产运营。

第三，北京在产业发展方面有"产业微笑曲线的两端优势"，即研发设计和市场销售的两端优势，因此北京聚集了大量的研发企业、行政总部和结算中心，但生产制造环节却并不突出。其中有两条制约因素，一为承载空间（主要是土地供给）不足；另一方面为生产动力成本和商务成本相对较高。由此造成一些研发、生产型企业在有效获得研发和市场优势的同时，无法在本地实现与生产阶段的最佳组合效益。据不完全统计，目前在京的央企是93家，占全部115家的81%，目前投资的项目4 000多个，其中大部分产业化生产项目投资在北京之外。因此应积极主动抓住这一点，迅速打造出承载产业化生产的优势平台，也就是要做好三个优势平台——土地资源、生态环境和服务质量，并以此为契机，逐步使研发、总部等高端要素进行梯度转移，以点带面、分步推进，并最终占领市场最高端。

2. 招商引资工作成绩

近年来，涿州各个开发区为振兴经济、加快产业转型升级步伐，开展了以政府推动为主要形式的招商引资活动。同时，为强力推动招商引资活动的开展，政府也采取了一系列措施，并取得了一定成绩。

第一，基础工作。做好规划编制，为园区发展指明方向。根据京津冀协同发展战略，按照市委、市政府提出的发展战略，开发区政府要坚持高点站位，注重顶层设计，从园区未来发展大局出发，聘请高端智库和知名机构为园区编制产业发展规划和空间发展规划。为给项目及早落地和招商引资创造重要条件，坚持"以点带面、由易到难、分片开发、有序推进"的原则，深入推进涿州创新科技园的多项基础性配套设施建设，及时启动码头国际健康产业园的周边路网工程建设。

第二，项目工作。按照"以产兴城、以城促产、产城融合"的理念，把发展战略性新兴产业与现代服务业、总部经济有机结合起来，以抓铁有痕的力度，以钉钉子的精神，面向北京招项目，针对北京造环境，力争做到"建设一批项目、落地一批项目、储备一批项目"，促进园区产业和新城建设的协同发展。开发区目前与将近2000余家单位和企业建立了联系，建成项目400余家。

四、京津冀协同发展背景下，河北涿州开发区招商引资工作存在的主要问题及原因

1. 河北涿州开发区招商引资存在的主要问题

（1）招商工作缺乏针对性

一方面，在京津地区设立的招商引资机构缺乏针对性。在招商过程中，需要具体地分析国家政策、市场需要，以及本地产业结构的特点，能够根据这些实际情况进行良好的产业规划，分析目前的优惠政策，进行客商的分析和需求分析，通过对这些信息的基本了解，进行资料的搜集，运用各种谈判技巧对投资者进行信息的提炼，而就目前情况来说，招商工作还停留在表面层次，没有明确重点，"眉毛胡子一把抓"，这也导致了招商工作的效率低下。

另一方面，就开发区目前招商引资工作而言，部分政府工作人员在抢抓京津冀协同发展机遇的认识上依然固守陈旧观念，对协同发展的工作思路不清，导致招商引资工作在实施过程中，执行力度不够，或者方向有偏差，导致了招商引资工作对经济的促进作用不突出。此外在思想方面也存在一定偏差，没有真正把招商引资工作作为推动经济发展的关键环节来抓，没有把主要精力投放到招商引资上，导致招商的效果差。

2. 招商项目来源渠道单一

涿州开发区招商过程中，虽然建立了专业化的招商机构，但这些机构的市场化程度不高，绝大多数是政府部门或事业单位，招商工作效率低。就目前统计结果来看，现有的招商渠道依然没有创新，单纯依靠原有的企业、客户、朋友、亲戚找上门来，本身还没有建立起有效的信息来源。在具体的办事流程方面，开发区政府在招商服务过程中过分依赖"特事特办""一事一议"等工作方法，使高效快捷的招商服务只能惠及少数重

点项目。

在具体的招商引资过程中，还没有形成较为完善的网络体系，招商引资项目库不完善且更新慢，阻碍了信息的及时交流和传递，缺乏宣传力度，从而阻碍了招商引资工作的顺利进行。招商引资项目大都是通过洽谈会的方式进行洽谈，在实际的投资洽谈过程中，企业往往也没有很好地认清自己的定位，盲目地认为投资者应该按照自己的思路来进行投资，显然没有和投资方进行良好的需求沟通。

3.园区之间招商缺乏统筹

各开发区之间的招商引资工作缺乏整体战略规划布局，政府部门只重视招商引资工作的开展形式，而忽视了对招商引资整体战略布局的规划与设计，使得招商引资工作的开展存在一定的盲目性，缺乏有效性与针对性，这对于招商引资工作的长期开展是十分不利的。为了抢抓京津冀协同发展这一历史机遇，河北涿州和周边各类开发区之间在制定招商引资政策导向时，对协同发展市场环境的认识程度不够，缺乏细致的产业规划和项目策划，盲目进行对接，导致各开发区之间产业引导方向趋同化，由此引发恶性竞争的出现。

成熟开发区与新型开发区之间没有做好统筹发展。例如，涿州经济技术开发区成立于1992年，属于相对成熟的开发区，拥有一定的发展经验；涿州新兴产业开发区成立于2010年，属于新兴开发区，发展空间广阔。而就目前现状来看，双方之间交流不足，仅限于工作上的相互沟通，却没有共同研讨如何统筹发展、实现共赢。

4.招商引资创新思维欠缺

北京地区对河北省在人力资源方面存在着"虹吸效应"，导致河北高科技人才匮乏、企业创新能力薄弱，对高新技术产业和高端产业的吸引力不强，涿州开发区在招商引资的过程中，缺乏高科技人才，导致创新思维欠缺，这也影响了企业的经营发展和创新能力的提高，从而造成对投资者的吸引力减少。

开发区在发展过程中产业发展不平衡，高新技术产业等战略新兴产业发展落后，存在着资源利用率低、产业链条短、技术水平不高、资源浪费等现象。产业结构不合理，配套设施不完善，产业联动力不强，没有形成有效协作的产业链。辅助产业发展不完善，如零部件、原材料供应等产业，没有形成完善的配套产业，上游产业和下游产业的不完善，也制约着自身产业的发展，导致创新能力缺乏。

开发区项目招商思维科学化程度低，导致招商引资的方式滞后，工作着力点还存在一定的偏差，目前多以印发招商项目册、召开信息发布会和参加经贸洽谈会等传统方式招商，真正把握招商引资内在规律的新型招商方式运用不够，围绕经济结构调整和京津冀协同发展的项目招商引资明显不足。

五、协同战略背景下，完善河北涿州开发区招商引资的对策建议

1. 优化区域政策环境

（1）明确区域政策导向

在区域经济一体化的发展过程中，一体化不是泯灭各个城市的发展个性与独特优势，而是强调各个城市形成各具优势和特色的产业。要鼓励京津冀地区的差异化发展，把鼓励政策、限制政策和诱导政策结合起来，促进各个地区转变经济增长方式，实行差异化发展，建立起既符合市场竞争规律，又能发挥区域比较优势的产业结构，形成城市之间的合理分工，促进城市之间的平等合作和优势互补。

第一，由于产业结构的差异，三地在发展初期应坚持错位发展的战略。例如：三地金融业的发展应当按照中央赋予的区域功能进行定位部署，按照强化北京金融管理、天津金融创新运营、河北金融后台服务功能的具体要求，立足各自的比较优势、立足现代产业分工的要求、依据区域优势互补原则，实现错位协同发展。

第二，为了更好地促进三地之间的经济共同发展，需要注重三地之间组织和协调，保证三地能够在关注自己利益的同时，进行有利的协调。在进行组织协调的过程中，根据三地自身的经济特点，并进行综合的统筹和规划，避免各自为政带来的不良影响。在涿州开发区招商引资的过程中，除了考虑三地的不同特点外，还要进行综合的考虑，站在开发区政府的角度综合考虑，为了促进招商引资在京津冀地区经济发展中发挥重要的作用。例如，推动交通互联互通，实施京白路等与北京连线的拓宽改造，配合做好廊涿城际铁路项目的前期工作，积极落实北京轻轨入涿工程；推动生态共建共享，深化区域大气联防联控，全力以赴加强招商引资、园区共建，

真正把协同发展的战略机遇转化为推动涿州跨越发展的要素资源、具体项目和工作动力，努力打造首都产业与功能转移的承接地、京津冀协同发展的开发区。

第三，要把地方潜在的资源优势转变成现实优势，最重要的始终是体制和政策，而体制是重中之重，有什么样的体制才会出台什么样的政策。理顺对接思路，要进一步明确区域协同发展的工作思路和具体举措，找准产业调整、园区项目、生态环境、基础设施等转移与对接的着力点和突破点，坚持树立"舍得理念"，深入研究政策，创新合作模式，创新投入机制，拓宽融资渠道，统筹好双方合作的利益结合点，全力推进与京津地区的务实合作。

在落实重大国家战略的过程中，把各项工作与协同发展紧密结合起来，倾力打造首都功能疏解的支撑点、京津产业转移的承接地、外资进入河北市场的桥头堡。要强化抢抓机遇的危机感，切实增强对接京津的前瞻性、系统性、协调性和精准性，跟进协同发展的新形势、新要求，不断调整充实工作力量，聚焦新的工作重点，尤其要按照要求，谋划推进一批新的重大对接项目。

（2）健全市场机制导向

由于现阶段京津冀地区在经济的发展过程中，没有形成完善的市场机制，因此经济协同发展受到了一定的阻碍。为了更好地避免这种情况的发生，就必须加强市场的导向作用，减少政府的干预程度，由市场来决定产业转移的方向和具体的内容，从而更好地促进区域产业分配的合理化，加强区域间不同企业的良性竞争，增强产业的集中程度，提升产业发展的动力，从而提高京津产业区域转移和河北招商引资的成功率。

（3）完善政府招商服务

政府在招商引资工作中主要起到了平台作用，其职能主要是做好规划和协调工作，并为招商引资工作履行服务和监督职能。因此，在实际招商引资的进程中，开发区政府应该清晰自身的职能定位，提升工作效率，完善监督机制。

2.优化区域整体环境

（1）强化基础设施建设

良好的基础设施不仅是城市生活品质和城市文明的象征，更是项目入区建设发展的必备条件。建设园区基础设施，提高项目承载能力，进一步提升园区吸引力。

（2）强化政府各类职能

坚持法定职责必须为、法无授权不可为，加强地方政府招商引资的相关立法，重视法制环境建设，以法治思维和法治方式履行好法律赋予的经济调节、市场监管、社会管理和公共服务职能，健全依法决策机制，落实责任追究制度，坚持依法办事、规范办事，并且对权力进行合理使用，促进严格公正文明执法，不断提高各级领导干部依法行政的能力和水平。切实加强公共资源交易、财政资金使用、国有资产、城市管理等重点领域和关键环节的监管，有研究发现地方经济发展和不作为、乱作为率之间呈现出显著的负相关关系。因此，把权力关进制度的笼子，塑造诚信政府、法治政府的良好形象，加强对招商引资过程的监督工作，保障招商引资工作的顺利进行。

（3）强化专业人才培养

人才和优势产业是一个园区发展的助推剂，能否吸引优秀人才，留住优秀人才，能否吸引优势产业在园区落户，是园区可持续发展的重要前程。开发区应尽快建立吸引各层次人才和市场前景广阔、竞争力强的项目入驻。凡携带科技成果或重大课题来园区的创业人员，园区要通过多种形式给予扶持，并努力解决好外地科技人员工作生活中的实际问题。

3. 优化招商引资模式

承接首都的功能疏解和京津的产业转移，首先要打造一流的承接平台。按照建设世界级科技城的目标和争创国家自主创新开发区的要求，突出协同发展主题，进一步完善相关规划，创新体制机制，健全政策体系，落实年度计划，抓紧打造环境支撑，加快吸引一批重大的高端项目入驻。

在京津冀一体化战略中，开发区要率先创新体制机制，借力优势资源，做好对接京津的平台建设。政府高标准做好园区产业规划和空间规划，制定好各类政策，着力做好服务工作，园区的投资、建设、经营、管理更加专业化。具体可以通过与北京经济技术开发区、中关村、重点科研院所、大型国企、知名民企、工业地产运营商等优势资源合作，借助他们的资源，以建设分园、合作办园等多种形式，共建对接京津平台。

招商引资工作是一项长期而具体的工作，因此要抓紧协同发展的重大机遇，推动招商引资工作取得重大进展。切实把京津冀协同发展作为当前最大、最现实的机遇，以主动精神和务实态度，抢抓机遇、乘势而进，努力把自身区位优势转化为强大的发展优势，实现开发区乃至涿州更高层面的科学发展、率先发展。一是要结合京津冀战略，跳出涿州看涿州，站在全省、全国的高度审视涿州发展，对京津冀协同发展规划进行系统性研究，根据上级要求和涿州实际，及时调整涿州开发区的相关规划，使国家规划"涿州化"，做好承接产业转移和功能疏解的理论功课。二是围绕改革任务，突出问题导向，突出重点领域，积极有序推进。要加快政府管理体制改革，按照简政放权、放管结合的原则，探索建立多元的城建融资机制和市场管理体系，政府工作从主要抓审批、抓收费向抓监管、抓服务、抓环境转变。推行全面规范、公开透明的财政预算制度，实行全过程绩效预算管理，提高水、电、气等资源的利用率，对其价格进行管控和改革。三是推进区域协同创新，通过网络平台，联合中小企业进行网络技术的创新，提高中小企业的参与度和积极性，因此要抢抓国家建设京津冀协同创新共同体的机遇，加强与知名高校、科研院所的沟通联系，强化与京津知名园区、高科技企业的共建协作，加快推进新能源、新材料、生物医药、现代装备制造等新兴产业的做大做强，促进云计算、大数据、物联网等新一代信息技术与现代制造业相融合，着力贯通创新链条，融合科技要素，弥补涿州开发区创新短板，构建服务平台，引进先进的技术和人才，以更好地进行产能的创新和科技成果的开发，加快科技成果的转化应用。

第三节　河北县域经济特色化发展——以河北坝上为例

河北省坝上地区包括张家口市的沽源县、张北县、康保县、尚义县、塞北管理区、察北管理区和承德市丰宁满族自治县、围场满族蒙古族自治县。这些地区工业相对落后，对外经济联系也远不如其他地区那样便捷和密切，经济发展水平较低，已成为河北省县域经济发展的"滞后区"。

但坝上地区，自然资源十分丰富，形成了独具特色的比较优势。因此，坝上地区在谋求县域经济发展的过程中，如何立足于这些天然的资源优势，从传统产业中培育地方特色产业，从传统产品中筛选优势品牌，打造独具特色的战略产业和名牌产品，将县域经济的比较优势转化为竞争优势，提升县域经济的竞争力，以更好地促进县域经济的发展，成为学者们普遍关注的问题。

本节在分析河北坝上地区的资源优势和不足的基础上，认为坝上地区应该把发展生态经济、走特色经济之路，作为培育坝上地区县域经济新的增长点，大力发展生态农业、牧业、林业和生态旅游，实现重要地点公示语汉英翻译标准化，推动县域经济的发展，不断提升县域经济的竞争力，进而增加农民收入，实现建设全面小康社会的目标。

一、坝上地区县域经济发展的优势和劣势

（一）坝上地区县域经济发展的优势

1. 地域面积广，农业资源丰富

坝上六县两区为半农半牧地区，总面积 24 343 平方公里，占全省总面积的 12.97%，其中有耕地 540 530 公顷。主要种植蔬菜、春小麦、莜麦、马铃薯、亚麻、杂豆等，农产品资源丰富，深开发潜力巨大。同时水资源比较丰富，地表水储量大，地下水水位较浅。

2. 草场宽阔

畜牧业发展潜力巨大。坝上六县两区天然草场十分广阔，人工种草面积逐年增大；以奶牛和小尾寒羊为主的新型畜牧业发展迅猛，经济效益明显。

3. 海拔高，气候寒冷，空气清新

坝上六县两区平均海拔为 1 400 米以上，夏季短暂而凉爽，冬季漫长而寒冷，无霜期不足 100 天，昼夜温差较大，有利于农作物养分积累。没有工业污染，没有"三废"排放，空气清新，是我省无公害、无污染的绿色食品基地，也是避暑纳凉、旅游度假的好地方。

经济发展的后发优势明显，可塑性较强　坝上经济发展较落后，但矿产、旅游、草场、劳动力等资源丰富，区域内工业少，既保持了良好的生态环境，又没有历史包袱，发展生态产业潜力巨大，后发优势明显。

坝上地区在农业上，可以做绿色农业文章；在工业上，可以借鉴其他地方的成功经验；在旅游业上，当地独特的自然风光、原始的生态环境，是其他地方不可比拟的。同时，良好的生态环境、宽阔的土地也是扩大对

外开放、吸引客商的重要砝码，经济发展的可塑性非常强。

（二）坝上地区县域经济发展的劣势

1. 交通欠发达

坝上地区地处河北省北部和西北部，北部与内蒙古自治区多伦县和克什克腾旗接壤，西部与陕西大同市相临，属于高原和山地地貌，平均海拔1 500 —1 940 米，东部为曼甸，西部为波状起伏的半固定沙丘。山地称为坝缘山地，海拔1 018 —1 500 米，属阴山山脉与大兴安岭余脉的交接地带，山高坡陡；地势北高南低，平均坡度在 20 度左右，陡峭处达 45 度以上。这种地形地貌造成了坝上地区的交通欠发达。

2. 气候条件较差

坝上地区气候属中纬度高海拔、寒温带大陆性季风气候，其特点是：冬季漫长、低温寒冷；春季短暂，干燥多风；夏季不明显，光照强烈；秋季降水少、蒸发量大。年无霜期短，昼夜温差大，大风、沙暴、干旱、霜冻等灾害性天气较多。年均气温为 −1.4℃，极端最高气温 31.9℃，最低温 −43.2℃。无霜期不稳定，平均 67 天左右。降水以降雨为主，降雪为辅，年均降水量 400mm。

3. 工业不发达

由于地理位置、气候、资金、技术、人才等主客观因素的影响，坝上六县工业发展缓慢，现有的企业规模小、科技含量低、品牌知名度小、产品销路窄，并且个体私营经济数量少、大户少，企业举步维艰，生存困难。

4. 贫困化程度较高

坝上六县两区都是国家扶贫开发的重点区域，是国家、省、市扶贫攻坚的主战场。多年来，国家、省、市投入了大量人力、财力、物力进行了扶贫攻坚，一定程度上改变了坝上的农业生产基础条件，增加了农民收入，但由于坝上贫困面广、经济落后、贫困人口多、贫困程度深，所以仍没有从根本上摆脱贫穷落后的状况。可以说，河北全面建设小康社会，坝上六县是"难点"，没有坝上的小康就没有全省的小康。建立"坝上经济发展圈"，有助于坝上脱贫致富、加快经济发展。

5. 资本匮乏

制约坝上地区县域经济发展的最大劣势是资本匮乏，这一劣势使得这坝上地区的自然资源和劳动力等生产要素无法转化成为现实生产力。由于这些地区的地理位置偏僻，交通不发达，投资环境较差，因此，大型的国内企业和外国企业很少来此投资，造成了经济发展所需的资金严重匮乏，从而制约了县域经济的发展。

二、坝上地区县域经济发展的基本思路

发展县域经济首先思考的就是如何根据本地自然条件、经济基础、文化背景，选择具有比较优势和地方特色的产业问题。所谓特色就是本地有别于其他地域的自然资源、人文环境、地理区位等优势。因此，河北省坝上地区县域经济的发展必须回避其自身的劣势，充分挖掘自身的潜在优势和比较优势，走出一条特色县域经济的发展之路。

1.大力发展生态产业

坝上地区所处的地理位置、自然环境和生态特征决定了该地区发展县域经济只能走生态产业之路，发展生态农、林、牧业。当地应凭借优越的自然条件和地理位置，大力发展生态农业，加快坝上地区绿色生态农业建设，通过生态农业建设有效解决坝上地区土地荒漠化、草地退化、水土流失等问题。同时又要加快坝上地区的产业结构调整，提高经济效益，增加农民收入。应突出环境特色，发展绿色产品，坝上地区的气候适宜，农作物的生长期短，使农产品无论在营养成分，还是在无公害方面都独具特色。

张家口坝上各县应利用已经形成的京津绿色蔬菜供应地的优势，发展和建设反季节蔬菜、无公害蔬菜基地，建立特色优质的无公害蔬菜基地；大力发展蔬菜的深加工，建立特别是野生蔬菜的深加工基地，提高坝上地区蔬菜的附加值，将坝上地区的蔬菜，特别是野生蔬菜产业做大做强，以满足国内国际市场的需求。此外，要在如何保持野生蔬菜的"野生"特点上下功夫，保障这些蔬菜的原有营养、色泽、口感等，创新出自己的野生蔬菜品牌，以特色、质量和信誉占领国内国际市场，在坝上地区形成重要的"绿色农业产业带"。

充分发挥察北、沽源、御道口牧场的龙头作用，发展草地畜牧业。坝上地区草原面积广阔，草原特色突出，地下水无污染，适宜放牧，生产加工低脂肪的牛羊肉。坝上地区的乳制品和肉类具有明显的环保和绿色特征，不仅可以满足国内市场，而且可以其良好的口感，优异的质量满足国际市场的需求。由此看来，坝上各县应该以现有的国有牧场为基地，以市场为

导向，以奶牛养殖业为主导，以乳产品加工业为龙头，大力发展绿色禽畜产品。

一方面，要将近些年发展起来的乳业作为主导产业，通过与国内、省内的大型乳业集团强强联合，利用大企业的资金、技术等优势，提高乳产品质量和品种，壮大各县牧业的发展。另一方面，突出野生特色，发展野生动植物的人工驯化养殖和种植。可在围场坝上利用草原和森林的优势，驯化、繁殖并养殖坝上地区的野生动物，如狍子、黄羊等，并大力发展这些动物的繁殖和加工业；发展草产品加工业，走退耕还草和草产品加工生产专业化之路，减轻天然草的压力，防止草地退化；引进先进的现代化生产方式和管理方式，大力发展畜牧产品深加工，将自然资源优势转化为经济优势，将资源竞争力转化为经济竞争力，将坝上地区逐步建设成为全省乃至全国特有的"绿色禽畜产品产业带"。

依托林业资源优势，发展生态林业，林业是经济和社会可持续发展的重要基础，是生态建设最根本、最长期的措施。林木产品发展空间很大，如林果、花卉、林药、森林食品、森林旅游的发展，不仅提高了农民收入，还能增加财政收入，扩大就业。

因此，要全力推进六大林业重点工程建设，带动农民增收。这六大工程就是退耕还林工程、天然林资源深护工程、"三北"和长江中下游地区等重点防护林建设工程、环北京地区防沙治沙工程、野生动植物及自然保护区建设工程、重点地区速生丰产林基地建设工程。实施这六大工程，山区、沙区、林区是主战场，不仅改善了我国的生态环境，为农村和农业发展创造了良好的生态条件，同时还为发展农村经济和农民增收创造了广阔空间。

2. 发展生态旅游

坝上地区有原始草原、原始森林、天然次生林、人工林和湿地、天然淡水湖和泉水，还有多种植物和野生动物，发展旅游业，尤其是生态旅游具有天然资源优势。围场坝上的"国家级森林公园""承德木兰围场御道口草原森林风景区"和"御道口自然保护区"与全国最大的"皇家园林"承德避暑山庄遥相辉映；张北坝上的"京北草原"以及冬季的天然雪场等，是集观赏、游玩、度假于一体的多功能自然旅游资源。近年来，围场县的塞罕坝国家森林公园，每年吸引游客近50万人次，丰宁坝上"大滩"的观光旅游每年吸引游客40万人次。要想使这些旅游资源具有较强的竞争力，实现高市场占有率，还需突出其自身"特色"，即在形成文化定位的基础上，讲究品牌的包装，形成独特的品牌产品。

当然县域经济要加快发展，还必须正确处理好资源开发与环境保护的关系，从思想上跳出"县域经济等于资源经济"的怪圈，牢固树立环境保护、效益经济、长远发展的理念，既要充分利用优势资源，搞好开发，加快发展，又要科学规划，注重环保，做到可持续发展。

3.正确运用"品牌拉动"的战略思路

"品牌拉动"就是奉行"名牌主义"。提出这一战略思路的主要依据是：在市场经济条件下，一个地方的经济发展，最根本取决于它的整体市场竞争能力，而提高整体市场竞争力，则取决于有没有自己的特色；有了特色，还必须落实到支柱产业上，即形成特色支柱产业，特色支柱产业要有龙头企业带领；而龙头企业又必须是名牌企业，因此实施品牌战略，就成为发展地方经济的必由之路。比如，张家口市这些年在坝上搞农业结构调整，成功地发展起错季蔬菜产业，占据了北京市场的40%。但是他们没有自己的品牌，大批蔬菜为"寿光"添了彩。此外，干白、干红葡萄酒只是"长城"的"车间"等等。因此，必须正确运用品牌战略，把河北省坝上地区的县域经济做强做大。

第四节　河北县域经济飞速发展与公示语汉英翻译滞后

县域经济持续快速发展是我省加快城镇化、农业现代化，促使城乡一体化发展的动力源，是经济强省战略实施的支撑点。近年，我省一些县与县级市抓住统筹城乡发展的契机，找准自身定位，依托自己的特色资源，推出合理政策，不断加大人力与物力投入、优化发展环境，县域经济整体得到了快速发展。但是，也要看到河北省县域经济与东部一些发达省份相比较还有很大差距，省内一些县的经济发展还相对较慢，与经济强县相比差距在拉大。我省县域经济发展中还有很多制约因素，破解这些制约因素需要转变政府职能，以政府职能的转变来发挥县域经济中的特色资源优势，改善县域经济的软硬件环境，推动我省县域经济持续快速发展。

一、制约河北县域经济持续快速发展的因素

（一）城镇与乡村经济社会一体化发展滞后。这种滞后表现在我省县域经济社会发展相对于大中型城市经济的快速发展差距在拉大。另一个层面则是县城经济社会的发展对区域内经济资源的吸纳力不足，而乡镇经济社会发展又大幅度滞后于县城的经济发展。其至在我省一些自然经济地理条件较差的区域，呈现出乡村经济的荒芜状态与社会经济资源的撤出状态。向中心城市、县城集中，乡村"空心化"问题日益突出。县城相对地级市、乡镇相对县城基础设施建设普遍相对滞后，交通、通讯、供水、供电、教育文体设施，与产业发展、居民生活需求、招商引资的要求有着较大差距。

（二）经济社会发展创新的驱动力弱。县域经济发展创新驱动力弱，主要原因是：优质高端人才匮乏，由于受到县域经济条件、精神物质生活条件的限制，以及对自己长期发展的顾虑等，优质高端人才及高校的研究生或优秀本科生普遍不愿意到县城或乡镇就业，县城、乡镇优质人才引进不来或优质人才流入慢、比重低。另一方面，在县城、乡镇长期工作培育出的优秀人才却大量外流，优秀高端人才匮乏与县域经济社会发展的需求不匹配。县域科技研发、财政投入资金普遍不足，还没有形成一个科研资金稳定投入的增长机制。县域企业仍以中小企业为主、以中低端产业为主经营者创新驱动的发展观念普遍不强，主动进行技术创新的动力弱；技术研发、设备更新资金投入不足，很多企业规模小、资金不足、技术人才匮乏、无力投入与无力研发也是重要原因。

（三）特色产业、强势产业不突出。一部分县与县级市还没有找准自身的产业定位，没有培植出自己的特色强势产业。缺乏强势特色产业带动，没有相关配套的产业发展，具有县域特色的现代产业体系还未普遍形成。县域产业对区域中心城市产业的依附性、辅助性还相对较强，而县域产业的自身独立性则普遍较弱。缺乏带动力强的产业及相对独立的产业体系、产业链条，县域经济不能自立，就不能培育出区域经济中心。河北省县域产业层次低，县域产业仍以中低端产业为主、相邻县产业的趋同化现象还十分突出。县城及乡镇产业布局普遍没有统一规划与适当安排，布局分散、杂乱，小微企业随地建设，这些都严重威胁到河北省的生态环境安全和经济社会可持续发展。对生态环境威胁大及污染严重的企业所占比重高。

（四）民营经济发展状态、发展环境有待改善。河北省国有大中型企业，尤其企业总部主要集中在大中型城市，而民营经济、民营企业将是我省县域经济持续快速发展的重要引擎，但是，我省县域民营企业、民营经济的发展还存在一些突出的问题。县域家庭作坊式的小企业众多、布局散乱、规模小、产值低、技术落后、污染严重、违法或违规经营的现象还较为突出。县域民营经济发展环境还有待改善。一方面，民营企业还普遍存在着融资难、税费负担重、对其检查评比多、审批部门多与营利周期长、用水用电难等外部限制性因素。另一方面，则是对一些民营企业的乱排乱放、污染环境、生产假冒伪劣产品、安全生产措施等监管不到位或监管不力。对一些违法违规企业的放任，损害了民营企业公平竞争的市场环境，也必然会损害县与乡镇的长远利益，使县域经济不可持续发展的风险大为增加。

（五）金融支持体系不完备。这已成为限制县域经济发展的重要瓶颈。随着县域经济的发展，农村种植养殖专业户、农民专业合作组织、龙头企业大量增加，县城与乡镇居民创业、创办中小商贸或加工制造企业的意愿增强，县城与农村居民对教育、消费的信贷资金需求增强，金融、信贷资金的内生需求普遍增强，以小额资金为主的多层次、多样化的金融需求变得日益旺盛。另外，随着规模化特色农业的发展，农业经营者经营风险尤其是意外风险大大增强，一旦出险很多经营者往往损失惨重，尤其单个农户的经济实力有限，根本无力承担，陷入了困境。

而县域金融业的发展却相对滞后，县域中小企业的经营保险与农业保险跟不上，在一些偏远的乡镇，传统的金融服务机构甚至被大量裁退，传统金融服务功能局部地区出现了弱化，针对县域产业与农村的新的金融产品推出缓慢。

二、全球化环境下县域形象建设与公示语汉英翻译

由以上县域经济发展的制约因素与全球化发展的背景中，可以看出一个城市规范、准确、地道的英语公示语有助于建立和谐的国际语言环境，树立良好的城市形象，促进城市经济的快速发展。尽管河北省拥有城市形象建设的许多优势，却仍然有许多不尽如人意之处。造成这种现状的原因固然很多，但落后的英语公示语建设是其中一个不可忽视的重要因素。

（一）河北县域公示语汉英翻译的现状调查

笔者在河北县域间进行了长达一个月的公示语实地调查，积累了丰富的第一手资料。由于面积过大，笔者仅选取人口与贸易密度较大的辛集、白沟作为调查的主要对象。

1. 在辛集、白沟所有的公共标语和标牌中，大多数标语和标牌都没有相应的英文标示。走在街道上，映入眼帘的是五彩缤纷的商店、酒店、公司、部门机关的名称标牌和形形色色的宣传标语、口号或简介。然而除了少数有点派头的公司、机关单位或银行、邮局等服务面广的机构有英文标示"撑撑场面"外，便很少再能见到英文标示。即使在现代化气息较浓的大型知名购物商场内外，都很少能见到双语公示语，即使有，错误也较多。

一些宣传标语口号如"创建文明城市，构建和谐社会"也同样很少见到相应的英文文本。在交通要道上，虽然时常可以看到一些交通宣传和交通标志牌，诸如："关爱生命，安全出行""违章停车，拖走"等，但却极少可以见到英文标示。

2. 根据笔者所收集的资料，初步得出了一个结论：在这里所有的公示语标牌中，只有大约30%的标牌有相应的英文标示。而在这30%的公示语标牌中，又有大约5%的比例是完全用相应的汉语拼音标示的，如：某房地产公司 (***FANG DI CHAN GONG SI)、金色世家专业儿童影楼 (JIN SE SHI JIA ZHUAN YE ER TONG YING LOU)。笔者还注意到，所有的街道名称，不管是路、街（大街）、门，还是道、港、巷，不管是普通的路名，还是带有鲜明文化含义的路名，全部采用了音译。这些街道名称的翻译尽管有统一的译法，但这种偷懒的、不负责任的统一译法有违地名翻译规范。一般来说，路、街、门、道、港、巷等应分别译为 road、street、gate、avenue、harbor、lane。街道名称的翻译是一项很重要而又不可忽视的工作，如何规范统一县域众多街道名称的翻译是一件刻不容缓的大事。

3. 在笔者所调查的双语标牌中，语法错误屡见不鲜，如：在湖北省博物馆门外的"寄存须知"中有这样三句："You can easy to get service in our luggage office.""Please tell us pay attention to your objects which are easy to deform or broken when you deposit them""Keep the store's card properly. If you lost it you should assume the responsible by yourself." 在短短的三个句子中就有五处语法错误，建议改译为 "Service is easily available in our

luggage office." "Please inform us of your objects which are easily deformed or broken." "Keep the store's card proper. If you lost it you should assume the responsibility by yourself."

4. 英文标示中的单词拼写错误和笔误比比皆是，大大影响了城市的文化形象。笔者曾在某超市仔细观察并记录了里面的双语公示语，发现了很多此类错误，如：健身器材（Blod-building apparatus，应为：Body-building……），文具用品（stationers goods，应为：stationery……），袜类（Hosie，应为：Hose 或 Hosiery），三楼生鲜特卖场（The large fresh soles field of 3F，soles 应改为 sales），清洁用品（lean the articles，应为 clean articles 或 detergent products），停车场（Car park，应为……parking），百货（Bazzr，应改为 bazaar，更准确的说法是 General Merchandise）。让我们再来看一看某风景区内"游客须知"第一条的英文标示"The ticket is only effectual for the same day you bought and can beu-sed only once."原来"effectualfor"应为"effectual for"，而且"effectual"最好用"valid"来代替；"beu-sed"应为"be used"。整句建议改为："The ticket is only valid on the same day and can be used only once."相信外国友人见到此英文招牌一定是丈二和尚摸不着头脑。

5. 公示语中误译和翻译不准确的现象比较普遍。如：在一些商店和超市里，"特价"被译为"Promotion"，准确的译法应为"Special offer/price"或"bargain price"；在调查的地方有很多公共场所都设有垃圾分类回收箱，上面都有中英双语标示，其中有几处误译。如："有害有毒物质"（Harmful poison），"不可回收"（unrecycled），"发泡制品一次性餐具"（Blowing products One Time Dinner Service），"可回收"（Recycled），"纸张、金属、玻璃、塑料"（Paper, metal, Glasses, plastics），这几条英语公示语都不准确，准确的译法分别为："Poison"或"toxic items" "non-recyclable" "foaming products disposable products" "recyclable" "Paper, Metal, Glass, Plastics"（Glass 被写成 Glasses 会被误以为是"眼镜"）。"残疾人通道"几个字，相应的英文则为"Facilitides of disabledperson"，不仅单词拼写错误，而且有明显的误译，应译为" handicapped Only "，或用委婉语"under-privileged only"。再如，"易燃物品"分别被译为"explosivable things"和"exploders"，正确的译法为"explosives"。

6. 在笔者所调查的双语公示语中，中式英语的现象比较普遍。如"注意安全"被译成了"Notice safety"，其实简单的一个词"Caution！"就够了。某大型公共娱乐休闲场所，每天都有很多人光顾，在广场的几块草坪内，有大约十多块双语标牌。这些标牌上的公示语有些翻译得很到位，但也有几处笔者认为值得商榷。比如，"观赏草坪，请勿入内""观赏花坛请勿入内"，"小草也是生命，请勿践踏"分别被译为"No entrance to the watching lawn""No coming in garden please""No tramping on grass as it is alive"。笔者以为这是典型的中式英文，试分别改译为："Keep off the grass""Cherish the flowers""Keep off the grass as it is alive"，改译后的公示语不仅简洁达意，而且不会伤害观赏者的自尊，可谓两全其美。

以上列举的河北县域之间一些公示语的翻译错误，笔者绝对无意冒犯任何单位和个人，望有关人士谅解。笔者同时也提出了一些英语公示语的修改意见，未必很准确，敬请同行们批评和指正。另外，从上面的实例剖析可以看出，如果不遵循前文提出的公示语汉英翻译的原则和方法，必然会出现翻译失误。

（二）加快公示语翻译普及化、规范化的速度，促进河北县域形象建设

众所周知，城市形象由硬形象与软形象两大因素构成，二者缺一不可。硬形象是指那些具有客观形体或可精确测量的各种因素，主要有自然环境、自然资源、地理位置、基础设施、城市规模、人口数量、交通状况、经济发展水平、城乡居民收入和消费水平，以及科技教育水平等。软形象指那些很难精确测量，受心理感受影响较大的因素，主要有社会文化环境、公众理念、价值观、文明程度、企业形象及市场竞争力等。

硬形象是一个地域的硬件设施状况，不是本书讨论的重点，这里不做阐述。软形象的建设，归根结底就是文化建设。如果说经济是城市的骨肉躯架，那么文化则是一个地域的气质底蕴，是形象的灵魂。县域文化形象体现在很多方面，而其中最引人注目、最直观的文化则体现在遍布各个角落的汉英公示语方面。从传播学的角度来看，形象的塑造离不开有效的传播，形象只有通过传播才能产生价值。而在中国，公示语正好是最有效的传播途径之一，是对外宣传城市形象、扩大对外交流的一个重要手段。因此，我们说公示语的双语建设对一个地域的形象建设，乃至一个地域的生存和发展都是息息相关的。同样，落后的公示语双语建设也是影响地区形象建设的一个不容忽视的重要因素。因此，加强公示语的汉英翻译是一项非常重要、不容忽视的工作。就河北县域来说，这一任务尤其重要和艰巨。具体来说，我们可以从以下几个方面着手：

1. 对于目前英语公示语在河北县域普及率很低、部分市民和商家对此认识不足的状况，政府部门应设专门的机构来监管双语标志，并与立法机关配合，制定相关的法律法规和适宜的规划，同时加大宣传力度，强制相关单位和个人尽快在全市普及汉英双语公示语，然后分区分片组织专家进行审核、讨论、校订，直至最后定型。英语公示语的普及应涉及社会生活的各个方面，主要包括：公共设施（如：机场、火车站、长途汽车站、公共汽车站、加油站、交通标志等）；旅游景点（如：博物馆、旅游设施、旅游服务等）；街道和社区名称（如：街、道、巷、门、社区、居民小区等）；机构、部门或集团名称（如：政府部门、各级各类学校、研究所、涉外机构、企业等）；服务行业（如：商店、超市、餐厅、医院、银行、美容美发、网吧等）；各种各样的广告（如：悬挂在街头的标语口号、产品广告、企业或机构的简介等）。此外，英语公示语的普及还应包括主要媒体，如电视台"经视直播"等重要特色栏目的双语播报和双语广告、市内相关单位或个人网站的双语建设等。当然，英语公示语的普及是一个长期的过程，因此，监管部门应制定短期和长期规划，不惜投入大量人力物力以实现英语公示语在当地的普及。

2. 要加大对原有英语公示语的审核和校正，力求做到公示语翻译的规范性和准确性。一方面，政府有关部门可以组织各个高校的翻译专家参与其中，另一方面，考虑到要审核的面太大，任务太重，政府部门要充分利用本地丰富的人才资源，在各个高校组织一批大学生、研究生上街调研，并将调研结果记录在案，再提请专家组讨论。值得注意的是，公示语的翻译决不能随意发挥，英语公示语具有严格的规范性、准确性和沿袭性。国家技术监督局编制、翻译、发布的国家公共标志与标语，提供了广泛应用于道路、旅行、安全、环保、储运等方面的标准汉英翻译规范，翻译人员应严格参照执行。比如，凭票入内（TICKET ONLY）、售票处（TICKET OFFICE）、入住登记（CHECK IN）、旅客止步（STAFF ONLY）、正在营业（OPEN NOW）、易爆物品（EXPLOSIVE）、请勿乱扔垃圾（NO

LITTERING）、打八折（20% OFF）等公示语的翻译已经约定俗成，因此翻译人员或核查人员应参照规范的译文。此外，译员还可参照北京、上海等公示语翻译相对比较规范、准确的国际化大都市的做法。对一些具有浓郁文化特色和地方色彩的标语口号，政府部门可在全市范围内征集译文，最后由专家组评选出最佳译文，给予奖励。

3. 在营造良好的学习外语环境，提高全体市民的英语水平。正如前文所言，一个地区的公示语涉及了社会生活的方方面面、纷繁复杂，"智者千虑，必有一失"，存在失误或错误在所难免。因此，公示语翻译的普及、规范、审核最终要靠全体市民积极参与和共同努力、才能达到目标。同时，只有全体市民的英语水平都提高了，才能真正营造一个良好的语言环境和人文环境，使来华的外国朋友能够轻松自在地在当地生活、工作和游玩。

第六章 河北县域公示语翻译错误探析

中国国内与国际经贸的迅速发展，带动了相关产业，如旅游、餐饮等行业的发展。河北县域经济经济发展越来越迅速，学英语的、用英语的人越来越多；到河北各地游玩的、工作的外国人逐年增加，公共场所双语标识也随之越来越普遍。但各种英语标识中的语用错误和不规范现象地频繁出现，这不仅会影响到某个地方对外交流的国际形象，甚至会损害国家的形象。

最好的公示语就是那些不引起人们关注的公示语，它尽职尽责地向人们提供所需要的信息。而现在公示语翻译所出现的错乱，不但引起公众、学者、国际人士、媒体、政府的关注，而且变成了一场群众翻译纠错的集体运动，几乎成了全民的话题。从公示语翻译所形成的错乱现状中，可以发现人们对公示语翻译的认识还存在一些问题。本节将就河北当前公示语翻译的现状，做一简单的梳理，大致总结出以下十种错误观念。

第一节 河北省公示语翻译中存在的问题

一、规范公示语翻译的重要意义

开放、标准的国际语言环境是城市文化建设的重要组成部分，规范公示语的翻译工作，则是创建良好国际语言环境的基础与支撑。

（一）为外国友人营造良好的语言交流环境

外国友人在接触城市风貌、了解城市文化、融入城市生活的过程中，语言障碍成了一个不容忽视的问题。研究表明，他们对公示语的理解，尤其是比较复杂的商铺名称、景点介绍，主要依靠于母语。北京第二外国语学院公示语翻译研究中心对全国公示语英文翻译的使用现状进行了一项调查，旨在了解外籍人士对公示语英文翻译工作的满意度。调查结果表明，仅有51%的调查对象认为中国的英语公示语对自己有帮助。公示语的翻译质量未得到外籍人士的认可，规范公示语翻译工作，成为创建外国友人理想交流环境当务之急的重中之举。

（二）提升城市的文化形象

先进文化是一个城市在快速城市化的进程中健康、稳定、持续发展的有力支持和重要保障。城市文化建设的内涵表现在两个方面：一是城市社会成员素质的培养，二是城市形象的建设。城市文化主要依赖有声和无声的语言媒介对外传播，与世界分享。公示语翻译是国际友人对城市的第一印象，是他们游览城市风景和了解城市文化的语言工具，也是城市居民对外展示文化素质的窗口。因此，标准的公示语翻译代表着良好的城市文化形象。

（三）建设现代化都市的重要内容

良好的国际语言环境必将贯穿和服务于城市现代化、国际化的全过程。城市的国际语言环境包括"人"的因素和"物"的因素。"人"的因素指城市居民对听、说、读、写四种语言基础技能的应用能力；"物"的因素即公示语外文应用的准确度和规范程度。这两种因素中，城市中比比皆是的公示语翻译，更能从文化的角度直观映射出城市的国际化水平，是城市现代化建设的重要内容。

二、河北省公示语翻译现状调查

为了了解河北省公示语整体翻译现状，笔者对河北省省会石家庄、经济重镇唐山、中国首批优秀旅游城市秦皇岛三个城市的主干道、规模较大的公园，以及著名旅游景点中的公示语翻译现状进行了调查，并随机抽取了200个公示语的汉英翻译作为研究对象（河北公示语语言翻译种类以汉译英为主，本次调查主要针对公示语的英译问题），对其中存在的问题进行归纳、分析与总结。同时，为了探究问题产生的真正原因，本次调查采用了问卷调查的方式，以120名有一定外语语言基础的社会大众和80个商家单位为对象分别进行调查（见表7-1）。调查发现，三市在公示语翻译方面普遍存在一些问题。

表6-1 公示语翻译问卷调查基本信息/份

	发放问卷	回收问卷	有效问卷	调查内容	调查目的
问卷调查1（社会大众）	120	120	116	公示语翻译的普遍认知	了解公示语翻译现状
问卷调查2(商家单位)	80	80	78	公示语翻译目的和翻译流程	了解公示语翻译的规范程度

（一）公示语翻译普及率不高

三市除了个别公司、行政部门及银行、邮局等或具规模，或因工作性质的原因有公示语翻译外，其他地方有相应英文翻译的公示语数量较少，即使在人口流动量较大的重要公共场所，如火车站和汽车站内，公示语的英文翻译也没有得到普及。在现代化气息浓郁的大型购物商场内，譬如，在楼层的导购牌上，也没有见到双语公示语。然而，在问卷题目"您认为本市需要外文城市公示语吗"的回答中，87%的社会大众选择了"很有必要"。

（二）公示语翻译错误率较高

本次调查中，三座调研城市的公示语翻译抽查数量分别为：石家庄70个，秦皇岛70个，唐山60个。其中，石家庄的错误率为60%，秦皇岛为57.5%，唐山为53.3%，超过一半的错误数量不得不令人深思。此外，该结果在对社会大众的问卷调查中也得到了证实。在问题"您在本市公共场所曾发现过公示语翻译的错误吗"的回答中，48%的社会大众选择了"经常发现"，35%的人选择了"偶尔发现"，17%的受访者选择了"没有发现"；在回答问题"您对本市公示语翻译现状有何看法"时，51%的社会大众选择了"有许多错误，不满意"，40%的人选择了"没有意见"，仅有9%的人群选择了"满意"。

（三）书写不规范和单词拼写错误现象严重

在搜集到的200个公示语英文翻译中，错误和不规范的公示语翻译共112个，将存在问题的公示语翻译从专业角度进行分类，可分为四大类：交际信息失真、语法错误、文化背景迁移中的翻译失误、译名不统一。其中，交际信息失真类包括单词拼写错误、补译不当、用词不当；语法错误类包括书写不规范、名词单复数混淆、其他语法错误；文化背景迁移中的翻译失误包括直译与意译使用不当、语用错误、关于禁止公示语的错误表达。

在公示语翻译的错误率排行中，书写不规范和单词拼写错误的比率最高（见图1）。譬如，国家电网在石家庄的某个广告牌上赫然写着"Glodal Partner of Expo2010"，而单词"Glodal"的正确拼写应为"Global"。

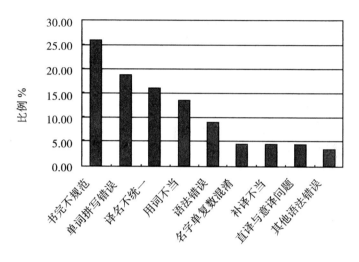

图6-1　公示语翻译错误比例

三、河北省公示语翻译中问题存在的原因

2008年，为迎接北京奥运会的到来，河北省部分城市，譬如石家庄和秦皇岛，已举行过公示语翻译的纠错活动，公示语翻译工作中的部分问题得到了有效解决。但是问卷调查的结果却表明，78%的社会大众认为目前自己所在城市的公示语翻译工作仍需要改进。种种问题看似属于专业研究的范畴，其实引发问题的根本原因是多重的。

（一）思想上不重视

调查表明，书写不规范和单词拼写错误等诸如此类的简单错误，在错误排行中高居榜首，原因在于公示语翻译工作没有得到相关人士的关注与重视：商家单位不认真对待，翻译人员敷衍了事，社会大众也漠不关心。此外，粗制滥造的翻译也未引起监管部门的注意，以致以讹传讹。公示语不但没有起到良好沟通的作用，反而给外国人留下了不良印象，造成了恶劣影响。此外，公示语的英文翻译在一些重要的公共场所迟迟不能普及，也是由于相关部门没有意识到规范公示语翻译工作，是快速城市化进程中的必要之举，付诸行动也成了一纸空文。

（二）翻译目的不明确

此类问题主要存在于一些商家名称和广告的英文翻译之中。简单地说，翻译的目的是将源语言中的信息尽可能完整、可信、准确地传达给目标语的使用群体，使通晓不同语言的人能够通过原文的重新表达进行交流。在多项选择题"您认为翻译公示语的目的是什么"的回答中，选择"建设国际化大都市"与"提升城市文化品位"的社会大众居多，分别为67%与65%，其次才是"便于交流"和"营造良好的外语学习环境"，分别占38%和33%；在多项选择题"翻译本企业名称、品牌的目的主要是什么"的回答中，分别有51%、50%与49%的商家单位选择了"装饰门面，提升档次""追潮流，赶时髦""招揽外国顾客"，选择"便于通晓不同语言的人进行交流"的商家单位占比最少，占42%。两组数据表明，公示语的翻译目的被华丽地包装了，这些功利性的想法完全有悖于翻译的真正目的和实际功能。

（三）译者水平有限

翻译公示语时，译者应该熟知公示语的语言特点和功能意义，了解汉英公示语的文化差异，要将读者的文化习惯摆在首位。在题目"您的公示语翻译由谁翻译"的答案中，选择"专业人士"与"本企业人员"的商家单位最多，分别为47%和46%。问卷调查表明，虽然近乎一半的公示语翻译工作由专业人士承担，但是有些译者对英语并没有真正掌握，只是略知一二，在实际翻译过程中往往出现眼高手低的现象；有的译者对文化背景知识了解不多或不深，译文看似规范，内容却经不起推敲；更有个别译者不假思索，执笔就译，应付了事。譬如，唐山市文化路上的餐馆"巧味菜"被直译为"skillful taste vegetables"，简单的逐字直译不符合英语语言的表达习惯，也没有突出店铺特色，建议改为"distinct flavor"。

（四）政府监管力度不够

公示语译文在公示之前，未经过相关部门严格的质量把关，大量不规范、不合格的译文不断产生，并泛滥开来。在问题"公示语翻译成品公示之前是否有专门机构审查"的回答中，64%的商家单位选择了"没有"。调查发现，一些公示语的译文字母由于长期经受风吹雨淋，已变得残缺不全，面目全非，也无人问津，无人管理。在"您认为公示语翻译成品公示之前应该有专业机构审查和监督吗"这一问题的回答中，98%的商家单位选择了"应该"。所以，商家单位的良好意愿应该得到政府部门的高度重视和大力支持。

四、改进河北省公示语翻译的措施

河北省三市的公示语翻译问题及原因剖析表明，公示语翻译的规范工作与译文监督管理工作亟待全面展开。公示语翻译的规范工作不是个别人的事情，良好的语言环境和人文环境需要政府部门的高度重视，商家单位的认真配合，全体市民的积极参与，整个社会的通力协作，从而塑造良好的城市形象，提升城市对外开放的实力与水平。

（一）加强市民的语言素质文化建设

城市社会成员素质的培养，主要包括城市社会成员的教育水平、科技水平、艺术水平的提高，及现代生活方式、思维方式和价值观的形成。公示语翻译的普及工作及未来的良性发展，只有在优良的国际语言环境中才能实现。建设高水准的国际语言环境，首先要提高市民的教育水平，提升市民的整体语言素质，形成宽基础、重交际的外语人口结构。同时，积极开辟多样化的学习渠道，整合各方资源，使外语学习朝着广泛化、基层化的方向发展，通过提高外语人口基数，培养大部分市民的语言基础技能，使其具备相当的外语交际能力。其次，要在大中小学生及普通市民中间普及国际礼仪知识和语言文化知识，提高市民的综合素质，提升民间的对外交流水平。语言学习入了门，兴趣使然也会使人们重视语言的翻译工作，从思想上重视语言的交际功能和正确应用，唯有如此，显而易见的公示语翻译错误才会从根本上消除。

（二）成立以翻译学专家为主体的专业翻译机构

翻译不是一件执笔即可做的工作，即使具有一定外语语言基础的专业人士，如果不具备广博的文化知识和扎实的写作功底，没有进行过相关翻译理论研究、语言学研究和文化背景知识的学习，也是很难将公示语翻译得十分准确、地道。公示语或简或长、纷繁复杂、包罗万象，其外文翻译工作绝不可小觑。上海市语言文字工作委员会于2004年就组建成立了"上海市公共场所中文名称英译专家委员会"，专门负责研究制定上海市公共场所中文名称的英译范本；北京也于2007年1月18日在北京第二外国语学院成立了公示语翻译研究中心。借鉴国内大城市的先进经验，加强翻译职业化建设，促进翻译专业人才培养是规范公示语翻译的必要举措。无论是公共标识，还是店铺名称、广告宣传、旅游景点介绍等的英文翻译，均由这一机构统一负责，这不仅可以提高翻译工作的效率，更重要的是可以保证译文的质量，避免译文出现质量参差不齐的现象。

（三）明确专门机构的监督与审核职责

为了保障高质量的公示语翻译工作持续有效地进行，政府需出台相应的外文宣传文字管理条例，并责成专门机构负责对公示语翻译工作的监督与管理，其具体职责包括：

第一，针对目前存在问题的公示语译文，组织相关人员进行全面、严格地审查，并将结果记录在案，提请翻译专业机构进行讨论和修改后，再重新公示。根据问卷调查结果显示，如果本单位的公示语翻译存在错误，98%的商家单位愿意及时改正。

第二，监督公示语翻译工作由翻译专业机构直接负责，或公示语译文经该机构审核后方能公示于公共场所。

第三，定期组织专业人员对全市公示语翻译进行彻底地检查，争取实现城市公示语"零翻译错误"的目标。

第四，考虑到需要审查的面太大，任务太重，该机构可以充分利用本市各种人才资源，如组织高校大学生、研究生上街调查、纠错。

（四）建立全面覆盖的社会监督机制

良好的城市形象需要全市人民的共同营造与维护，公示语翻译标准化、规范化和准确性的实现，更需要全体市民的关注、监督与协作。譬如，依托网络、杂志、电视等媒体，调动市民兴趣，开辟多种渠道，建立公共场所规范使用外语标识的监督平台；开展社会公众广泛参与的公共场所外语标识纠错活动，市民在帮助别人的同时，也能提高自己的语言水平；督促商家单位和服务行业定期开展自查和整改活动，从思想上加强他们对正确使用外文重要性的认识。北京市曾开展"北京市公共场所双语标识规范活动"，并开通了"北京市民讲外语"网站，得到了广大市民和网民的积极响应和参与。迄今为止，浙江省也已成功举办了三届公示语外文翻译纠错大赛。大赛皆以省内广大市民为参加对象，受到了市民的欢迎与支持，推进了城市公示语翻译规范化的工作进程，值得其他省市借鉴与学习。

第二节 公示语翻译错误的特点分析

一、没有明确的翻译服务对象

人的行为，通常有一定的目的性。公示语翻译的产生也是在一定目的支配下的行为，那就是为不懂汉语或者汉语不甚灵光的人提供公示语信息。因此，公示语翻译的服务对象是以英语为母语，或者以英语作为交际语言的人群。因此，公示语翻译是因为有明确的服务对象需求，才主动提供这种服务的，而不是臆想的、抽象的服务对象。公示语译者首先要有明确的公示语翻译的对象意识，即翻译目的论（Skopos theory）所强调的"目标文本接受者"。

在一些领域，可能完全涉及不到英语的需求人群，那就没有必要冒充什么国际化，大跃进式地与国际接轨，而是要先看清楚是否需要接轨，再确认轨道在哪里才行。设立双语标示牌，是因为有明确的需求，是为了给国际人士提供便利，绝不是像乞讨的人也在纸上写上 money 那样来赶时髦。我国的《国家通用语言文字法》中也明确规定，广播、电影、电视用语用字；公共场所设施的用字；招牌、广告用字；在境内销售的商品的包装、说明等，应当以国家通用语言文字为基本的用语用字。确实有需要用英文的地方才加上英文，并不是所有的标牌都有必要加上英文，比如"语言文明，礼貌待人"，就没有必要翻译为"Speak nicely，Treat people well"；再比如"禁止在公园内随地大小便""文明参观，讲究卫生""有您的参与，垃圾不会无家可归"等。

二、翻译时没有区分对内的公示语和对外的公示语

有些汉语公示语，在人们看来没有任何刺眼的地方，一旦翻译为英语，就会显得过于直露、不得体。英语中，语言的得体性往往产生于间接、含蓄，因此，不能够把一些对内的公示语拿来对外。如"衣履不整，恕不接待"，人们对此也是见怪不怪，而翻译为英语"Proper dress required"，就会让人觉得有歧视成分的存在。"文明参观，讲究卫生"的英语翻译"Visit in civilization, pay attention to hygiene！"就显得可笑、粗鲁。

不同语言文化的人群对警示信息的反映存在差异。汉语中表示警告的公示语，大多语气较重，如含有"禁止""不要""请勿"等字眼；而有些在表达强烈禁止时却含蓄委婉，语气不严肃；在进行友善提示时又略显生硬，拒人于千里之外。英美等国家标准推荐使用"小心""警告"和"危险"作为警示用语，以表示不同的危险程度。研究表明，中美两国受试者对这类警告的反映差异很明显（赵正宣，饶培伦，刘成益 2006：102）。针对这些公示语的翻译，一定要有明确的翻译服务对象意识，在翻译时要注意这种对内和对外所提供信息产生的差异。

国外常用的公示语，不一定适合对内使用。国外很多地铁出口用 ABCD 字母标注，一些人为了与国际接轨，把对中国人来说很熟悉的"东、南、西、北"出口全面接轨了，以至于不常坐地铁的本地人也看不太明白，更不用说外地人了。这种内外不分的做法，只会引起混乱。

三、以为翻译提供的信息越多越好

用公示语来提供各种人性化的服务，得到了越来越多人的认同。这些人性化的公示语也被一字不漏地用英语传递了出去，以为这样所提供的服务就周到、热情了。殊不知，公示语的运用不是以信息多少来判定是否满足人们的需求，而是看是否恰当，是否符合公示语的目的。比如某地公交车上的广播中说道，"各位乘客大家好，欢迎乘坐××路公交车，本车由××××开往××××，途经××个站点，准点运行××分钟，早晨××发车，晚上××收车，请掌握好乘车时间以免错过，请各位乘客自觉遵守乘车规则，前上后下，谢谢！"这段广播的英语翻译："Good morning, ladies and gentlemen, welcome to board No. ×× bus. Our bus is going from ×××× to ××××. It will pass ×× stops and take about×× minutes on the whole line. Our service time is from ×× am. to ×× pm. Please pay more attention to our service schedule and not to miss the bus. Please follow the passengers' regulation, allow these passengers to get off before you get on. Thank you！"这就是典型的公示语信息扰民，利用公示语对乘客狂轰滥炸，似乎不把英语学好，连乘车的乐趣也没有了。

那才是开始，一路上的汉英广播，轮番轰炸乘客，让人不得片刻安宁。

再看看乘客下车时的待遇，"前方到站是本次车的终点站××××，请乘客拿好随身携带的物品，依次从后门下车，欢迎您再次乘坐××路公交车。如果您对我们的服务有什么意见和建议，请拨打公交热线×××× 6868，祝您一路平安，谢谢！"这段广播的英语翻译是："The next stop is our terminal ×××× : please get all your belongings ready to exit from the back door.Please come back again. If you have any good ideas or suggestions，please call the hot line xxxx6868.Have a good trip.Goodbye！"尽管满口的"please"，试想乘客哪里有这样的热情，享受你的人性化服务。公交车所提供的公示语信息，就是要告诉乘客你现在到达哪个车站，没有必要附加其他任何更多的内容。此外，公示语不同于书籍，要简单平民化，所以不论是汉语，还是英语，都应该简洁，防止所谓的温馨提示泛滥。

四、没有区分"翻译"和"信息提供"

一些翻译观念也会导致公示语的翻译错误。大众甚至一些专业人士对翻译的理解，依然是所谓的放之四海而皆准的、以"信达雅"为标准的语言转换行为，认为一切语言间的转换都得遵循忠实通顺的原则。把汉语的公示语转换为英语，其实不再是传统意义上的翻译行为，而是用英语提供公示语信息的行为，按照目的论者弗米尔（Vermeer）的说法，就是一种"信息提供"（information offer）。遵循"目的论"的"信息提供"原则，汉语公示语的英语信息提供才可能走出误区，摆脱因翻译之名而导致的困境。

目的论者的"信息提供"，认为原文不再是传统意义上的原文，而只是译者可以使用的信息中的一种，因此也不要求对等或者忠实地在译文中把原文再现出来。译者作为这种信息的传递者，要根据接受者的需求来确定、选择传递哪些信息，把被选中的信息通过使用译者认为合适的、对传达目的有利的语言转移到目的语中，从而实现公示语的指示性、提示性、限制性、强制性四种突出的应用功能。因此，公示语的翻译应该归属于隐性翻译（covert translation），是通过生成与源文本功能对等的文本，来隐藏其属于翻译文本的本质。

因此，汉语公示语的英语表达，是另外一套服务于英语受众的、独立存在的文本。如公交车报站广播仅仅起到一个提示性功能，没有任何特指意义，对于那些附加在其上的功能，在翻译时译者应该做出自己的选择，删除掉多余的信息，而不是忠实地传递原文的所有信息。如"叮咚（提示音），×××站到了，请在后面下车。本车××路是无人售票车，票价1元，方向×××。乘客朋友们，乘车是您的权利，助人是您的义务，请您关注身边需要照顾的人，让我们共同加强公民道德建设，营造车厢文明环境。"这样明显带有宣传性质的报站广播，所提供的信息就是到达某个车站，而不再是传统意义上的翻译，也就没有必要再忠实原文了。

五、以为汉英公示语是一一对应

一些人认为放置在同一块标牌上的公示语翻译，肯定是汉语和英语一一对应的，否则就担心会出错，导致别人笑话，恰恰就是这种一一对应的观念导致了错误的翻译。汉语公示语是为熟悉汉语的人士提供信息，有其独立存在的地位。同样，英语公示语也是一种独立存在，和汉语公示语并不是语言上的对应关系，而是功能上的对应。比如，"佛教圣地，清净庄严，洗心池内，严禁乱丢。"就是一个禁止性的提示，所提供的信息就是此处严禁乱丢垃圾。而下方的英语翻译则显得多余，"Washing heart pool, So pure and so clean, Holy Buddhism land, No Litter into please."如果实在要在此处提醒国际游客，只需注明"No Littering"就可以了，确保英语翻译的功能一致。国内这样的对应译文随处可见，如"有难事，找民警"（"If you have anytrouble please ask for the policeman."）"小心压破玻璃受伤"（"Don't press the glass to get hurt."）"公共厕所"，对应于"Public Toilet"。英汉两种语言文字之间所存在的差异，在实际翻译过程中很难做到词句上的完全对应，在翻译实践中，必须适当的增减词，才可能避免错误地对号入座。

有时为了确保书写的美观，译者强行把汉英公示语一一对应。其实，同一个汉语公示语，可能有多种不同的翻译，没有必要强行统一。比如，"禁止吸烟"，在不同的场所可以是"No Smoking"，也可以是"Thank you for not smoking"，或者"Notice: This is not a smoke-free facility."公示语的特点不仅应该简单明了，更重要的在于把意思正确地传递给公众，且可以有多样的表达方式。

六、混淆了"功能对等"和"忠实"原则

按照忠实的翻译标准，有些公示语翻译本身并没有什么不当。但公示

语作为一种有特定服务对象和明确目的的表达，只有按照它要实现的交际功能来衡量，才能评估它是否适当。一切妨碍公示语四个功能实现的翻译，都是翻译错误。所以，公示语翻译一定不能拘泥于原文，不是为了忠实于原文，而是要顺从英语公示语接受者的文化习惯与接受能力，做到简洁、易懂、"功能对等，转换对应"，以达到交际的目的（赵湘 2006：74）。好的公示语翻译应该达到"等效翻译"，即译文功能和原文功能完全相同，在目的语中也应该是公示语。公示语翻译的目标语读者在阅读时，完全没有注意到，或者根本不在乎，他们正阅读的是翻译文本（Nord 2005：65）。公示语翻译是一种工具性翻译（instrumental translation），是在目的语文化交流中充当一种独立的信息传递工具，译文可以根据自身的目的性对原文作调整。

按照忠实的翻译标准，"小草微微笑，请你走便道"，就应该翻译为"Little grass is smilings lightly, please walk on the pavement."而依照此处公示语的提示性功能，可以简单地译为"Keep off the grass"，使其与目标语言中的公示语达成相同的功能，把那些妨碍该功能实现的信息删除，完全没有必要诗兴大发，文雅一番。又如"老弱病残专座"，依照汉语原文应该翻译为"Priority seating：please offer seat forward of this sign to the elderly and handicapped."而作为提示性公示语，handicapped 就十分简明，一目了然，起到了目标语言的公示语提示功能，而且不着翻译痕迹。

七、翻译时错误的"拿来主义"

"拿来主义"一直被视为公示语翻译的首要原则，即直接用外国的公示语来为汉语公示语寻找英语"婆家"，似乎外国人怎么用，我们就得照搬。语言问题还没有简单到如此地步，要真是这样简单，也就不会出现翻译中的错乱了。还有，外国不是一个整体，除了中国以外的国家，有 200 多个，排除掉那些非英语国家，依然找不到一个唯一的参照。这就导致了公示语翻译的莫衷一是，谁都有道理，因为某某人在某某国家就看到了这样的用法，甚至还有照片为证，让你不得不服。

对于那些约定俗成的英语公示语，选取"原汁原味"的英语表达没有什么非议。但在"照搬"的同时，也应当注意使用习惯、风格的统一，注意各种英语的变体。英语作为一种国际通用语言，而不是一种国际统一语言，存在着各种变体和中介语。English 也由大写变成了小写的 english，由单数变成了复数的 englishes。单就一个"厕所"的英语表达，就让很多人摸不着头脑。有人认为 WC 太粗俗，指的是"茅坑"，可恰恰有人在欧洲发现有些场所大量使用 WC。也有人认为北美最常用的是 rest room，可偏偏有人指出澳大利亚人看不懂它。也有人说美国英语用 washroom，英国英语要用 bathroom。到底把哪一个拿来？按照国际惯例或者通行的做法，toilet 是一个大多数人都能够接受的表达，却也没有必要根除掉中国人所熟知的 WC。鲁迅说过，拿来以后要"挑选"，依照"或使用，或存放，或毁灭"的原则处理所拿来的东西。那种不顾实际地一味拿来，只能长别人志气，灭自己威风。拿来以后，比较英语国家使用的不同公示语，选择那些分歧最小的作为翻译的参照。

对那些没有现成公示语可供我们拿来，折中的办法就只有使用英语变体之一的中国英语了。中国英语是"操汉语的人们所使用的、以标准英语为核心、具有无法避免或有益于传播中华文化的有中国特点的英语变体"（贾冠杰，向明友 1997∶11）。中国英语是用不属于讲英语民族的人所惯用的词语，表达中国社会文化诸领域的特有事物，其将随着中国人使用英语的普及和中国特色的形成而逐渐扩充，从而丰富和发展英语内涵与世界文化。如我们习惯于把中国以外的一切人和事统称为"外国"，如"外国人""外语""外事处"，是否现在要一律换成 international 以彰显我们的开放心态？如"外国学生"foreign students 换成 international students；"外语学院"Foreign Language Institute 换成 International Studies University；"外事处"Foreign Affair Office 换成 International Liaison Office；"外交部"Ministry of Foreign Affair 是否要换成 Ministry of International Affair，这可不是小事。

八、翻译时抹杀文化差异

公示语有其国际性的一面，还有其本土意义，具有鲜明的地域特征和文化差异。一些在英、美、澳等将英语作为母语的国家中使用的英语公示语，具有明显的本土意义，如"药房"，英国用 chemist's shop，美国用 pharmacy；美国人用 garbage can 表示"垃圾箱"，而英国和澳大利亚人用 rubbish bin；美国用 school of management 来指"管理学院"，英国和澳大利亚人用 faculty of management。首先，这些公示语是为本土公民提供的一种服务信息，其本土特色是无法抹杀的。公示语的翻译，是为了方便那些国际人士在中国能够得到足够的提示、警示等信息，并不是说他们就完全无法理解或接受目的地的文化。公示语作为一种深入日常生活中的文化信息，能够在不同民族、文化间交流，本身也是一种文化行为。文化交流是以求同为基础，以吸收异为目的。那种过滤掉文化差异的、透明的公示语翻译，似乎没有起到文化传播与交流的目的。所以翻译那些反映中国特定文化内涵的公示语，没有必要强行使用透明化的翻译，如人们喜闻乐见的"相声"，就没有必要把它透明化为 cross talk，而是可以使用具有中国文化特色的 comic dialogue，或汉语拼音 Xiang sheng 来表明其区别。

现在一说到与国际接轨，似乎就是要单一化，或者英语化，甚至美国化，希望建立一个超越民族、超越语言、超越文化的普世认同的公示语标准。公共交通车辆上使用鲜艳的红色或橙色，提示公众为老弱病残提供座位，反映出对这类人群的尊重和特殊照顾。而其他国家则使用银色标志表示对老人的关爱，这是被国际视为"人权"或"市民权"的一种体现。是否要把红色或橙色换成银色呢？佛教圣地的公示语是否也要换成基督教或者没有宗教含义的英语表达？试想把"方丈"abbot's room 翻译为 Office of CEO 是个什么情形；中国人所理解的"鱼米之乡"land of fish and rice，没有必要非得照搬英语中的 land of milk and honey。如果在翻译时能够保留一些文化的特有项，而且不影响交流，何乐而不为呢？

九、以为翻译所使用的语种越多，国际化程度越高

一些地方为了彰显城市的国际化，在一些面子工程的公示语翻译中使用了多种语言，有的多达六种，似乎唯有这样国际化才名副其实。中、英、日、韩、法和西班牙语，是用得最多的语种。公交车上乘务员不断地用普通话、英语、本地方言、哑语，提醒乘客某某站到了，那个忙活劲儿真让人担心他们是否会体力透支。这真有点像初学外语的人，一定要知道至少五六种外语来说"你好""再见"，那样才算具有国际视野。这和一些管理、宣传部门喜欢玩数字游戏有关，觉得仅有英语翻译就落后了。如果真有那功夫，不如仔细斟酌如何把英语的公示语用得恰如其分、有用得多。用上国际通用语言英语，你已经够国际化了。

十、注重文字表述，而忽略图示

公共场所的双语标识，主要还是采取国际通用的图形标志，语言文字只是辅助的标志。而目前大多数双语标识，主要还是汉英对照模式，很少有图示。图形符号具有直观、简明、易懂和高效等特点，通过具体形象的视觉传达，便于信息的传递，可以跨越语言和文化障碍，所以图形符号在传递公共信息时，要比文字更加简洁和高效。据调查，带有国际标准或者国际通用符号标志的公示语，最受人们欢迎（刘成益，饶培伦 2005：16）。使用图形可以为来自不同语言国度的人们，创造一种无国界的沟通平台，比文字更使人理解和易懂。

在这场公示语翻译运动中，还有一些问题也值得人们深思。如发展群众参与到翻译纠错活动之中，从中学生到大学生，从广大爱国人士到国际友好人士，甚至一个外国小学生的建议都引起了广泛的关注。在这场群众运动中，不乏一些真知灼见，却也掺杂了大量的"冤假错案"。对于这类语言问题是不能依赖提高"群众性"的外语水平来解决的，只能依靠专业的翻译人员，甚至往往必须依靠高级专家。还有就是把公示语翻译与国际接轨的任务交给了本不该承担该任务的部门，如公共交通部门、政府机构。公共交通解决的是本地人的出行问题，如果有英语或者残障人士需求，才提供相应的公示语信息提示服务，这更符合实际情况。而政府机构，应当遵循国家的相关语言法规，使用法定的汉语。一旦人们逐渐明了公示语翻译到底是怎么一回事，要解决这些问题也不难。

第七章 经济发展与公示语汉英翻译标准化的战略关系

　　省委、省政府把发展壮大县域经济，作为全面建设小康社会的重大举措和全省经济发展的"两大支撑"之一，明确提出了"城乡统筹、三化互动、富民强县"的工作思路，全省县域经济进入了快速发展的新时期。但河北省县域经济相比基础薄弱、对外开放度不高、区域发展不平衡、可持续发展任务艰巨，成了我省县域和谐发展的重要制约因素，亟待得到解决。如何加快县域经济发展的速度，提高县域经济发展质量，首先要树立大资源意识，打破县域界限，积极利用县内外资源，大力拓展县内外市场，吸引资本和技术；积极开展对外贸易，加快县域贸易业发展，推动全方位开放格局的形成。而要想把资金和技术引入县域，拓展县内外市场，大力开展对外贸易，加快县域贸易业的发展，推动全方位开放格局的形成，就必须优先建设投资软环境，优先配置资源，把软、硬投资环境建设放到突出位置，而行业服务标准化就是投资软环境建设中的重要组成部分。

　　公示语汉英翻译的标准化是其重中之重。公示语是指在公共场所展示的文字，具有特殊的交际功能，以及提供信息和完成指令的作用。具体而言，路标、旅游指南、酒店指示、社会宣传、告示等都是公示语。其翻译是否规范将直接影响到地区形象，影响外资的进入。不规范的公示语翻译会导致城市整体品牌效应弱化，旅游产业整体竞争优势难以形成，阻碍了县域经济格局的形成和旅游业的做大做强。因此对我省县域旅游景区、道路、酒店的汉英公示语翻译进行标准化研究势在必行。

第一节　基于生态翻译学的公示语翻译与县域经济的可持续发展

一、生态翻译学对公示语翻译的启迪

众所周知，翻译生态环境由文化、语言、社会、交际、作者、译者和读者等诸多要素组成。从理论上看，生态翻译学的诸多理论对公示语的翻译都具有重要启示。

第一，在语言上的启示。

在当今这个竞争激烈的社会，要想在旅游行业中取得成功，单靠人文地理环境是远远不够的，要想让中国旅游业走上国际舞台，成为国际舞台上最耀眼的那颗星星，就必须抓住一个关键点：语言。语言是架起人与人之间沟通的桥梁，不同的民族，甚至不同的国家都有着属于他们自己的独特语言。众所周知，汉语公示语的特点是直接、简洁和凝练，而且大多数公示语使用祈使句来完成，如严禁入内和闲人莫入。西方文化往往重视理性的分析与形式的完善，因此，英语公示语它的特点则是严谨、具体而精确，更注重客观思维，偶尔也用语气比较委婉的祈使句。所以，在很多情况下，英语公示语大多具有人性化的特点，能够体现出较多的人文关怀的特点，像"勿踏草地"这一公示语，在中国常常被翻译成祈使句式：Keep off the grass. 在以英语为母语的国家，使用的则是 Please give me a chance to grow. 这种语气和表达方式既间接又委婉，读了以后让人感到不忍心去踩踏它，有时甚至情不自禁地想要去保护草坪。综合汉语公示语和英语公示语的特点，我们在翻译公示语时，应根据适应与选择原则，整合汉语与英语在语言层面上的特点，做出最适合的选择。

第二，在文化上的启示。

我国外宣英译的目的就是让中国文化走出去，公示语翻译作为外宣英译的门面，更要慎重处理文化上的信息。按照适应与选择理论，在语言层面上要适应英语的句式结构，在文化上要让世界了解中国，译者应尽量将中国文化原汁原味地传递给世界，因为了解中国文化也是读者阅读公示语的目的之一。因此，在公示语这个翻译生态环境里，我们"应尽量保存中国文化信息"，使中国文化顺利走出去。例如，长沙市岳麓山上爱晚亭的中文简介中，它的原文既有该亭的朝向、特点、边长和通高的描述，也有毛泽东的《沁园春·长沙》在上面。然而作者却并没有把它们都翻译出来，而"爱晚亭"这个名称的由来在中文简介中也没有，却被译者细致地道来，译文如下：

"…which alludes to Du Mu's lines："I stop, just conquered by the woods in later autumn, when maple leaves are more crimson than flowers in February."

译文不是原文的简单对等翻译，译文增加爱晚亭的文化信息就是为了很好地把爱晚亭的命名由来这种文化传递给世界读者，译者从翻译生态大环境的和谐方面进行翻译，在翻译时补充了"爱晚亭"名称来源于杜牧的名句"停车坐爱枫林晚，霜叶红于二月花"，引入诗的意境，将原名"红叶亭"改名为"爱晚亭"。这种补充了文化环境的翻译，最大程度地传播了中国文化。

第三，在交际上的启示。

英汉两种语言在语言风格、文化背景、价值观念、审美观念和思维逻辑方式等方面都大不相同，表现在交际层面上的公示语翻译，就更应遵循生态翻译学中的适应与选择理论。如果需要达到提示和交际的目的，对其语言结构形式和其表达方式进行适应与选择是必不可少的过程。例如，一般来说，国外大学的每栋宿舍楼都会有这样的公示语："…and consider others when choosing the time to wash…"它与中国式的带有命令特点的公示语"不准干什么"相比，表达方法要委婉得多，同时这两种翻译也反映了英汉两种语言思维方式的不同和东西方人们不同的文化价值观。为此，翻译提示性或者限制性的公示语时，我们必须在了解原文的自然背景（生态环境）的前提下，把语言结构形式以及表达方式等放在交际层面上进行调整和转换，再来进行适应翻译生态环境的选择。

二、灵活运用"三维适应性"选择转换理论来翻译公示语

（一）运用语言维适应性选择转换翻译公示语

语言维适应性选择转换是指译者在翻译过程中对语言形式的适应性选择转换。这种转换是在不同方面、不同层次上进行的。这里讲的是，翻译者在翻译的过程中第一步要适应翻译生态环境；第二步是用翻译生态环境的身份把要翻译的文本选择与翻译生态环境相适应，这一步是关键；第三

步是翻译出译文。鉴于使用汉语或英语的人们思维方式不同，汉英两种公示语在语言表达上就自然而然地存在着很大的差异。为此，翻译者在翻译时就必须把翻译的整体生态环境考虑进去，正确选择将要翻译的词汇，对其中的语言表达形式进行恰当转换。当公示语句子较长的时候，句子结构的选择和调整就显得更加重要，我们就以上海世博会主题标语"城市，让生活更美好"为例进行分析。单从语言层面看，这个句子结构简单且语法简洁，如果按其结构和表达方式上的对等常规来翻译，它就很容易被翻译成 Better city can make life better. 但如果我们细看便可知道，这个译文并没有很好地表现出上海世博会的精神。这样一来，译文就不能真正地从语言层面表达原文的语用含义。如果从生态翻译学的角度来看，每一届世博会的主题标语都有自己的生态环境背景。每届世博会选择主题时，既要把此时国际社会共同关注的问题考虑进去，又要突出本届世博会的特色，有时还要考虑到主办国所在地的地域文化。2010 年上海世博会的主题就是在充分考虑历届世博会主题和背景的基础上，结合当时国际社会共同关注的问题和中国的实际，最后将"城市"和"生活质量"确定为主题标语的两个关键词。在这种生态大环境中，中文标语中想要表达城市和生活的关系是：有美好的城市就有美好的生活。因此，译为"Better city, Better life". 更能充分表达出城市让生活更美好这个主题。由于翻译者较好地把握了原语和译语生态大环境的不同，越过了两种语言的表层含义，挖掘了两者的深层次内涵，从而成功实现了语言维的适应性选择转换，达到了最佳的翻译效果。

（二）运用文化维适应性选择转换来翻译公示语

我们给文化维适应性选择转换下个定义，它是指翻译者在翻译的过程中，要特别注重中、英两种语言文化内涵的传递、沟通与衔接。要做到这一点，就需要翻译者了解和运用原语文化和译语文化两者的差异，避免单纯地从原语文化或译语文化来曲解原文。换句话说，就是"译者在进行原语语言转换的同时，需关注适应该语言所属的整个文化系统。"

从语言形式上来说，文化维适应性选择转换注重原语与译语的语言文化内涵的传递。译者在进行原语与译语转换时，应考虑整个文化体系。由于语言与文化往往是不可分割的，公示语的翻译也与文化密不可分，翻译者必须从文化的性质和内容方面把握原语和译语两者的差异。如"老年人优先上车"这条公示语在中国的公共汽车候车亭普遍可见。如果翻译成 Old

People Getting on First，那么在以英语为母语的读者看来，就非常不符合他们对 old 的认知心理，因为在他们看来 old 表示老而无用。而在中国的文化传统里，老不但表示年龄的意思，还表示其阅历丰富和受人尊敬等意思。翻译这种有歧义的公示语时，翻译者最先要考虑的应是原语与译语之间不同的文化环境，使它们原来的文化环境与翻译生态环境相适应，然后做出文化维的选择与适应。如译成"Senior Citizens First"，它既适应了译语的生态大环境，又较好地做出了文化维的选择与转换，从而真正达到了原语要传递的语用意义。

世界上任何一种语言都有其独特的文化内涵。翻译公示语时，翻译者不仅要了解汉、英两种公示语在句式结构和表达方式上的不同，很好地实现语言维适应性选择转换，还要很好地运用汉、英公示语的社会文化规范来选择转换，进行文化维的适应。例如，留学生的译文用 International Students 代替 Foreign Students，就是因为 foreign 一词在以英语为母语的社会文化中，会表现出一种陌生和距离感。又如，桂林山水甲天下的译文 East or west, Guilin landscape is best，是吴伟雄套用"East or west, home is best."翻译而成的。这个公示语要告诉以英语为母语的游客：桂林有天下最美的风景。这种翻译没有从语言形式上来进行对等翻译，而是套用以英语为母语的人人皆知的谚语，这样翻译会让译语读者产生一种亲切感。如果仅从语言转换的角度出发，按语言对等的模式来翻译，就会变成"The scenery of Gui-lin is world-renowned."如果翻译者能将译语读者对原语文化的含义空缺考虑进去，翻译过程中在语言和文化层面上实现转换。这样一来，翻译出来的译文不仅会与译语读者的文化习惯相符合，而且能完整、准确地传递出原语的隐含意义，让译语读者如身临其境于原文优美的意境之中，进而达到文化交际的目的。

（三）运用交际维适应性选择转换来翻译公示语

交际维适应性选择转换是指翻译者在翻译时要注意适应汉、英两种语言的交际意图而采取的一种选择转换方式。可见，翻译者不但要掌握两种不同语言的转换和文化的准确传递，而且还要注意从交际视域来选择转换，换句话说，就是原文的交际意图必须在译文中能够得以体现。对公示语而言，其"目的是在引起读者注意的前提下，将信息传达给读者，并给读者留下深刻的记忆，继而让读者采取行动——按照公示语的指示去做。"而其告知、宣传和呼吁的交际意图是否能够实现，就要看交际维适应性选择转换是否成功。为此，翻译公示语时，应以译文读者为主体，把读者的文化背景和接受能力考虑进来，并注重交际视域的选择转换。在翻译过程中进行交际层面的选择转换，首先要考虑的即是语言与文化维，原因在于原文与译文读者有各自不同的思维模式、文化知识背景和语言的表达习惯。在操作过程中，翻译者可增加或改用中性的词句，与译文的生态环境相适应，使之符合译语的表达方式。鉴于以英语为母语的国家，其文化提倡民主，而中文喜用生硬、强制性的词汇或命令式的祈使句，因此，翻译禁止和不允许之类的中文公示语时，就要尽量改用中性和柔和的词句，尽量准确、完整地转换其内容和意义，如用"No⋯"的句式代替"⋯ is prohibited"的句式。这样的译文就更加委婉和更具人性化，与原文所要达到的目的也非常接近，还能体现原文的隐含意义，并最终顺利实现交际目的。

总之，进行公示语翻译时，要在生态翻译学的视阈下，适应其所处的大环境，采用三维适应性选择转换的原则，以恰当的翻译手段和策略，达到公示语翻译的最佳效果。运用生态翻译学理论进行公示语翻译，与经济可持续发展的理念在某种程度上不谋而合，不仅在受众审美体验上有所提升，对于在国际上树立良好形象、招商引资也同样功不可没。

第二节　基于顺应论的河北旅游景区公示语翻译的生态构建

旅游景区公示语的翻译是旅游景区对外展示的窗口，是外国游客了解旅游景区基本情况、景区历史和文化内涵的主要信息来源。景区公示语的翻译质量直接体现了该景区的对外开放程度、精神文明建设和文化建设水平。它不仅关系到国外游客的旅游质量，而且还关系到景区国际化发展的进程。河北省是旅游大省，旅游自然资源和人文历史资源都较为丰富。随着中原经济区建设的不断发展，河北省对外开放的程度不断扩大，吸引了越来越多的外国游客来冀旅游。

一、顺应论

语言顺应论 (Theory of Linguistic Adaptation) 是由比利时著名语言学家

Jef.Verschueren 教授在其专著《语用学新解》（Understanding Pragmatics）中提出的一种动态语用学理论（Verschueren，2000）。Verschueren（2000）认为语言的使用就是一个选择的过程，选择的过程是基于语言内和语言外的因素。首先，语言的选择从语音层面到话语层面。其次，交流双方既选择语言形式，又选择语用策略，在很多时候，语用策略的选择取决于众多的语言结构。再者，并非所有的选择都是交流双方有意识做出的。所以说，语言交流的过程就是交际者为了达到交际目的而做出的语言选择与顺应的过程。

Verschueren（2000）认为语言具有变异性、商讨性和顺应性。变异性是指语言的运用不是一成不变的，它会在不同的情况下做出不同的选择，具有很广论的选择性；商讨性是指语言在选择的过程中，交际者会对语言的选择进行协商；顺应性是指交际者灵活地对语言选择做出决定。语言的这三种特性相辅相成，但顺应性是其最根本的特性。王建国（2005）指出，翻译就是动态顺应的过程和结果。一方面，译者应顺应语言规则，另一方面，译者还应顺应语境和文化环境。

二、翻译顺应的内容

（一）顺应语言结构

语言结构是翻译过程中应顺应的一个重要方面。语言是文化的载体，不同文化背景下的语言结构肯定是不同的，中英两种语言有着不同的语言结构是很自然的现象。著名翻译家 Nida（1982）曾指出："英语侧重的是从属关系，而汉语侧重的是并列关系"。除了语言结构的差异，英汉两种语言在语音、词汇、语义等方面都有很大的差距。Verschueren（2000）将语言结构分为四类，分别为语言、语码和风格；话语的构建因素；话语及话语音丛和话语构建原则；Crystal(1987) 将话语结构分为发音、意义和语法三个方面。

（二）顺应语言的外部语境

除了顺应语言结构外，语言的外部语境也是在翻译中过程必须顺应的因素。不可否认的是，所有的语言使用都是发生在一定的语境下的。语言的外部语境，或者称之为交际语境，是在语言的整个翻译过程中都必须全盘考虑的。Verschueren（2000）认为语境包括精神因素、社会因素和物质因素三个方面。精神因素包括一些认知和情感因素，如性格、情感、愿望、动机等。社会因素指的是一些社会文化因素，如民族文化、价值、习俗、社会等级、宗教等因素。物质因素主要涉及时间所指与空间所指，同时也包括了语言使用者的外貌和体态语。

三、旅游景区公示语

公示语在日常生活中随处可见，它广泛应用于各种公共设施、公共交通、文物古迹、风景名胜、公园乐园等公共场所，为民众提供指引、劝诫、通知等信息。关于公示语的定义，国内学者吕和发、戴宗宪等都对其进行了研究。学界普遍认同的公示语定义为："公示语即公开和面对公众，告示、指示、显示、警示、标志与其生活、生产、生命、生态、农业休戚相关的文字及图形信息"（戴宗宪、吕和发，2005）。

旅游景区的公示语是一种特殊的应用问题，是公示语在旅游景区的实际应用。笔者将其定义为：旅游景区公示语是在旅游景点向游客描述、介绍、指引的文字，为了达到特定的交际目的，有时在文字显示的同时，也配以图片说明，以帮助游客更好地理解。旅游景区公示语的应用非常广泛，常用于博物馆、风景名胜、公园游园、寺庙道观，涉及到食、住、行等多个方面。

四、顺应论关照下的河北旅游景区公示语翻译

旅游景区公示语的翻译不仅仅是语言结构层面的简单转换，必须要考虑整个旅游景区的翻译生态环境，使公示语的翻译顺应整个翻译的生态环境。旅游景区的翻译生态环境包括景区的管理者、社会文化、游客的认知和期待、译者、培养译者的翻译教学环境等诸多方面。根据顺应理论，旅游景区公示语的翻译就是顺应景区翻译生态环境的过程。笔者通过实地走访河北省内的旅游景区后发现，公示语翻译的质量尚不能适应河北省旅游国际化发展的需要，公示语翻译的生态环境值得相关人员深思。

（一）语言结构的顺应

公示语是传递信息的一种工具，因此公示语的翻译必须首先顺应目的语的语言结构。例如，在保定某景区，"景点介绍"的翻译是"Introduction to Science Spot"，很明显，译者把"Scenic"误写成了"Science"。尽管外

国游客也能理解此翻译，但在英语语言结构中，没有"Science Spot"的表达。在唐山某公园出口处，一处公示语被翻译为"Way out"，另一处则为"Export"，可见，这也是机械式直译的错误。虽然在英语中，"Way out"也有"出口"的意思，但其一般指的是建筑物的出口，而此处指的却是公园的出口；而"Export"特指外贸出口，更是低级翻译错误的表现。笔者建议，"出口"应译为"Exit"这一通用的表达方式。在石家庄市的某公园，"男卫生间"和"女卫生间"的翻译分别为"Male Toilet"和"Female Toilet"，译者把"男卫生间"和"女卫生间"分别翻译成了"公卫生间"和"母卫生间"。尽管可以用 male 和 female 指男性和女性，但在感情色彩上它们均带有贬义。顺应英语的语言结构，应分别译为"Ladies' Restroom"和"Men's Restroom"，可见规范的英语翻译才能顺应英语的语言结构。

其次，景区中还存在公示语中英文逐字翻译的情况。例如，在某风景区的湖边，有"当心坠落"和"当心滑倒"的公示语，其翻译分别为"Caution drop down"和"Caution slip"。这些翻译会让国外旅游一头雾水、十分迷茫，因为这些英文翻译的意思是"注意：跳到水里"和"注意：趴下"，这与公示语所要传达的意图背道而驰。这就是典型的逐字翻译的中式英语，笔者建议译为"Caution Don't Fall into the Pond"和"Caution Slippery"。

再者，景区中有些翻译存在重复啰嗦、画蛇添足的毛病。在汉语公示语中，有些表达是为了起到强调的作用，但如果直接翻译成英语，不但达不到强调的效果，还会画蛇添足。例如，保定某景区草坪处有一块劝诫游客不要踏入草坪的牌子，写着"小草微微笑，请您绕一绕"，其对应的翻译为"Grass is smiling, please go off"。此公示语表达的核心意思是"请勿进入草坪"，因此没有必要再翻译"小草微微笑"。所以顺应国际通用译法，可表达为"Keep off grass"。再如，某景区的办公区域入口前写有"办公区域，游客止步"的公示语，其翻译为"Office Areas，Visitors Stop"，此公示语的意思是仅限员工入内，因此翻译成"Staff only"即可。

（二）文化的顺应

语言是文化的载体，文化通过语言得以体现和传承。中英两种文化存在巨大的差异，因此在翻译中必须顺应文化的特点，既要生动形象地翻译出其中所蕴含的中国文化，又要使翻译符合英语文化的地道表达方式。语言结构与所指意义有一定的关系，但此种关系会在不同的语言中发生改变。

此外，语言在不同的文化背景下会有不同的社会准则和礼仪标准，因此译者在翻译的过程中必须要注意礼仪标准，否则会犯语用错误。

1. 措辞严厉

有的公示语翻译过于严厉，不符合英语的文化习惯。例如，在某景区的游客服务中心，有的窗口挂出了"暂停服务"的牌子，其对应的翻译是"No Service"。显然，此种翻译过于严厉和刺耳，正确的翻译应该是"Pause Service"或"Suspended"。生活中，类似的错误十分常见。在景区的公示语中，我们能看到不少"禁止……""请勿……"和"不许……"的字眼，这对英语人士而言，是非常粗鲁且不可接受的，因为它违反了英语公示语的礼貌原则。在英语表达中，被动、非人称的和名词短语被广泛使用，此种类型的公示语在英语中主要使用客观、间接的表达方式。因此，我们必须要尊重外国游客的情感和期待，如果不顾其感受，就会显得没有礼貌和失礼。又如，在"请勿践踏草坪"的翻译中，直接翻译成"Do not tread on the meadow"是欠佳的，显得粗鲁。为顺应英语文化，应翻译成"Please Keep Off the Grass"或者"Please Give Me a Chance to Grow"。综上所述，在公示语翻译中，我们必须把游客的情感和期待考虑进去。

2. 中国传统文化翻译错误

河北省是中华文化的发源地之一，因此燕赵旅游在很大程度上是中华文化之旅。公示语的翻译不仅是简单的景区介绍，而且还是中国文化的传播和推介，担负着实现文化强国的重任。但有的翻译却并没有翻译出文字背后的中国文化，让外国游客不解其意。如某景区湖边的双龙戏珠景点，其翻译是"Two Dragons Playing the Ball"。在英语文化中，龙是邪恶和反面的象征，而在中国文化中，龙却是天子、皇权的象征，是吉祥如意的标志。因此，此翻译存在文化翻译的错误，没有顺应不同国家文化的转变。

翻译是两种文化规则相互转换的体现，从源语言文化转换到目的语文化的过程，因此，文化接受性是判断翻译质量的一个重要标准。

公示语翻译是一种跨文化的交际活动，它不仅担负着信息指示的功能，而且还承担着文化的传播和推介功能。在翻译的过程中，译者必须要顺应其语言结构和文化内涵。旅游景区公示语翻译是一个复杂的工作，需要译者把景区的整个翻译生态环境考虑在内，然后按照顺应论的指导，构建和谐的旅游景区公示语翻译的生态环境。

第八章　外国人对公示语翻译错误的心理感受评估

　　自 2002 年"公示语"一词正式进入我们的视野以来，至今有关公示语翻译的研究期刊和会议论文过千，硕士论文近百，然而贴近外国人需求，贴近外国人思维，贴近外国人心理感受的研究成果却凤毛麟角。研究发现：很多公示语翻译错误不是功能问题，也不是语法问题，是文化、心理、价值观的严重不对称。北京和深圳公共场所标识英译专家委员会专家、北京第二外国语学院美籍专家杜大卫在接受中国翻译协会的采访中，对中国公示语与语言环境改善的评价，从另外一个角度告诉我们外国人对于哪类公示语最在意，对于哪类公示语误译最敏感。

第一节　双语公示语体现出对来华人员的关心和为其提供便利

　　以下是来自北京市政府外事办公室的杜大卫对于公示语的看法。

　　杜大卫自 2001 年 11 月以来，陆续与北京市政府外事办公室、北京市民讲外语活动组委会和深圳市翻译协会展开合作，为原有的公示语标牌纠错，为新的公共场所中文标识英译规范的制定尽力。中国各级政府在没有外界要求的情况下，史无前例地大力投入到制定规范的工作中，大范围应用英语标识，是因为中国政府认为此举势在必行，"责无旁贷"。作为一个外国人，他很赞赏中国人民在这方面所做出的努力，当然作为外国人，他不会说这件事是他们应该或必须做的。中国各级政府在这方面的努力，充分显示了他们对来华旅游者安全与便利的关怀和关照，仅此一点也是值得称道的。例如高压危险、地面湿滑、当心夹手等细微之处，攸关人身安全，同时醒目、规范、简洁的道路交通指示和地名（包括拼音）对外籍人士来说也同样至关重要。近些年，在华外国人驾车上下班，或出门旅行，离开这些标识他们就寸步难行。有了规范的道路交通标志，他们就不必再为自己目前在哪里，从哪个出口驶出，到哪里转弯而紧张、焦虑。若是他们在道路上有任何迟缓、犹豫，都可能导致交通事故，于人于己都可能造成重大损失。

私人店招和菜单的翻译由于不涉及外国人的身家性命安全，为此他在这些方面的翻译研究不是十分投入。然而，这里存在的问题是：店招和菜单的翻译中使用了一些滑稽可笑的字眼，在外界看来这些机构及其经营者素质低下，甚至有点呆头愣脑。

他个人最关心的是在博物馆、旅游景点和传统剧场的公示语翻译，如当地的中国戏曲演出场所，这些地方代表了中国文化应有的尊严。这些地方的中方负责人既应感到荣幸，也有义务提供所有必要的、有助于到那里参观游览、欣赏戏剧的外国人更好地了解中华文化的英文资料，包括戏剧剧本、展品标牌，以及相关的历史背景知识介绍。将中国准确地介绍给世界，是一个中国人神圣的爱国使命，也是直接展示给外国人中国人十分珍视和尊重自己负责保存与展示的中国文化遗产的一种形式。

第二节　公示语翻译与外国人动机、需求、心理感受的关系

"公示语被旅游者视为生命线。与此同时，也是人们经常搞笑或被雷倒的源与因。在中国，为数有限的公示语被翻译为英语，而翻译质量往往又相当低劣，因此对西方旅游者来说，那里是世界上最需要他们当心、谨慎的地方之一。"While the sign post has long been a life-line for travellers, it is frequently a source of hilarity or confusion in equal measure.

China has long been one of the trickiest places in the world for Westerners to find their way around, because of the poor quality of English in the few signs that have been translated.（世界翻译家联盟网站）

"公示语被旅游者视为生命线"这个道理并不为多数公示语译者和研究者感知，大量研究成果集中在如何利用各种翻译理论有效地将中国特有的文化信息进行转换，而警示性、危机预防等性质的公示语研究仍然未得到足够的重视。当旅游者所到之处有了规范的公示语，旅游者的生命安全就得到了保证，旅游消费质量得以保证，旅游中顺畅地沟通理解、构建和谐

社会的目的也得以实现。

行为科学认为人的行动是由动机支配的。动机是指为满足某种需要而进行活动的念头或想法，它是推动人们进行行动的内部源动力，是鼓励人们去行动以达到一定目的的内在原因，即活动的原因。它引发人们去从事某种活动（行为），规定行为的方向。需要产生动机，动机激励人去行动。

每个来华的旅游者从事旅游活动，往往有其各自不同的动机、不同的需求、不同的出发点、不同的目的。马斯洛的需求层次论总结了人类需求的种类，将人们的需求从最基本的生理、物质需求到高尚的精神需求进行了层层定义和划分。

美国心理学家马斯洛（A. H. Maslow）1943 年提出了需求层次论。他认为人有五种基本需要：生理需要、安全需要、爱的需要、尊重的需要、自我实现的需要。图 9-1 即是相关的需求层次论。

Self-actualization:self-development and realization
自我实现
的需要
Esteem needs:self-esteem,recognition,and status
尊重需要
Social needs:sense of belonging,love
爱的需要
Safety needs:security,protection
安全需要
Physiological needs:hunger,thirst,sex
生理需要

图 9-1　马斯洛的需求层次论

（1）生理需要：包括了人们生存需要的基本物质条件和繁衍的需求，如食物、空气、饮用水、性、睡眠等。他认为"在一切需要之中生理需要是最优先的。在衣、食尚不温饱的情况下，人很难会有写诗、作画、旅游的激情与行为"。

（2）安全需要：涉及了生活、工作有关的安全、保护、和平、安定、治安、秩序、规避危险的需求。处于动乱中的人食无味、寝难安，其他方面的需求实现更是无从谈起。很多到海外旅游的人在异域听到自己熟悉的语言，见到熟悉的连锁酒店、熟悉的环境标志等都会有一种放松感、安全感，在这种心情下欣赏那些以前还陌生的事物就会比较轻松自然。环境保护与争取世界和平之所以成为全人类共同奋斗的目标，正是由于人类有着对安全的共同需要。

（3）爱的需要：包括接纳、归属、爱和被爱、团体成员、社会交往等。人类的群体性极强。一个人犯了罪就要把他判刑，关押起来，剥夺他爱人和被人爱的权力。爱、情感和归属的需要使人去寻找朋友、情人、爱人，建立家庭，参加社会团体。爱的需要包括了爱别人和接受别人的爱。一旦个人的爱遭到别人的拒绝，或拒绝别人的爱，都不是一件能够使自己轻易摆脱出来的事。

（4）尊重的需要：渴望获得尊重、获得重视；渴望获得地位、头衔、荣誉等。社会上所有的正常人都希望自己有稳定的、牢固的地位；希望获得别人的高度评价；需要自尊、自重，或为他人所尊重。这种需要可分成两类：

第一类：希望在其面临的环境中有实力、有成就、能胜任和有信心，以实现独立和自由。

第二类：要求有名誉或威望、赏识、关心、重视或高度评价。人们通过不同方式获取他人对自己的尊重，知识分子可以靠睿智幽默的谈吐；成功的经营者可以靠豪华轿车、名牌服装；中产阶级可以靠海外旅游经历。

（5）自我实现的需要：自我实现的需要是指促使他的潜在能力得以实现的趋势，发挥潜力、创造性、聪明才智和获得回报的需求。这种趋势可以说成是希望自己成为自己所期望的人物，完成与自己的能力相称的一切事情。

黄波在《谈谈旅游者的旅游动机及其旅游活动中的心理变化》一文中，就旅游者的旅游动机进行了细分，认为5个层次的动机是维持和推动旅游者进行旅游活动的内部原因和实质动力，这5个层次由低到高可以分为：

第一个层次为放松动机。即旅游者通过离开自身的定居地到另一个地方短时期逗留，去观赏异地风光，体验异国风情，揭示异地特色，使身心得到放松、休息和恢复。

第二个层次为刺激动机。即旅游者通过空间的转移，了解国内外各方面的知识，获得新的经历；亲临其境地接触世界各地居民，欣赏变幻奇妙的自然风光；体验异地文化，考察不同的生活制度，以寻求新的感受、新的刺激，进而形成新的思想。

第三个层次为关系动机。即旅游者通过外出旅游，结交朋友、建立友谊；给予爱、获得爱或逃避社会关系；解除人际烦扰或建立商务伙伴关系。

第四个层次为发展动机。即：旅游者在身处异地的文化氛围中，培养多种兴趣，得到新的知识，掌握新的技能，增加新的阅历，获得异地的奖赏，提高个人声望和魅力，成为旅游鉴赏家，获得他人尊敬，发展自我潜能。

第五个层次为实现动机。即旅游者借助于旅游，充分利用各种旅游资源，发挥客体对主体的能动作用，丰富、改变、提升人的精神素质；主宰自己的人生，获得更高的成就，实现自己的梦想和精神价值。许多生物学家、地理学家、文学家、画家都是从旅游考察中获得了创作、研究启发的。（黄波，2007）

有专家把公示语分为指示性、管理性和广告性三类（宋德富，2011），其实依据马斯洛的需求层次论，公示语可以划分为生理需要、安全需要、爱的需要、尊重的需要、自我实现的需要五类。黄波有关旅游者的旅游动机及其旅游活动中的心理变化的分类，更主要集中在马斯洛揭示的爱的需求、尊重的需要和自我实现的需要层面。

2005年夏初，在国务院发展研究中心、北京市政府主办的"诺贝尔奖获得者北京论坛"上，2003年诺贝尔经济奖获得者克莱夫·格兰杰教授作了题为《经济预测与北京奥运》的主题演讲。在充分分析历届奥运会对主办国经济的影响，预测2008年奥运会对中国经济的影响后，这位极为善于将理论联系实际的经济学家，谈到了北京奥运会的门票价格问题、签证问题，以及旅游服务问题。此后，格兰杰教授又接受了北京电视台《世纪之约》栏目记者的专访。在重复他在"北京论坛"演讲中的主要观点和忧虑之前，这位经济学大师将公示语设置和使用问题，排列了在门票、签证、服务问题等"忧虑"前"优先"提出。"外国人来中国会有一些紧张感，比如公共标识看不懂。"（格兰杰，2005）如果说在格兰杰教授发表主题演讲前，他对于北京的"语言环境"还没有多少"忧虑"的话，那么在接受电视台采访时首先将公示语翻译和公共标识使用问题提出来，则一定是他在北京、在有翻译陪同的情况下仍然"印象深刻"的经历。这位学术大师在将自己的伟大学识用于分析将对世界和中国产生深远影响的 2008 年北京奥运会时，他对公示语翻译和公共标识使用问题所表现出的"高度关注"同样不容小视。

格兰杰教授谈到的外国人表现出的这种紧张感，就是跨文化行为研究中称为"文化休克"的典型症状。文化休克（cultural shock）是获得最普遍承认的旅游者进入外国文化所遇到的最大困难之一，（Ad-ler，1975）这种冲击是由于在某一新文化环境中人们无力应对造成的。由于过度承受了各种不能理解的陌生刺激，面临着生活与行事不同方式的挑战，人们逐渐丧失了提出问题、理解回答，甚或是辨认食物的能力。角色休克（role shock）是由于缺乏有关行为规则的知识导致的；语言休克（language shock）是由于陌生的语言问题，以及无法恰当交流所产生的；文化疲劳（culture fatigue）是对新文化环境的持续调试而产生的疲倦感；转换休克（transition shock）是对于向新文化环境的转变与适应的消极反应，不能在新环境中进行有效互动。诸类型中语言休克和文化休克对短期旅游者的影响更甚；而角色休克、语言休克、文化疲劳、转换休克则对于常住外籍人员来说影响更明显。文化休克对于文化间的互动具有负面影响，因为这种交流没有多少有效性，文化间的互动参与者可能会将恼怒与挫折感诠释为敌意或仇恨。参与者之间的文化差异越大，他们所产生的文化休克感受也就越强烈，互相之间的信息交换就越少，其互动的有效性就越低。由于语言、文化的差异，以及旅行游览行为的特定形式，旅游者与东道主的接触并没有预期得那么频繁、深入。旅游者个人的文化知识、调试能力、在旅游目的地的逗留时间、出国经验、旅行类型、特定安排等都会使旅游者更多地与同行的导游交流、旅伴交流，或者借助朋友帮忙。文化的熟悉性与相似性促进了互动，因为它减轻了不确定感和焦虑感，促进了旅游者与东道主之间交流的有效性。（Reisinger & Turner，2005）

第三节　外国人对公示语翻译错误的心理感受评估

外国人对公示语翻译错误的心理感受评估，是在外国人对公示语误译问题的定性与定量评估的基础上进行的。

公示语误译类别是在《全国公示语翻译现状的调查与分析》第一部分

中，以"纠错"为目的的公示语样本所反映出的拼写、语法、对词、表达、胡译、过度、标准、自语、中式、未译、欠缺、拼音、管理等共 15 种错误、问题的基础上，参照了美国旅游记者 Doug Lansky（2005）在 Sign spotting 一书中对存在于世界各个角落的非规范英语公示语进行定性评点，形成了 22 类"问题"，又根据美国专家杜大卫教授在北京市实地考察和参与规范建设的经历，增加了 5 个类别，共计 27 种。这样的公示语误译类别划分较多地采纳了外籍受众的意见，综合了中外学者、专业人员，与一般使用者的见解与判断。

这次探究聘请了北京市十大志愿者、北京市外国专家长城友谊奖获得者、北京市市民讲外语活动组织委员会顾问、在北京第二外国语学院任教的美籍专家杜大卫、对外籍在华工作人员、北京市市民、中外媒体、中国日报网站检举出的 1300 条非规范公示语翻译进行错误评估、问题分类、感受级别标注，并给出了参考答案。在此，分别从各类别中选取了那些"感受级别"较高的范例，由此可以发现研究者关注的内容与受众关注的异同。

公示语误译类别：

0. Foul language

1. Use pictogram or arrow（使用象形图或箭头）

2. Context missing（来龙去脉缺失）

3. Needs to be concise（应简洁）

4. Incomprehensible（难以理解）

5. Acceptable/OK（可接受的）

6. Hilarious（非常滑稽）

7. Over translated（过度翻译）

8. Bizarre（奇怪的）

9. Confusing/unclear（不明就里的）

10. Tricky（棘手的）

11. Nonsensical（荒谬的）

12. Funny/silly（无厘头的）

13. Spelling mistakes（拼写错误）

14. Expression not used（无效表达）

15. Typo（用词错误）

16. Imprecise（不精确的）

17. Redundant（冗余的）

18. Wordy（冗长的）

19. Mistranslated（错译）

20. Space/word division（空间 / 单词分割错误）

21. No need to translate（不需译的）

22. Not translated（未译的）

23. Word/letter missing（单词 / 字母缺失）

24. Capitalization（大写错误）

25. Abbreviation inappropriate（缩写不当）

26. Grammar error（语法错误）

列举的一些错误类别，如 Hilarious、Bizarre、Tricky、Funny/silly 等在外国人对中国公示语误译问题的分类和评价时多见使用，感触深刻，而这些正是中国译者、学者的研究盲点，不在我们的视野之内，却出现在了我们的翻译实践之中。

每类按照外籍人士，特别是以英语为母语的英美人士的感受从 1（最弱）至 10（最强）排序，依据感受的强烈程度请受访者进行划定。列表中，外国人对公示语误译举例感受程度的标示，借助于公共信息传播中色彩代表的意义和情感强度，数字从 1（最弱）至 10（最强）依次显示。在此，我们从各类别中选取了那些"感受级别"较高的范例，由此可以定性、定量地了解我们关注的与目标受众关注的异同。

以下实例的（1）与（2）展示了在错误公示语评估中混合类别与单一类别的级度差别。此后其他类别的举例，只选择比较突出和有助于研究者了解外籍人士感受的范例。建议和规范提供了部分误译公示语的参考译文和英美同语境和语用条件下的实例供研究者参考。

附　表

(1) 问题公示语举例（混类）	问题类属	感受强度等级	建议与规范
此段 200 米，当心落石，请靠岩壁行走，快速通过，请勿逗留。 Within 200 meters,notice the rocks lide, please run about by cliff.	9.Confusing/ unclear 16.Imprecise 18.Wordy	**10** 警示性公示语以"告示"形式出现未尝不可，这是目前国内很多景区的惯例。国际惯例则是使用警示性文字加图形标志，信息传达醒目、直观、明确、简洁 "此段 200 米"游客不易判断，采用标识（a）、（b）明确地质灾害区界，有助防微杜渐	危险 Danger 当心落石 / 山体滑坡区 Rock Slide Area DANGER ROCK SLIDE AREA 沿路通过 Stay on Trail Please Stay On The Trail 山体滑坡区始 山体滑坡区止 (a) SLIDE AREA (b) END SLIDE AREA (c)
禁止垂钓 NO TEMPORARY	2.Contextmissing 4.Incomprehensible	**9** 禁止性公示语以禁止的行为图形 + 斜杠圈 +NOVERB+ING 的文字形式构成，言简意赅、规范准确	禁止垂钓 No fishing No fishing

(1) 问题公示语举例 (混类)	问题类属	感受强度等级	建议与规范
谢绝带狗入内 In declines the belt dog to enter	1.Use pictogram or arrow 4.Incomprehensible 8.Bizarre 9.Confusing/unclear 19.Mistranslated	禁止性公示语的另一种表现形式就是以禁止的行为图形+斜杠圈+NO NOUN ALLOWED。例如，NO PETS ALLOWED、NO CHILDREN ALLOWED、NO CELL PHONES ALLOWED,文字言简意赅，规范准确	禁止带狗入内 No Dogs Allowed

(1) 问题公示语举例（混类）	问题类属	感受强度等级	建议与规范
语要低声　TALKING VOICE NEED TO BE LOW	3.Needs to be concise 18.Wordy	 国家标准中最早推广的图形标志就有"请保持安静"，这与中国人习惯在公众场合大声喧哗有关。有些人只注意到人们言谈声音的高低与文化素质有关，其实这是城市化发展的必然过程，同时与管理与教育也不无关系 这类提示性公示语的翻译除了Quiet Please,Silence Please外，还有必要解释原因，如Baby sleep...，teaching&Learning in Progress,Artists at Work。为了表示礼貌和客气，Thank You也会出现在这类提示性公示语的结尾	请保持安静 Quiet Please 请保持肃静 SILENCE PLEASE 请保持安静，有人在休息 本区域大部分为居民区，请您离开时不要大声喧哗 PLEASE LEAVE QUIETLY AS THIS IS PREDOMINANTLY A RESIDENTIAL AREA 承蒙体谅，十分感谢 THANK YOU FOR YOUR KIND ATTENTION

续　表

(1) 问题公示语举例（混类）	问题类属	感受强度等级	建议与规范
  请您先验包 SECURITY CHECK Please do the security check here before enter the museum thanks for co-opration	7.Over translated 13.Spelling mistakes 15.Typo	 美国费城的自由钟博物馆要求参观者"for your safety,visitor and all personal property are subject to a through search"，另外一块告示牌则更加具体地要求参观者接受安检：ALL PERSON & PROPERTY ARE SUBJECT TO SEARCH,禁止带入博物馆武器、刀具、易燃易爆物品，需要接受人工安检的容器、包装袋都一一告知参观者。从要求到操作，美国博物馆的安检一点也不比机场安检宽松	安全检查 Security Check 所有袋、包都必须接受博物馆安检人员检查 All Bags Are Subject To Search By Security Officers 感谢您的合作！ Thanks for your Cooperation 留步：安全检查点 Step:security check point 为了您的安全，为了独立国家历史公园的保护，所有参观人员都必须接受安全检查 严禁携带武器，包括折刀 严禁携带易燃易爆品 较大容器施行人工安检 严禁手持打开包装的食品和饮料 安检设备制造商检验确认电磁波和X光对您的摄影摄像设备及ASA1200以上的胶片无影响 如发现可疑迹象，请立即通知服务人员 谢谢您的合作，祝参观愉快

续　表

(1) 问题公示语举例 (混类)	问题类属	感受强度等级	建议与规范
 严禁野外用火 Forbid fire in the open, sound a warning against fire.	2.Needs to be concise 9.Confusing/unclear 14.Expression not used	 我们已经习惯了说教性的告示，而这类公示语直译为英语时保留了原有的说教韵味，既与目的语的语用特点不符，也容易引起外籍人士的反感。No Fire 严厉坚决，加上图形，醒目明确。国外旅游景点开辟了特定区域供游客烧烤聚会，"Barbecue Zone" 使游客的需求得到尽可能地满足	严禁烟火 No Fire 严禁明火 No Open Fire  指定烧烤区 （活动举办期间除外）  施工工地、专门设施等还有 "Authorized Personnel Only" 的公示语都是闲人免进的意思，但要依据实际情况确定

续 表

(1) 问题公示语举例（混类）	问题类属	感受强度等级	建议与规范
由此参观白塔 The road reach to the White Pagoda	1.Use pictogram or arrow 3.Needs to be concise	导向公示语的信息指示功能实现的最佳方式同样需要图形标志＋文字，而图形标志使用最多的就是箭头。景点、陈列、设施等都可以照此处理。"The Road reach to"的使用是因为译者仅仅了"由此"的字面意义，没有考虑语境与现场感所致	由此参观白塔 ← White Pagoda
办公区域游客止步 OFFICE AREA PLEASE DON'T COMING	18.Wordy 26.Grammar error	"游客止步"可以译为 Staff Only，"闲人免进"也可以这样转换；机场、邮船、公共设施等处也可见"Private"公示语	办公区域游客止步 Administration Staff Only Office Staff Only 闲人免进

(1) 问题公示语举例（混类）	问题类属	感受强度等级	建议与规范
 请勿触摸文物 DON'T TOUCH THE CULTURAL RELIC PLEASE	3 Needs to be concise	 这类禁止性公示语往往设置于陈列、展示物附近，其特定语境决定了使用图标或 Please Don't Touch 已经完整、准确地表述了"请勿触摸文物"的意思	请勿触摸文物 Please Don't Touch Relics
 保护文物，人人有责 It is everyone's duty to protect the cultural relics	5 Acceptable/OK 18 Wordy	 这句话实际上是对中国人讲的，如实转换、语法规范，意义准确、可以接受。可以接受是因为无关外籍旅游者的身家性命、否则也是会有所修正的	保护文物，人人有责 Protect the Cultural Relics
(2) "Expression Not Used" 非惯用法			

续　表

(1) 问题公示语举例（混类）	问题类属	感受强度等级	建议与规范
干货计价处 FUCK THE CERTAIN PRICE OF GOODS	9.Confusing/unclear 12.Funny/silly 14. Expression notused 19.Mistranslated 0 foul language	10 国外超市仅销售包装好的商品。在国内以及华人居住的区域有散装食品，如干果等出售。称重计价就在商品陈列处附近。国外很多商场、超市都设置付款前商品价格查验器，消费者可以自行验证消费数额	干货 Dried Food 称重计价处 Weighing and Pricing Here

续 表

(1) 问题公示语举例（混类）	问题类属	感受强度等级	建议与规范
 残疾人厕位 DEFORMED MAN LAVATO-RY	1.Use pictogram or arrow 14.Expression not used	 美国等发达国家的残疾人服务设施比较完善，指示标志配套齐全。这类设施的公示语多以图形标志的形式出现，Disabled、Handicapped 等，因为这个标志设置于卫生间内，所以不必增加其他补充文字或图形予以确认	残疾人厕位 残疾人停车位，擅自占用罚款 250 美元
 小草正在休息请勿打扰 Please take care of the sleeping grass	3.Needs to be concise 14.Expression not used 12.Funny/silly 18.Wordy	 这是一个最为常见的限制性公示语，僵硬地直译成英语显得滑稽可笑 这是对"信"的歪曲。英语公示语注重实意的传播，而不是诗意	勿踏草坪 Don't walk on the grass/Stay off the grass

续　表

(1) 问题公示语举例（混类）	问题类属	感受强度等级	建议与规范
深水区严禁嬉水 DEEP WATER AREA NO FROLIC	12.Funny/silly 14.Expression not used	汉语的"嬉"意为游戏、玩耍之意，"嬉水"即为在水中游嬉戏。FROLIC 在《新英汉词典》中的解释是:嬉戏、玩闹，似乎与"嬉"对应；英语词典也有① a light hearted enter-tainment or occasion ② light hearted activity；gaiety；merriment 定义 关键是在这种语境条件下"严禁嬉水"不等同于 NO FROLIC，而是另有约定俗成的讲法 NO ROUGH PLAY	注意 WARNING 深水区 Deep Water 　严禁嬉水 No Rough Play

续　表

(1) 问题公示语举例（混类）	问题类属	感受强度等级	建议与规范
  前方正在施工，请绕道而行 The frontage is in process of constructing, Please round the way	4.Incomprehensible 9.Confusing/unclear 14.Expression not used	 公示语翻译强调严格服从语境、语用需要，即便是一个"STOP"，也是一个超短语篇，也要从语篇角度寻求对应。这个提示性公示语有成套的原装对应语汇，全篇借用即为成功的转换	前方正在施工 Road Work Ahead 请绕行 Detour
  废旧电池回收 THE BATTERY IS RETRIVED	9.Confusing/unclear 12.Funny/silly not used	外国人认为这个译法的滑稽之处就在于译者中规中矩的杜撰。美国同样的设施都简单地标注为 Batteries Only 或 BATTERY RECYCLING	废旧电池回收 Batteries Only

续　表

(1) 问题公示语举例 (混类)	问题类属	感受强度等级	建议与规范
 增强防火意识确保绿色永驻 Increase consciousness of fire prevention ; Ensure green remain forever	14.Eexpression not used 18.Wordy	 同样是说教味道的提示性公示语，既与目的语语用特点不符，也容易引起外籍人士的反感。No Fire 严厉坚决，加上图形，警示性明确，同时设置 Protect The Forest 呼唤参与，积极主动	严禁烟火 No Fire 保护森林 Protect The Forest
 便后请冲水 Please rinse after relieving nature	4.Incomprehensible 12.Funny/silly	 随着公共厕所设施的日益现代化，这类提示逐渐淡出了我们的视野。注意，即便是"便后"意思也需要体现，After Use 以委婉的语气形式明确了这项要求的时效性。有关这方面的概念很多表述都很委婉，很传统	便后请冲水 Please Flush After Use

续　表

(1) 问题公示语 举例（混类）	问题类属	感受强度等级	建议与规范
 您现在的位置 THE LOCATION YOU AT NOW	14.Expression 18.Wordy	 "您现在的位置" 或 "您所在方位" 总是译为 "You are here"，并配 以箭头指示 "您" 在图中的具体位 置	你现所在位置 You are here 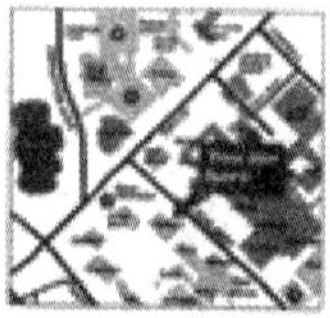 

续 表

(1) 问题公示语举例（混类）	问题类属	感受强度等级	建议与规范
地铁入口 Metro Enter	14.Expression not used	地铁，无论是纽约的 subway，伦 under-ground，还是悉尼的 metro，其入口处都仅标示"地铁"与"站名"。地铁站口即地铁入口，即便在国内地铁客流量较大的情况下，也仍然是出入分道不分口	地铁 Subway 地铁入口 Subway Entrance 地铁入口 Metro Entrance 地铁 Underground
(3) "Incompre-hensible" 不可思议			

续　表

(1) 问题公示语 举例（混类）	问题类属	感受强度等级	建议与规范
 先下后上 文明乘车 After first under on,do riding with civility	4.Incomprehen- sible 18.Wordy	 这个译文除了没有拼写错误，语法、语用全然不对头	先下后上 Get On/Get Off 先下后上 Exit first ,then board
 专营店 Monopolized Store	4.Incomprehen- sible 14.Expression notused 16.Imprecise	"专营店"的最佳转换方式就是销售什么就标注什么，如Kitchenware，Furmture，Antiques，是否加Store/Shop并不重要。名店因知名度高，一般只是标注商业服务品牌，如 Macy's。那些区域性、知名度不高的一般专营店还应在专营商品前加服务品牌：Kitchenware plus 既突出了产品特色，又体现了品牌个性	厨具专卖店 Kitchenware Store Kitchenware plus

续　表

(1)问题公示语举例(混类)	问题类属	感受强度等级	建议与规范
乘梯须知 MULTIPLY BY STEPS BEARD KNOW	4.Incomprehen-sible 19.Mistranslated	**10** "乘梯须知"被译为"MULTIPLY BY STEPS BEARD KNOW"会有人认为是机器翻译的错。那么翻译相关各个环节的人的能动作用又是如何发挥的呢?机器翻译依托于人工翻译长期的成果和经验积累。在公示语翻译方面我们的积累和经验同样匮乏,机器所能帮助我们的也就极其有限。不明确这一点,就不要随意使用机器辅助	乘梯须知 SAFETY RULES 1 严禁婴童车 No strollers 2 扶好扶手 Hold handrails 3 注意网球鞋远离扶梯边缘 Keep tennis shoes away from sides. 4 请勿赤脚 No bare feet 5 面朝前方 Always face forward 6 请照管好孩子 Children must be attended by adult 7 家长请注意 Parents Attention 8 您的孩子必须遵守上述规则 Your children must obey 9 请靠右侧站立 Please stand on the right 10 左侧通过 Passon left 11 握紧扶手 Hold the handrail 12 勿靠边缘站立 Keep clear of the edges

续　表

(1) 问题公示语举例（混类）	问题类属	感受强度等级	建议与规范
			13 精心照顾好儿童 Take extra care with children 14 抱好您的爱犬 Dogs must be carried
		城市现代化要求大型公共设施普遍装置了自动扶梯，相关公示语的引进也势在必行。在这方面我们没有必要再付学费，直接搬来就用，为我们的世界城市建设服务	 扶梯安全规则 Escalator Safety Tips 勿将停运电梯当楼梯上下，禁止运送重物

续　表

(1) 问题公示语举例 (混类)	问题类属	感受强度等级	建议与规范
  暂停收款 STOP CASHIER	4.Incomprehensible 16.Imprecise	 中式英语的翻译既有字对字，也有词对词的直译。STOP CASHIER 即是词对词的硬译。在美国，无论是收款台，还是售票处、银行柜台、航空公司服务台，只要临时停止收款业务，都可以用 Position closed，临时一词可以不译，是否需要加上 Sorry for any inconvenience 或 apologize for the delay 视实际情况确定	暂停售票 / 收款 / 服务 Position Closed Temporarily

续　表

(1) 问题公示语举例（混类）	问题类属	感受强度等级	建议与规范
一次性用品 A TIME SEX THING	4.Incomprehensible	STOP CASHIER 是词对词的硬译。"一次性用品 A TIME SEX THING" 是字对字和词对词的组合硬译。此译例提示我们，公示语原语加速引进和转化的迫切性	一次性用品 Disposables Disposable Products
红眼病监测站 Disease of jealousy inspection station	4.Incomprehensible 12.Funny/silly	"红眼病" 是一种季节性传染病，如今这种病的名称被借用，与社会上的流行病特指"嫉妒心"关联。译者将两者混淆，彼此不分	红眼病监测站 Infectious Conjunctivitis Checkpoint

续 表

(1) 问题公示语举例（混类）	问题类属	感受强度等级	建议与规范
 爱我家园 L o v e o u r homeland 其他垃圾 Other waste	4.Incomprehen-sible	 单一的一个收集"其他垃圾"的垃圾桶汇集了那么多的信息，令人眼花缭乱。英美城市的垃圾桶虽也有单独标志"垃圾桶 LITTER"，但更多的则是标注"可循环利用"与"不可循环利用"，或是这两大类的具体类别，如 plastic bottles、cans、glass、paper	垃圾桶 Litter/Rubbish Bin 园林垃圾 Garden Waste 厨杂垃圾 Kitchen Waste 固体垃圾 Dry Trash 可回收利用 recyclalle

续　表

(1) 问题公示语举例（混类）	问题类属	感受强度等级	建议与规范
  限高 3 米 The limit is high 3 rice	4.Incomprehensible 8.Bizarre 19.Mistrans-lated	 约定性是译者进行汉英翻译转换时所应遵循的首要原则。"限高"在英式英语中为"HEADROOM"加公制米，在美式英语中为"clear height"加英尺、英寸 1 英尺 =0.3048 米，1 英寸 =2.54 厘米	限高 3 米 Clearance 3m
  有您的参与，垃圾不会无家可归 If you would like to join us, rubbish will never be homeless	4.Incomprehensible 11.Nonsensical 12.Funny/silly	 环境保护公示语的呼唤性的特点突出，鼓励人们采取即刻的行动。祈使句在此有上乘表现，如"rubbish will never be homeless." 虽然语法规范，但外籍旅游者没有见过，也不曾使用过，为此也就费解	讲文明讲卫生 Do the Right Thing 保持公园整洁 HELP US KEEP THE PARK CLEAN 　垃圾箱位于公园出入处 BINS ARE LOCATED AT BOTH ENDS OF PARK 禁止乱丢垃圾 No littering 垃圾箱在您右侧

续 表

(1) 问题公示语 举例 (混类)	问题类属	感受强度等级	建议与规范
			Recycling bin to your right! 请将垃圾丢入箱内 Please use it
(4) "Spelling Mistakes" 拼写错误			
政府 (公告) GOVERMENT 	13.Spelling mistakes	 这个招贴只有落款有译文，而导致外国人不解的是 GOVERNMENT 竟然拼写错了	政府 GOVERNMENT
 注意安全 Take for touris	4.Incomprehen-sible 9.Confusing/unclear 13.Spelling mistakes 22.Nottranslated	 规范的警示性公示语文字简洁准确，使用色彩鲜明醒目	注意安全 Danger 山体滑坡区域 Rocks slide area 山体滑坡区始 山体滑坡区止

续　表

(1) 问题公示语举例 (混类)	问题类属	感受强度等级	建议与规范
  可回收 MAY RECLAIN 不可回收 NO MAY RECLAIN	4.Incomprehensible 9.confusing/unclear 13.Spelling mistakes	 "可回收"为"Recyclable"，有关垃圾回收的相关公示语翻译已经写入了北京等地的地方标准。"不可回收"为"Not Recyclable"。NO MAY RECLAET 从语法、词法、拼写都说不过去	可回收利用 Recyclable 不可回收利用 Not Recyclable
  母婴休息区 MOTHER-DADY RE TZONE	4 Incomprehensible 13 Spelling mistakes 15 Typo	 国际与国家标准都有"母婴休息区"的图形标志与文字规范，无论是资料检索，还是网络查找都会有收获	母婴休息区 Nursery

续 表

(1) 问题公示语举例 (混类)	问题类属	感受强度等级	建议与规范
教练席 Scat for the coach	4.Incomprehensible 13.Spelling mistakes	⑨ "预留席位"是在会议、演出、庆典、赛事等场合为特定人员保留的座席。就如停车位一样，首先告知他人此席已经预留Reserved，然后视是否必要明确for Coaches、Media等	教练席 Reserved for Coaches Reserved for Coaches RESERVED

(1) 问题公示语举例（混类）	问题类属	感受强度等级	建议与规范
为了您的安全，现金和贵重物品，请交总台保管。 YOU'RE YOUR SAFETY PLEASE KEEP CASH AND WALUABLE GOODS IN HEAD STAGE	9.Confusing / unclear 13.Spellingmistakes 16.Imprecise	 "为了您的安全，现金和贵重物品，请交总台保管。"应该是传统住宿业的服务内容。目前很多星级酒店都在客房设置了保险柜，客人也为了自身安全很少随身携带大量现金及贵重物品。即便客人有现金和贵重物品，他们也会依循国际惯例自行妥善保管。在这种情况下，服务方的责任就是告知旅游者双方的责权	 尊敬的宾客 TOOR GUESTS 请在酒店和餐厅等公共场所照看好您的手提电脑、提包和贵重物品 PLEASE DO NOT LEAVE LAPTOP、BRIEFCASES OR VALUABLES UNATTENDED IN PUBLIC AREAS OF THE HOTEL OR RESTAURANT.

(1) 问题公示语举例 (混类)	问题类属	感受强度等级	建议与规范
			本酒店服务台随时为您代为保管这些物品 WE WILL BE GLAD TO HOLD THEM FOR YOU AT THE FRONT DESK AT ANY TIME. 谢谢 THANK YOU SAFETY TIPS 请将所有贵重物品存放在前台附近的酒店保险柜内 Place all valuables in the Hotel's safe deposite box located at the front desk 假日快捷饭店对财物丢失、损坏或失窃概不负责。请妥善保存贵重物品，并时刻锁好车门。 The Holiday Inn Express is not responsible for lost、damaged、or stolen property.Please secure valuables and keep vehicle locked at all times. 住店客人请注意，客人存放行李，不论丢失或被盗，责任自负;店方不承担因此引起的连带责任 Please note that all luggage stored at the owner's risk.The hotel does not accept liability for any luggage lost or stolen

(1) 问题公示语举例（混类）	问题类属	感受强度等级	建议与规范
小心地滑 CAUTION SLIP 杭州西湖景区 2010-12-3	12.Funny/silly	看图标与现场可知，靠湖岸走廊的木质地板无论在风雨中、浪涛中，还是湿度大的天气条件下，都容易形成湿滑表面，游人都应格外当心。提示性公示语文字竖排还是很少见，从功能角度考虑，中英文还是应横排，便于识读	小心地滑 Caution Slippery When Wet
射箭馆 Shoot Game	4.Incomprehensible 9.Confusing / unclear 12.Funny/silly	国家颁布了旅游休闲标准图形标识，奥运会和亚运会也都发布了比赛项目的图形与文字标识，贯彻与借鉴都有助休闲设施公示语规范化	Archery Center

现代旅游业迅猛发展，旅游者从旅游经营机构那里获得的不仅是物质生活的满足，更主要的是精神、文化方面的满足。这种文化需求是人类在满足了基本生存需要之后的高层次追求。

从以上的评估、点评中我们可以了解到，在一个中国人熟悉的环境中，人们追求的已经不再是温饱、居所，更多的则是尊重、发展、愉悦、自我实现；对于那些不熟悉或不太熟悉这个环境的外国人，他们最关心的反而是最基本需求的满足，比如食物、卫生；旅游过程的人身、财产安全。还有就是消费者的权利问题，其中包括知情权、信息服务质量等。有需求就需要满足，消费者往往有一种期待，而这种期待自然是与其权利有关，不仅仅在于文字翻译是否规范，那些可能引起外籍旅游者文化敏感的因素反而显得不太重要。然而，对于那些长期在中国工作、生活的外籍人士来说，他们已经或基本熟悉了这个环境，除了对生存的最基本需求保持足够的谨慎之外，对于文化敏感问题的反应也会表现得比较活跃，甚至出现了不拿自己当"外人"的现象，对于说教性的、强加于人的、言过其词的、自以为是的、滥译错译的公示语信息，都会表现出不同程度的反感和不快。

第九章 针对河北县域经济发展现状下汉英公示语翻译问题的对策

第一节 公示语过度翻译的问题

针对公示语的翻译问题，2005 年美国旅游记者 Doug Lansky 出版了第一集，2007 年 9 月第二集出版，2009 年 6 月第三集面世，他将世界各地采集到的错误公示语公诸于世，供标识爱好者分享、研究。同时，让我们形象地认识到在全球化进程中，公示语误译不是中国人独有的，而且不是个别现象，在英国、法国、美国都存在，这是个世界性问题。

然而，"过度翻译"在公示语汉译英实践中却是一个比较典型的"中式"错误。

一、过度翻译

"过度翻译"从功能上难符其实，文化上强加于人，语言上冗余啰嗦，语用上背离语境，交际上漠视对象，译法上僵直中式，思维上迂腐石化。

北京市公共场所双语标识英译专家委员会顾问杜大卫教授认为，公示语翻译不仅要关照词句对应，更要关注外籍旅游者和常住人员的心理"感受"。为此，公示语"过度翻译"不仅包括从功能、文化、语用、交际、译法和思维角度评估出的公示语误译的各类样本，还包括了那些给信息接受者带来与法规、习俗等因素相违背的不良"感受"的样本。

二、公示语过度翻译的字面表现

（一）过度翻译 Over-translated

"过度翻译"的公示语最直观的表现是翻译中字面上超出了最小量、最恰当的信息量的表述形式，而采用了冗余、啰嗦的转换形式，"过犹不及"。

"Over-translated"样本举例：

民警提示：请保管好自己的物品，以防丢失！ POLICEMAN'S CUE PLEASE TAKES CARE OF YOUR OWN PROPERTY.

注意安全 CAUTION DANGER

上下台阶请注意安全 Up and down Stairs，Pay Attention to Safety

（二）非惯用法 Expression Not Used

"Expression Not Used"是译者或照本宣科，将单一从词典中获得的语汇拼凑起来，或抽象想象、自以为是，导致了在英语国家不使用的"用法""讲法"堂而皇之地四处置放、事与愿违。

"Expression Not Used"样本举例：

营业中 TO RUN BUSINESS/IN BUSINESS

收费厕所 Collecting Money Toilet

暂停营业 Business Suspended

不得随地大小便，便后应冲水 Don't commit nuisance and flush the toilet after use.

老年人 OLD MAN

休闲服饰 Lie Fallow Duds

严禁疲劳驾驶 DO NOT DRIVE FATIGUE

紧急情况请拨打 110 Being Urgent Call 110 quickly

来匆匆，去冲冲 Please keep the toilet clear Thanks！！

您现在的位置 THE LOCATION YOU AT NOW

衣冠不整谢绝入内 NOT OPEN TO PEOPLE BE SLOPPILY DRESSED

（三）累赘繁复 Wordy

The free dictionary 将"Wordy"定义为"Tending to use，using or expressed in more words than are necessary to convey meaning"。这类"过度翻译"的公示语样本的原文多数都是"Wordy"，而翻译时又忽略了其语用特点，导致"小题大做"。

"Wordy"样本举例：

文字是文明载体，涂写刻画有损文明 WRITING ON THE ANCIENT WALL IS A BREACH OF CIVILITY

进入景区，严禁烟火 Enter the view area, strictly forbid the firework.

无障碍通道 Entrance for disabled people

请勿乱扔杂物 PLEASE DON'T THROW RUBBISH AWAY

爱护文物 请勿刻划 CHERISH THE CULTURAL RELIC, PLEASE DON'T SCRIBBLE

购票请上楼 Please Walk upstairs buy tickets

小草有生命请您脚留情 Don't Treed on the Grass

（四）异怪搞笑 Funny/Silly

"Funny"在 the free dictionary 中的定义为：

（1）Causing laughter or amusement；

（2）Strangely or suspiciously odd、curious；

（3）Tricky or deceitful

这类公示语的翻译"过度"，关键还是译者没有考虑到信息接受者的感受，自以为是。

"Funny/Silly"样本举例：

西藏旅游品 XIZANG TOUR THING

小草正在休息，请勿打扰 Please take care of the sleeping grass.

有您的参与垃圾不会无家可归 If you would like to join us, rubbish will never be homeless.

为了您的合法权益不受侵害 In order to protect your own right.

请您不要相信旅游小广告 Please don't believe the tourist leaflet.

请乘坐正规出租车 Please take the taxi with license

（五）欠缺凝练 Needs Conciseness

公示语的一个最重要的语言特点就是简洁达意——用尽可能少的语汇准确传达公示信息。"Conciseness"在 the free dictionary 中的定义是"Expressing much in few words；clear and succinct"。译者对公示语的语言文化特点缺乏必要的感性认识，受到中文行文方式的影响，"过犹不及"。

"Needs Conciseness"样本举例：

火星一点，灾害万千 A SPARK WILL CAUSE THOUSANDS OF DISASTERS

请勿触摸文物 DON'T TOUCH THE CULTURAL RELIC PLEASE

险路险段，请注意安全 Dangerous section, pay your attention！

请勿乱扔杂物 PLEASE DON'T LITTER UP

烟为火因，故宫严禁 SMOKING, WHICH MAY CAUSE FIRES IS FORBIDDEN

气候寒冷，冰雪路滑，小心滑倒，年老体弱者慎入 please be aware of the cold and icy slippery road. Senior citizens and the weak ones be prudent to enter.

语要低声 TALKING VOICE NEED TO BE LOW

（六）图标缺失 Use Pictogram

译者以为自己的责任就是进行两种文字的转换，其实，公示语翻译不仅仅是文字的转换，更是文化的转换。事实上，国际旅游标准图形标志和中国公共信息（包括旅游）标准图形标志中都包括了图形符号，它们作为国际旅游和公共信息服务的特殊国际语言符号被广为使用。

"Use Pictogram/Arrow" 样本举例：

参观雍和宫向南 150 米 Visiting Yonghe Gong towards south 150 metres

出口 Way out

入口 Way in

由此参观白塔 The road reach to the White Pagoda

进入防火区域，请勿吸烟用火 No Smoking and No Using Fire in the fire-forbidden Area

前方 50 米处入口 Front 50 meter entrance

（七）啰嗦重复 Redundant

"Redundant" 在 the free dictionary 中的定义为 "Needlessly wordy or repetitive in expression"。在这里的范例中显示出 "Redundant" 比 "wordy" 更为直观、明显。

"Redundant" 样本举例：

纺织面料 TEXTILE CLOTH

注意安全 CAUTION DANGER

险路注意安全 The dangerous road, be careful of your safety！

爱护文物，请勿刻划 Care about the cultural relic！ No scratching！

（八）画蛇添足（No Need to Translate）

"No Need to Translate" 排位第 26，检出样本 2 个。一些译者以为见到汉字就要逐字转换，否则就不是翻译所为。

"No Need to Translate" 样本举例：

东江大桥 EAST RIVER BRIDGE

不得随地吐痰，丢烟头、果皮、杂物·

Don't spit freely or throw cigarette ends、fruit peels、scrap papers and other things.

三、公示语过度翻译在文化方面的体现

过度翻译不仅是字面上的，在文化上的差异也尤为明显。中国译者或许对文化差异缺乏足够的敏感性，但对于公示语而言使用者即信息接受者而言，这种文化的负面感受则是强烈的，甚至是难以忍受的。杜大卫教授在一次公示语翻译专题学术报告中从外国人的角度列举了更多"文化不对称"的实例。

（一）Not Necessary to Translate Everything 无必要见字就译

一些翻译人员只要见到汉字，就认为有必要转换成字面意义"对等"的"英文"，对"约定"和"俗成"全然不顾。

五 美 路 FIVE GOOD REPUTATION ROAD、 文 明 路 CIVILIZATION ROAD、拔丝地瓜 Wire pulled sweet potatoes（Sugar floss）

宋嫂鱼汤 Sticky soup in sister-in-law Song.（Sister-in-law Song's Sticky Fish Soup）

玉器展 Exhibition of Jade Objects（Jade Exhibition）

（二）Don't Need All the Details 无必要的译无巨细

汉语讲求辞藻华丽、诗情画意；英语讲求直观、明快。那些依据汉语原文"直译"的公示语显得累赘。

天寒地冻，小心滑倒 On cold winter day don't crash down on ice	Caution!Ice!
冰天雪地，小心路滑 Steps are slippery with ice and snow,Please do not landslip on them	Watch Your Step!
碧水清清，却亦无情，河湍势险，请勿戏水 So blue water,but also no goodwill. so rushing current,please no play the water	Dangerous Currents , No Swimming

此段200米，当心落石，请靠岩壁行走，快速通过，请勿逗留，Within 200 meters，notice the rockslide,please is run about by cliff	Danger! Rockslide Area, Stay on Trail
危难时刻迅速报警 BEING URGENT CALL 110 QUICKLY	In Emergency Dial 110
欢迎参观北京国子监 We sincerely welcome the people from all over the world to Guozijian	Welcome to Guozijian

（三）Don't Try for general education in a sign 无必要的说教诱导

说教是那些自认为有"话语权"的人们所热衷的，事实是中国人深信"身教胜言教"的道理。即便如此，说教对国人都收效甚微，对外人还要谆谆教诲，诲人不倦岂不怪哉。

爱护环境人人有责，请勿乱扔杂物 You're your respect for environment and do your part and take your trash with you	Don't litter.
保护环境是每个公民的责任，不要乱折花草树木 Protection of circumstances is the responsibility patriotic Citizen；do not pull the flowers or break off the branches of trees	Don't pick the flowers
尊重古老文明艺术成果，不要在文物古迹上乱涂乱画 Show your respect for work of ancient craftsmen.Don't scribble on the walls of the ancient buildings	No Graffiti
人与花木呼吸互动，摘花折木自减生命 People,flowers help each other in breath.If you pluck the flowers and break off the branches，you will reduce your own life at the same time	Protect Environment

（四）Don't Be Too "Cutesy" 无必要的矫情做作

"矫情"是很多中国文化人很难摆脱的"境界"，字里行间透着与汉语词汇"较劲儿"的痕迹。其实这种"矫情"是一种变相的谄媚，因为初衷就是"讨喜"。

小草安垂，请勿打扰 We are sleeping now；please do not disturb us.	Keep off the grass
不要踩踏草坪，我们有爱对待，请不要踩我们！噢！太疼了，不要踩在我们身上 Don't walk on the grass，We love you, you love us.Don't walk on us!Ouch!That hurts.Don't walk on us!	Keep off the grass

对于我们的不周到之处给您造成的困扰，深表歉意 Sorry to bring you trouble.We are renovating ourselves	Renovation underway, sorry for the inconvenience
古建修缮施工，给您带来不便请您谅解。 The ancient building is renovating,Excuse me for bringing trouble to you	Renovation underway, sorry for the inconvenience

（五）Stilted，Overstated（Hyperbole）无必要的自吹自擂

中国人为自己有 5000 年的文字记载历史而自豪，为四大发明而骄傲。我们对自己的认识和我们为了"爱国教育"而施行多年的"民族优越性"教育，使一些人忽略了中华文明仅仅是世界文明的一部分。前一段时间流传的关于长城是宇航员在太空唯一肉眼可见的地球人工建筑的说法让很多中国人宁信其有。事实是在北京的景山上都难见长城的影子，在外太空环地轨道怎能用裸眼看到这项世界文化遗产？（其实长城在中国仅仅是现代才作为"文明遗产"而受到国人景仰，反问一下：将长城列为"世界八大奇迹"的是中国人吗？）

"The profound intelligence and great wisdom of the Chinese people." (The wheelbarrow)

Excellent inventive skills of Chinese ancient craftsmen/Practical genius of Chinese farmers.

These were finds that "shook the world." (Zhoukoudian tooth)

Please try your nice Chinese food with chopsticks

The traditional and typical of Chinese glorious history and culture.

四、思考与对策

（一）公示语翻译需要强烈的跨文化交际意识

经济全球化带来多元文化更广泛的交流、更深入的融合，导致作为国际旅游通用语——英语的更普遍使用，并由点到面、由线连片，形成了国际化枢纽、国际化走廊、国际化都市、国际化旅游目的地，语境率先实现了"全球化"。

跨文化交际直面全球化文化交流的现实。翻译，无论是文学翻译方面字工句整的追求，还是经典翻译中近乎于宁"死"不"曲"的直译；无论

是强势文化争夺话语权的"殖民"，还是强调文化个性的"食人"，都反映了特定时代、特定文化的特定需求。相对而言，对象是单一的，需求是单纯的。经济全球化使全球成为"早相见，晚相闻"的"地球村"，不同文化间的交际是多层面的，不同文化交际的范围既有局部小范围，也包括全球大空间。关注交际对象的文化和需求成为实现交际功能，无论是政治意图，还是商业动机的关键。

尽管中国在经济全球化进程中处在社会主义市场经济发展的初级阶段，但这并不是我们拒绝服务于来自市场经济发展高级阶段的旅游者，向他们提供高感性（High Touch）公示语信息服务的借口。这种经济、社会、文化发展的不平衡特点应当成为我们实现有效跨文化交际、跨越式发展的促进力。

（二）变"对外宣传"为服务"信息接受者"

跨文化交际意识是一种翻译观、一种态度，在于跨文化交际实践者高度关注信息接受者的特点和需求。

2007 年 4 月在北京举办的"中译外——中国走向世界之路"高层论坛开幕式上，时任国务院新闻办公室主任的蔡武在讲话中提出了对外传播要贴近国外受众的思维和语言习惯的对外翻译工作原则。他指出：从事对外传播的工作人员"要潜心研究外国文化和外国人的心理思维模式，善于发现和分析中外的细微差异和各自特点，善于把握两种不同文化和语言的内在逻辑及其表达差别，时刻不忘按照国外受众的思维习惯和语言习惯把握翻译，以期达到最好的传播效果。"（蔡武，2007）目前的公示语翻译研究更多的是从对外宣传和国家形象的角度考虑，对"信息接受者"或信息"服务对象"即常住、短留在华的外交、经商、旅游、体育、教科文人员及其家属缺乏足够的"人文关怀"。如果我们连外籍人员对在华生活的、与安全、饮食相关的公示语信息的基本需求都不能满足，那么让他们接受呼唤型"自我实现"公示语中号召践行的内容谈何容易。无论是"完善城市公示语翻译"活动，还是"规范双语标识"活动，或者是我们的公示语翻译学术研究都应以"信息接受者"或信息"服务对象"为中心，以他们的信息服务需求为视点展开。从"信息接受者"或信息"服务对象"的生理需要、安全需要、爱的需要、尊重的需要、自我实现的需要出发，从他们的语言和思维习惯考虑，满足他们对高质量、高精准度信息的需求。

（三）公示语翻译研究需要创新思维

公示语翻译实践中出现的大量"过度"翻译现象，使从事跨文化交际和翻译研究的人们不得不反思，我们的语言、文化和思维方式是否存在"过度"的基因或习俗。

语言问题不是简单的文化现象，而是思维、思想方式的问题。沃夫指出："任何语言都是巨大的规范系统（pattern-system），它不同于其他的规范系统，因为在这个系统中，个人运用在文化环境内所接受的形式与范畴进行交流，分析自然界，注意或忽视某些关系或现象，表现他的分析，并建构他意识的大厦。每一种语言都以其独特的方式对延绵不绝的客观存在作出这种人为的分割。"萨皮尔更加明确地表示，由于语言对人们认识世界的制约作用和语言的文化独特性，"不同社会所生存其中的是明确有别的世界，而不仅是被贴上不同标签的同一世界"。萨皮尔和沃夫的理论表现出他们对语言之文化特征的敏感：语言是文化的产物和工具，规范人的思维与活动，因此在很大程度上，语言赋予了一个文化自身的特征。正因为如此，跨文化的"翻译"或交流总是不完善的。公示语翻译研究者要承认中国在语言文化方面相对英语国家存在着差异，甚至在欠缺、滞后的现实前提下，学习、借鉴、引进公示语这个现代社会的功能语言和文化，丰富我们的生活，便利外籍人员在华的旅行、工作和生活需求。不能因为意识到我们的语言和思维与世界发展的要求和现状存在着"空白和差距"，就简单地从翻译技巧或翻译理论上探讨公示语翻译规范的路径，公示语翻译和规范的使用将会"任重道远"、事倍功半。

当然，在此强调学习、借鉴、引进公示语，并不是号召全体人民都参与到这项"系统工程"中来。相对于提高全民族的跨文化交际意识，这个"系统工程"仅仅是十几个专家、个把年就能搞定的事。而提高全民族的跨文化交际意识则需要全民族每个成员的参与。"夜郎自大"和"黔之驴"的故事讲了千百年，再看看那个故事发生背景地的现实我们不能不承认，千百年来那里的人们祖祖辈辈只是拿它当作故事来听，当作语文课文来读。面对世界的社会进步和科技发展，我们需要语言的革命，也就是思维方式的变革。

第二节　公示语翻译是精准公共信息传播

关于翻译性质的研究，英国著名翻译理论家 J. C. Catford 曾说："翻译是一项对语言进行操作的工作，即用一种语言的文本（Text）来替代另一种语言文本的过程。"（1965：20）美国著名翻译理论家 Eugene A. Nida 则认为："翻译是在接受语中寻找和原文信息尽可能接近的自然的对等话语，首先是意义上对等，其次才是风格上的对等。"（1982：12）目前翻译界同仁对于翻译的实质普遍接受的共识是：翻译的实质就是语际的意义转换，包括概念意义、形式意义、语境意义、形象意义、风格意义及文化意义。（刘宓庆，1999：2）具体讲到汉英、英汉的文学翻译、科技翻译、外事翻译都是在有源语文本的前提下进行的，即便有一些不可译的成分或内容，其所占比例也是有限的。篇章和语境对于文本意义的限定和补充为文本语际意义的转换提供了信息标记。而公示语翻译语际的意义转换，包括了概念意义、形式意义、语境意义、形象意义、风格意义及文化意义的转换。中国历史长期处于农耕文明阶段，人员交往，特别是与外界的交往在相当长的历史时期内比较局限，除了一些数量极为有限的标志服务于朝廷和官府外，服务于民众生产、生活、旅游、交通的标志极少，因此，在概念意义、形式意义、语境意义、形象意义、风格意义及文化意义的"内存"都极为匮乏的情景下，实现公示语汉英语际意义的转换，只能是美好的初衷。

"文化负载词"又称词汇空缺，指源语词汇所承载的文化信息在译语中没有对应语。而公示语汉英翻译却恰恰相反，从源语"内存匮乏"这个角度讲，公示语汉英翻译足可以说明公示语翻译在概念意义、形式意义、语境意义、形象意义、风格意义及文化意义层面，都有别于传统意义上的翻译实践。

清华大学比较文学与文化研究中心主任王宁教授在《从语符翻译到跨文化图像翻译：傅雷翻译的启示》一文中指出：在当今后现代信息时代，图像无所不在和对文字空间的挤压，使得人们越来越感觉到，我们身处在一个'读图的时代'。我们经常面对的不是由文字组成的阅读文本，而是由文字和图像共同构成的'语符'，或'语像'文本，有时甚至图像占据了更大的空间，而文字仅仅是充当对图像的附带说明"。（2008：29）公示语翻译的研究事实包括了文字及图形信息的转换和传播，这里既包括国际组织、政府部门、地方机构、行业协会制定的带有法规性质的图形及文字信息的转换和传播，也包括约定俗成、以文字为主的文字信息的转换和传播。在这里，公共信息图形标志的中英或英中翻译转换更接近罗曼·雅各布森从语言学角度对翻译所作的描述中的"语符翻译 intersemiotic translation"。

一、全球化语境

张美芳教授最近在《中国翻译》撰文系统中评价了《翻译研究领域的"功能"概念》一文。她在谈及语境与翻译的关系时归纳了梅森的观点："翻译与其语境密不可分，现实世界中的语境因素对于决定文本的意义及对其意义的理解至关重要。"（1998：29）翻译实践若不给予语境意义以足够的考虑，那么翻译的成果也只能是书斋中的翻译习作。

专项实证调研分析显示：经济全球化带来多元文化更广泛的交流、更深入的融合，导致作为国际旅游通用语的英语更普遍的使用，并由点到面，由线连片，形成国际化枢纽、国际化走廊、国际化都市、国际化旅游目的地，语境率先实现了"全球化"。

中国成为世界贸易组织成员意味着中国市场国际化的进程进入到全速发展的时期；此前已经开放的无形贸易市场——国际旅游，使得中国在那些国际旅游目的地、国际化的都市中的开放程度快速接近了国际水平：2001年北京获得 2008 年奥林匹克运动会主办权，随之上海也获得了 2010 年世界博览会主办权，2004 年广州又获得了 2010 年第 16 届亚洲运动会的主办权。所有这些体现出高度"国际化"的超大型活动，都强力推动了这些城市和周边地区的人文环境、语言环境，率先实现了"国际化"的速率。

在全球化这个宏观语境范围内，不同国家、不同区域、不同行业的微观环境都在向着适应全球化经济发展、文化交流的大目标不断进行完善。

经济活跃、人员集中的国际化都市、旅游目的地也必然是信息交汇的中心。现代化城市功能、交通网络、建筑布局、景点建设都在功能方面汲取了世界最领先的科技理念，率先实现了"全球化"。位于北京长安街中段的中国国家大剧院由法国设计师设计；2008 北京奥运会国家体育场由瑞士的赫尔佐格和德梅隆设计公司与中国建筑设计研究院共同合作设计；荷兰建筑大师库哈斯中标 CCTV 新大楼方案；美国 SOM 事务所在上海花了 5.4 亿美元建设了 88 层的浦东金茂大厦；在西方享有"Mall King"之称的知名建筑师 Jon Jerde 的公司承担了上海南京路步行街的总体规划，而即便是美籍华人建筑大师贝聿铭设计的香山饭店也是中西一体、功能现代。

我们的城市现代化建设不仅引入了"外脑"参与规划、设计，甚至导向系统、标识系统、环境系统的设计也采用了国际招投标的方式，如原广州白云机场的标识系统就是由一家日本公司设计、制作的。

在机场、酒店、超市、剧院、赛场等国际化程度较高的处所、语境中，从宏观到微观"语境"，国别元素的使用降到了最低，"中国元素"的应用极为有限。

经济全球化需要翻译研究和实践者拥有更广阔的视野，对由此带来的与翻译研究和实践紧密关联的宏观与微观语境要素，有更加符合现实、更加透彻准确的审视和判断。

二、对等的应用功能

英文"Airport"汉译为"机场"或"空港"。毫无疑问，"机场"也好，"空港"也罢，都是"外来语"。尽管汉语不像日语那样明确标明了"外来语"，但自 1979 年以来，大量零散或系统引进的管理、文化、科技、生活、旅游语汇迅速本土化则是不争的事实，公示语更是外来语系统引进的典型。因此，绝大多数规范汉语公示语都可以轻而易举地在源语中寻到他们的"原形"。为此，汉语公示语的功能特色，也就具有了与源语相同的、突出的对等应用的功能特点。

王东风教授在《功能语言学与后解构主义时代的翻译研究》一文中强调指出：语言一旦与功能相关联，就与语言的运用及其语境和目的相关联。换句话说，任何一次言语行为的发生，都是特定语境下的产物，因而也就有其特定的功能。从功能的角度研究语言，就是要研究与语境相关的言语行为所具有的功能（2007：6）。全球化的语境决定了特定语境中的汉英公示语功能对等的特点。

公示语满足的是旅游者、社会公众的社会、文化和心理需求，为此，在实际应用中具有突出的指示性、提示性、限制性、强制性四种应用示意的功能。

公示语在规范人员社会行为、调整人际关系、提高生产效率、威慑犯罪、激情励志、优化生存质量、构建和谐社会方面意义重大。为此，世界各国政府、不同行业、营利和非营利机构都极为重视公示语规范和标准的使用。

公示语的设置、使用因地制宜，因人制宜，因时制宜。特定场所除了视功能需求设置了通用"公共信息公示语""安全公示语""消防公示语""交通公示语"之外，还会依据经营、管理、服务、人际沟通等需要设置特定功能的公示语。以商业经营场所为例，公示语的设置与翻译重点服务于商场的营销和社会两大重要功能。为此，商业经营场所内外设置的公示语依据消费者类别和消费需求、消费行为，分为了引发兴趣、提供信息、加深理解、促进行动、巩固形象、服务社会等突出的各项促销公关功能。

目前国内公示语翻译研究以功能理论为主导，文本类型分析包括了莱斯和纽马克的分类模式，绝少有研究者从信息标准化的角度，从"语境＋功能"角度，即标准图形标识角度来审视公示语的功能和类别区分。正是因为公示语的功能特点，因为受众对公示语信息系统、具体、明确的需求，信息标准化对公示语的功能分类才更具体、更明确、更有利于翻译的转换操作。

翻译研究者必须清醒地意识到，功能理论倡导者受所处历史发展阶段和研究倾向的局限，在翻译研究的文本类型及其功能的分类方面都是有所指、有所忽略。

著名翻译理论家刘宓庆教授在《文化翻译论纲》中指出"作为翻译学研究，我们不仅需要历史观，更要有现实感，"（2001）从现代人文科学和自然科学的研究成果中获取灵感和理论依托。从信息标准化的角度，从"语境＋功能"角度，即公共信息服务和标准图形标识的角度，来审视公示语的功能和类别区分，不仅可以从实际应用的角度了解公示语的语境、语用、功能的分类和特点，而且可以从这个信息系统的整体视角精准了解个体间的相互关系、功能特点和语用需求。

三、一致的传播对象

公示语的使用对象明确。公示语的使用对象是那些以英语作为母语或第二语言的旅游商务人士、体育休闲者、外交文化官员等，针对公示语使用对象对食、宿、行、游、娱、购等的基本信息需求，迎合的是公示语使用对象——"国际公民"、国际旅游者对不同民族文化的深入体验、学习、接纳、融合的需求。只有明确了公示语的使用对象，明确了他们的需求和特点，公示语的翻译转换才可以做到有的放矢、精准高感。

如何高感性满足这个"国际公民、国际旅游者"群体对公示语信息的同质需求，是近年来翻译界努力破解的课题。自2005年全国开展"完善城市公示语翻译"活动和"双语标识规范"活动以来，很多错误被"揪出"，其中有关"WC"和"Restroom"的争议持续时间最久。然而，从中也发现，我们也曾将本来无误的公示语翻译认定为错误的翻译。例如，在天安门广场东北角的公共厕所被翻译为"男卫生间 Male"和"女卫生间 Female"，当初"Male"和"Female"的用法就被认为是错误的。事实上，男厕所或男卫生间翻译为"Male"或"Male Toilet"，女厕所或女卫生间翻译为"Female"或"Female Toilet"都是准确无误的表达方式。对这个译法我们曾进行过专项调研，也通过"谷歌"搜索器检索，我们获得了很多实例和图片。图10-1 所示，这是英国标识制作机构在网上为客户提供的样品。

图 10-1

图 10-2　在伦敦市中心西敏市唐人街附近的一家麦当劳美式快餐店

全世界都知道麦当劳快餐店是"美国专利"。现在我们基本可以确认"Gents""Ladies""Restroom"等都是标志用语，而"Male Toilet"和"Female Toilet"既可以在叙述、描述、议论文中用来指示这类设施，也可以用来标志这些设施。

2006 年对 404 名外籍旅游及常住人员公示语意见和需求的问卷调研数据分析显示：受访者最喜欢使用"Toilet"的翻译方法，占全体被调查对象的 39.4%，接近四成；其次是"WC"，也有超过三分之一（33.4%）的被调查对象选择了它。

北京市制定的公共场所双语标志英译地方标准采纳了"Toilet"的译法，这不是一个英式英语或美式英语、多数或是少数的取舍问题，它体现了全球化交流的需求和"国际公民、国际旅游者"群体的文化取向。

在北京奥运会闭幕式上，来自英国伦敦的艺术家们献上了颇具英伦特色的歌舞表演，这些演员的肤色各异，体现了当代"伦敦人"的文化特点；在北京有 20 多万常住外籍人口，很多人还手握"绿卡"。凤凰卫视 2007 年 5 月中旬播出的《鲁豫有约——我家在北京》节目中就报道了英国人江森海和美国人杜大卫以北京为家的前世今缘。外国企业享受"国民待遇"，外国公司总部移师中国都在告诉我们"全球化"时代已经来临，适应全球化的语言文化环境正在构建。世界语曾经作为抵御殖民主义和文化入侵的手段与英语抗衡；信息技术的发展和互联网的迅猛普及，使英语的地位固若金汤；经济全球化和国际旅游的繁荣兴旺使英语的"世界语"地位难以动摇。目前世界上讲英语的总人数与以英语为本国语言的人数之比为三比一，对某些所谓"标准的"或"不标准"的语言内涵也有潜移默化的影响。而这种变化正在改变国际间语言交往的方式。面对这种变化，从国际交往的角度出发，我们在使用英语时应更多地使用"共核"（common core），即普通的、人人共知的语言和词汇（戴宗显，2006）。美国语言学家塞林格（Selinker）于 1969 年提出中介语（interlanguage）的概念，1972 年在其著名论文《中介语》中提出的中介语假说，就是试图探索第二语言习得者在习得过程中语言系统和习得规律的假说，在第二语言习得的研究史上有着重大意义。中介语 inter- language，也有人译为"过渡语"或"语际语"，是指在第二语言习得的过程中，学习者通过一定的学习策略，在目的语输入的基础上所形成的一种既不同于其第一语言，也不同于目的语，随着学习的进展，向目的语逐渐过渡的动态的语言系统。这是关于中介语的一个最早的定义：The separateness of a second language learner's system, a system that has a structurally intermediate status between the native and target languages.（二语／外语学习者的一种独立的语言系统，在结构上处于母语与目的语的中间状态。）

中介语假说之所以是假说，就是理论的"探索"在实践中并不一定就会演变为"现实"。第二语言习得者真正实现"既不同于其第一语言，也不同于目的语，随着学习的进展，向目的语逐渐过渡"，就如同我们认识的翻译实践一样总有明确的目标，而又永远难以成为现实。

英语"中介"化还因英式英语、美式英语、澳式英语、印式英语，甚至中国英语的存在，而愈显存在的必要性，这也是事实。在这点上，美国人愿意放弃偏爱的"Restroom"，而英国人也不会固执地坚守"WC"，"Toilet"作为妥协的结果带来的只能是便利。

由于世界旅游组织、国际标准化组织等多年的积极工作，图形标志制定和推广工作稳步展开。我们有理由相信，随着全球化的发展，英语的主导地位（Domination of English）会越来越强大，中介语或曰"共核"语（common core）会越来越壮大。

四、明确的传播目标

公示语的应用、翻译、设置都有极为明确的传播目标，在规范人员社会行为、调整人际关系、提高生产效率、威慑犯罪、激情励志、优化生存质量、构建和谐社会方面的意义重大且深远。一座城市、一个国家，如果没有完善的静态信息服务，即公示语体系，那么这个国家再"发展"，这座城市再"发达"，也只能是大理石和混凝土的"都市丛林"、绿水青山的"僻壤乡村"。为此，世界各国政府、不同行业、营利和非营利机构都极为重视公示语的规范和标准使用。

北京市为了奥运会成功举办和国际化都市、国际旅游目的地静态信息服务环境的建设，于2006年由北京市技术质量监督检验局和北京市政府外事办公室联合编制了《公共场所双语标识英文译法》地方标准，以行业服务对象对公示语的需求，将体现功能意义的公示语分门别类地加入以下几个部分：

通则；

第 1 部分：道路交通；

第 2 部分：景区景点；

第 3 部分：商业服务；

第 4 部分：公示语翻译研究概述；

第 5 部分：体育场馆；

第 6 部分：医疗卫生

以上每一部分服务都有特定的传播目标、特定的语境、特定的群体。

六大部分与实施细则共同构成了国际化都市、国际旅游目的地静态信息服务环境；每一部分与相应的实施细则构成了道路交通、景区景点、商业服务、体育场馆、医疗卫生子系统的静态信息服务环境，服务于这个系统对特定静态信息的需求。尽管我们认为北京市编制的《公共场所双语标识英文译法》标准仅仅照顾了以"现在时"存在的和需求的公示语及标准译法的需求，但对来自发达国家人员的深入需求和服务发达社会完善体系要求的关注度明显不够，也缺乏足够的前瞻性。即便如此，我们仍然可以感受到这个框架的存在对于我们了解、理解公示语的功能意义和传播目标的重大示范意义。

全球化、现代化、城市化、信息化为公示语研究、翻译提出了迫切、严格的要求和期待。"目的决定手段"（Nord，1997：20），而明确的传播目标如果没有一一切实落实的具体行动，误解仍然会继续。

五、内外有别的传播

调查发现公示语误译现象往往发生在正在逐渐实现国际化的语境中。若是机场、酒店这些率先实现国际化、开放程度较高的处所的公示语翻译、设置更规范、恰当，"国际公民、国际旅游者"的满意度也就更高。

公示语翻译的精准传播不是简单的还原或回译，而是依据区位的国际化程度和"国际公民、国际旅游者"构成，提供准确、高感性、频度和密度适宜的公示语信息服务。在 2007 年 4 月 11 日举办的北京市规范公共场所英语标识外语新闻发布会上，北京市外办副主任、市民讲外语办公室主任刘洋针对公示语的使用设置问题回答记者："我们在制定汉英译法标准的时候确定了两个原则，第一个原则就是需要的原则，并不是说北京这次要对双语标识进行规范，就是把所有的地方全都标有中英双语，真正有需要的这些标识标牌我们尽量采用双语的，也包括将来北京市的有关部门和旅游行业，下一步可能会考虑在旅游景点增加更多语种的标牌。但是我们总的原则就是根据需要，确实有必要，不可能所有的地方都是双语，这是必要的原则。"

公示语翻译者的责任并不是见到汉字就要翻译成英语。由于文化传统的差异，社会发展程度有别，对环境熟识程度不同，中外旅游者的信息需求内容、密度和频度都会显示出差异性。公示语信息要想实现针对性、高感性服务，就要内外有别、精准传播。路透社记者在"规范公共场所英语标识暨市民讲外语新闻发布会"上讲道："我发现北京英文错误最明显，也是最可笑的地方就是广告，比如说房地产公司的广告，又可笑、又糟糕。"其实这位靠道听途说发布消息的记者所讲的"广告"是户外广告的广告语，以及遍布京城大街小巷的标语。本来利用标语进行宣传，就很容易让那些在本国很少见到这种宣传方式的旅游者感到反感。而一些代表着发展初级阶段的标语，一些不代表先进文化的标语，又被一些人翻译成了蹩脚的英文，招摇于市，这不是"添堵"又当如何解释？！

发达国家使用标语口号也是历史悠久，却并不是任何场合、任何地点、任何人都可以"广而告之"。2005 年我们在伦敦进行实地考察时，只发现伦敦用于申办 2012 年奥运会的标语、泰晤士河上宣传环保的标语，以及英国国会附近反对伊拉克战争的标语。在发达国家，不仅见不到我们这里铺天盖地的那些呼唤型的"标语"，甚至连目前国内一些通用的汉语公示语在英语国家也是找不到任何踪迹的。在这种情况下，翻译工作者应当从跨文化交际的有效性、针对性、服务性的角度考虑是否译，而不是如何译。

贺显斌教授在《北京第二外国语学院学报》的撰文中介绍了欧盟的翻译模式对传统翻译观念的挑战。他指出：在具体的语际转换过程中……译义一会儿是输入，一会儿又变成了输出，原文和译文的角色不断相互转换。（2007，6）原文和译文的概念被有意含混，翻译需要面向欧盟这个跨国文化，而不是成员国文化。翻译是在具体语境下进行的，文本成为原作或译作需要具备时间、地点、目的、与其他文本关系等具体条件，其身份并不是固定不变的，原作和译作都是动态的概念。翻译过程一旦结束，就没有必要再给文本贴上原作／译作的标签。（Schaffner，2001：247-262）公示语翻译有其本身的特点，不同于传统概念的翻译，也不完全与欧盟的文件翻译实践一致。我们似乎可以这样推论，只是在国际化枢纽、国际化走廊、国际化都市、国际化旅游目的地等，那些语境率先实现"全球化"的地方，汉语公示语和英语公示语才享有同等的地位，发挥着同等的功能，在这些地方，源语和目的语的"身份"变得很模糊。了解传统翻译实践和一体化的欧盟翻译实践，可以为全球化语境下的公示语翻译提供启发和重要参考。

功能对等、情境相同、对象一致、目标明确、转换对应、触景传情是公示语汉英翻译所应遵循的原则标准。"功能对等"与奈达的"动态对等"理论并不完全吻合，这里强调的是静态和动态功能一对一的对等；"情境相同"是承认宏观环境差异的情况下，关照微观环境的趋同特点；"对象一致"是在宏观语境不同的条件下，针对同质的受众；"转换对应"是形式服从功能，溯本追源，对应"相同对象"，使汉语公示语实现一对一准确"还原"源语的转换；"触景传情"是在特定的情景下，使受众产生符合逻辑的情感反映。这种"源语"还原的一对一转换，或许仅发生在汉语公示语"翻译"为英语的过程中。

静态和动态功能一对一的对等转换，并不是公示语翻译，或者所有从事公示语翻译的实践者所身体力行的工作模式或状态。国家标准制定部门、地方标准制定部门、公示语翻译研究机构所从事的"翻译"实践，还包括了"引进 E－转换 C－翻译 E"，或概述为"C－E－C"，而不是单一的汉英转换。翻译人员还要决定是否转换、翻译一些具有特定功能和文化意义的公示语，推广、使用那些代表先进文化和有利于和谐社会建设的公示语。

公示语语际的意义转换，包括了概念意义、形式意义、语境意义、形象意义、风格意义及文化意义，不是易事，亦非难事。了解了这个语言文化现象的历史演变、功能特色、语境要求、受众构成、交际目的、现行标准和规范来源，翻译者就可以轻松愉快地在不同文化间，成功扮演起跨文化精准传播者的角色啦！

后　记

　　河北省正处于经济发展的重要时期，全球经济一体化趋势要求各城市必须积极参与国际经济技术合作和竞争。树立全球战略意识、全面提高对外开放水平是能否发挥好对外开放在推动河北经济发展中重要作用的关键。中英文双语公示语作为人文环境和语言环境的重要组成部分，是城市实现国际化的重要标志，是对外开放水平的一个缩影。翻译规范、标准的公示语，对于河北省优化投资环境、提高对外开放水平、促进区域国际化进程，起着极为重要的信息服务作用。对公示语翻译问题进行深入、细致的研究，有着重要的现实意义和深远的历史意义，应引起全社会的高度重视。

参考文献

[1] Adler, P. S. The transition experience : an alternative view of culture shock[J]. Journal of Humanistic Psychology 15(4) : 13–23,1975.

[2] Baker, M. Corpus Linguistics and Translation Studies : Implication and Application[A]. In M. Baker, G. Francis E. Tognini–Bonelli(ed.) Text and Technology : In Homour of John Sinclair[C]. Amsterdam Philadelphia : John Ben Jamins 1993.

[3] Baker, Mona(ed.). Routledge Encyclopedia of Translation Studies[C]. London and New York : Longman, 1998.

[4] Barry， Dave. Try scorpion on a stick, or chicken without sex life[OL].

[5] Brian Palmer. What is Up With Chinese Menus? [OL]. http : //www. slate. com/id/ 2194074 / June 23, 2008.

[6] Catford，JC. A Linguistic Theory of Translation[M]. London: Oxford University Press, 1965.

[7] chicken without sexual life[OL]. Google.

[8] Lansky, Doug. Lost and Loster in Translation[M]. Perigee Trade, 2009.

[9] Lansky,Doug.Signspotting [M]. London : Lonely Planet, 2005.

[10] 陈安定 . 翻译精要 [M]. 北京：中国青年出版社，2004.

[11] 陈刚 . "它山之石"与"前车之鉴"——重视专有名词的翻译 [N]. 钱江晚报，2005-10-28.

[12] 陈刚 . 旅游翻译与涉外导游 [M]. 北京：中国对外翻译出版公司，2004.

[13] 陈小慰 . 新编实用翻译 [M]. 北京：经济科学出版社，2006.

[14] 程尽能，吕和发等 . 旅游翻译与实务 [M]. 北京：清华大学出版社,2008.

[15] 崔学新 . 公共场所英文译写规范研究 [M]. 杭州：浙江大学出版社，2010.

[16] 吕和发，蒋璐 . 公示语汉英翻译 [M]. 北京：外文出版社，2010.

[17] 牟跃 . 标准图形标志设计 [M]. 北京：知识产权出版社 2009.

[18] 思果 . 翻译新究 [M]. 北京：中国对外翻译出版公司，2001.

[19] 杨全红 . 高级翻译十二讲 [M]. 武汉：武汉大学出版社，2009.

[20] 赵湘 . 公示语翻译研究综述 [J]. 外语与外语教学，2006: (2).

[21] 魏志成 . 英汉比较翻译教程 [M]. 北京：清华大学出版社 .

[22] 王宗维等 . 汉英深圳公示语词典 [M]. 深圳：海天出版社，2010.

[23] 张沉香 . 功能目的理论与应用翻译研究 [M]. 长沙：湖南师范大学出版社，
2008.

[24] 赵小沛 . 公示语翻译中的语用失误探析 [J]. 南京理工大学学报，2003(5).